管理进化论

绝对坦率
一种新的管理哲学

[美] 金 · 斯科特（Kim Scott）–著
崔玉开–崔晓雯–张光磊–译

RADICAL CANDOR
How to Be a Kickass Boss Without Losing Your Humanity

中信出版集团 | 北京

图书在版编目（CIP）数据

绝对坦率：一种新的管理哲学 /（美）金·斯科特著；崔玉开，崔晓雯，张光磊译 . -- 北京：中信出版社，2019.7（2026.1 重印）

书名原文：Radical Candor: How to Be a Kickass Boss Without Losing Your Humanity

ISBN 978-7-5217-0475-4

I. ①绝… II. ①金… ②崔… ③崔… ④张… III. ①企业管理 IV. ① F272

中国版本图书馆 CIP 数据核字（2019）第 082766 号

绝对坦率—— 一种新的管理哲学

著　　者：[美] 金 · 斯科特
译　　者：崔玉开　崔晓雯　张光磊
出版发行：中信出版集团股份有限公司
（北京市朝阳区东三环北路 27 号嘉铭中心　邮编　100020）
承 印 者：北京通州皇家印刷厂

开　　本：880mm × 1230mm　1/32　　印　　张：10.5　　字　　数：207 千字
版　　次：2019 年 7 月第 1 版　　印　　次：2026 年 1 月第 8 次印刷
京权图字：01–2019–2799
书　　号：ISBN 978–7–5217–0475–4
定　　价：59.00 元

献给安迪·斯科特，我的爱人，也是我生命中的坚强后盾。

献给我们的孩子，巴特尔和玛格丽特，他们每天带给我无尽的欢乐和充沛的灵感。

献给我们的父母，他们教会了我们一切。

献给我的兄弟姐妹，他们让我有了心灵的港湾。

目 录

第二部分 工具和技巧

序 言

和很多人一样，我也曾遇到过一位非常糟糕的老板，他认为激励员工的最好方式就是羞辱他们。有一次，他在发送给其他同事的邮件中反复嘲笑我，然而一名同事不小心将那封邮件抄送给了我。当我面对面质问这位老板的时候，他竟然告诉我不要斤斤计较，这真是不可理喻！

后来，因为这段糟糕的经历，我创建了自己的公司——果汁软件（Juice Software）。我的目标是营造一个员工热爱工作并且彼此关爱的企业环境。当我和朋友谈到这个构想时，他们就会笑我，好像我是在探讨管理一个社团而不是一家公司，但我确实是认真的。我每天工作超过 8 个小时，如果不能享受工作，不喜欢同事，那么我生命中的大部分时间都将是痛苦的，然而人生本就如此短暂。

不幸的是，我虽然成功规避了当年这个老板犯过的很多错误，却犯下了一系列其他的错误。在努力营造一个积极向上、没有压力的工作环境时，我忽视了作为一个老板很难攻克却又不得不面对的挑战：当员工的工作出现问题时，向他们如实反馈情况，以便及时解决问题。是的，我没有在员工工作出现问题的时候，及时告诉他们如何去解决问题。

回忆过去的那段时光，我立刻想到了一个叫鲍勃的员工。他是那种特别招人喜欢的人，能在工作中找到乐趣，他善良、幽默、关心他人并乐于助人。当他带着出色的简历和推荐信来参加面试时，我相信他一定会成为最优秀的员工，所以满怀期望地雇用了他。他实际的工作表现却让我感到失望。很快，我就对他失去了信心。我曾经让他起草一份文件，向用户说明“果汁软件”允许用户创建自动更新的Excel[①] 表格，他为此辛苦工作了数周。当拿到这份费尽心血制作的文件时，我却发现说明文案思路混乱，毫无章法。回想他在把文件交给我时，眼神中流露出的羞愧和饱含歉意的笑容，我想他也知道自己的工作没有做好。

让我们先暂停一下。如果你是一位管理者，你一定知道这是考验我和鲍勃关系的一个关键时刻，也是关乎团队成败的风向标。首先，鲍勃的工作离做的好还差得很远。其次，公司还处于成长期，勉强能维持下去，因此不可能让他反复练手或是找人帮他收拾烂摊子。我当时已经意识到了这个问题，但当我见到鲍勃时，没能即时解决问题。我告诉鲍勃工作开局不错，我会帮他完成余下的工作。他微笑示意，但略有迟疑，随后转身离开了。

我为什么会这样做呢？可能有以下几个原因。首先，我喜欢鲍勃，因此不想对他太过苛刻。当我们在会上评审他提交的文件时，我可以看出他很紧张，甚至担心他会哭出来。由于大家都非常喜欢他，我也担心如果他哭了，我会成为大家眼里的恶人。其次，他曾经有过优秀的工作表现，除非他的简历和推荐信都是伪造的。出现目前这个

---

① Excel 为一款微软公司开发的办公软件。——编者注

情况，也许是他为家里的事情分心了，也许是他还未适应我们的工作方式。不管什么原因，我都试着说服自己，要相信鲍勃能够回到之前我所期待的工作水准。最后，我还可以自己修改文件，这比教会鲍勃如何重新做更有效率。

我的这种处理方式会如何影响鲍勃呢？他知道自己的工作完成得不好，所以我错误的赞美只会误导他，让他继续欺骗自己，认为自己依旧可以用这样的方式工作，事实证明，他的确是这么做的。由于没能直面问题，我无法继续鞭策他往更好的方向努力，这样反而欺骗了他，让他认为自己已经做得足够好。

有时候，我们很难亲口告诉别人他们把事情搞砸了。因为你不想伤害任何人的感情，也不想让团队中的其他人认为你是一个故意刁难别人的人。当你开始学习说话的时候，也一定有人告诉过你，如果没有什么好话要说，就什么也别说。当突然有一天你的工作要求你把一切都说出来的时候，你就要强制自己忘掉之前所有的人生告诫。没错，管理确实是一件很难的事。

更糟糕的是，在接下来的 10 个月里，我不断重复着同样的错误。你可能也遇到过类似的情况，对每一份质量欠佳的工作、每一个错过的截止日期，开始你只是感到不满，接着就会生气，不再觉得只是工作本身有问题，而会认为是这个人有问题。心平气和地谈话开始变得很难实现，于是，你开始避免与这个员工接触。

当然，我的行为不只对鲍勃有影响，团队中的其他人也产生了思想波动，他们想知道我为什么能忍受表现如此差劲的员工。因为在我的领导下，他们也要为鲍勃补台，帮他收拾残局或是擦屁股，这些时间团队的其他员工原本可以用来休息。当然，偶尔帮助同事是正常的，比如当他们遇到突发情况时。但如果持续时间过长，就会产生一些负面影响：那些原本工作出色的员工开始变得粗心大意，无法按时保质地完成任务。我知道他们出现这种情况的原因，所以并没有太过严厉地要求他们。接着，他们开始质疑我是否能分辨出好坏，认为我也许根本没把工作期限当回事。当大家认为工作质量不再得到重视的时候，不仅精神面貌会越来越差，工作成效也会越来越糟，最终形成恶性循环。

当意识到有可能失去整个团队时，我知道必须要有所行动了。于是，我邀请鲍勃喝咖啡。鲍勃预想这会是一次愉快的交流，但在经历一番尴尬的交谈后，我把解雇他的决定告诉了他。之后，我们陷入了一阵沉默，两个人都不说话，只是吃着松饼，喝着拿铁，气氛十分尴尬，每一分每一秒都让人煎熬。突然，鲍勃使劲往后推了一下椅背，金属在大理石地面上摩擦，发出尖锐刺耳的声响。他盯着我的眼睛突然问道："你之前为什么没有告诉过我？"

在我还没有想好怎样回答这个问题时，他又问了我第二个问题："为什么其他人也没有告诉过我？我还以为你们都很喜欢我！"

我不得不承认，这是我职业生涯中最痛苦的时刻。是我自己犯了一连串的错误，鲍勃只是为我承担过错而已。不仅因为我之前的赞美是假的，甚至从未给过他任何批评，更是因为我从未要求他给我任何反馈，也许那样会让他把事情说出来，然后我们一起找到解决办法。最糟糕的是，我没有能够打造出这样一种企业文化：当鲍勃出现问题时，同事会主动提醒他。现在，团队的凝聚力动摇了，而这最终也体现在公司业绩上。毫无疑问，缺少赞美和批评的企业文化，会对整个团队以及团队成果产生灾难性的影响。

因此我们可以得出结论：缺乏指导会直接使团队的运转出现问题并带来严重的后果。但是，当我明白这个道理的时候，一切已经太迟了。在我辞退鲍勃后不久，果汁软件公司也倒闭了。

谷歌：自由工作

2004年，我需要一份新的工作，于是，我给商学院的同学谢丽尔·桑德伯格（Sheryl Sandberg）打了电话。她在三年前加入了谷歌，最近我们还在一位朋友的婚礼上见过面。在与谢丽尔聊天的过程中，我发现虽然她也很关心团队中其他人的感受，但她绝不会犯下我曾经对鲍勃犯下的错误。后来，实践证明谢丽尔在这方面的确有杰出的表现。

在经历了27场严酷的面试考验后，我终于获得了为谢丽尔工作的机会，领导一支近百人的团队，负责为AdSense（广告联盟，由谷歌公司推出的针对网站主的一种互联网服务）的中小客户提供服务。我那时甚至还不知道AdSense是什么，只知道谷歌的企业文化将我的梦想重新点燃，创造一个人们热爱工作并彼此关爱的企业环境，这让我十分兴奋。与此同时，谢丽尔作为一个伟大的老板也触动了我。就像一个朋友开玩笑时说的那样，“在硅谷，你不会摔趴下，只会摔出成功”。（请放心，鲍勃也找到了自己的出路。）

在加入谷歌后不久，我就经历了一次印象深刻、卓有成效而且极其直接的反馈。当时我和马特·卡茨（Matt Cutts）以及谷歌的联合创始人拉里·佩奇（Larry Page）正在开会，马特的团队负责处理Webspam网页。当我们开始讨论我和马特提出的一个方案时，拉里提出了一个完全不同且更难以理解的方案。我没能弄明白这个文案，马特虽然理解了拉里的想法，但他一点都不赞同。平时礼貌、随和的马特激烈地反对这项方案。拉里也不肯让步，马特随即提高了嗓门，他说他绝对不会同意，如果拉里再坚持，他会说出这辈子都没说过的脏话。

我为马特的举动感到担忧。我欣赏他，也害怕他会因为如此激烈地批评拉里而被解雇，但接下来我看到拉里的脸上露出了灿烂的笑容。他不仅允许马特挑战他的权威，甚至看起来还乐在其中。他抱着一种开放、愉快的态度来对待这场争论，他不仅希望马特，也希望所有员工敢于挑战权威——特别是挑战他的权威。很难定义这场对话是“令人愉快”、“粗鲁无理”还是“彬彬有礼”的，但这场对话确实是卓有成效、互相协作、自由而不受约束的。显然，这样的讨论会带来好的结果。拉里是如何做到这一点的呢？

我决定效仿拉里，不再仅仅专注于给予团队反馈，而是开始鼓励我的团队指出我的错误。我尽我所能鼓励员工批评我，或者至少和我简单地聊一聊。在经历一次磨合之后（后面还会有很多次磨合），我的团队成员逐渐对我敞开心扉，我们开始公开地争论，这也使我们在一起工作更有乐趣。我很幸运能够拥有一群如此优秀的人才，这其中包括拉斯·拉拉维（Russ Laraway），我和他一起创办了一家新的公司——Candor 公司（这个英文单词的中文意思为坦率），也包括 Qualtrics（一家调查软件公司）的联合创始人贾里德·史密斯（Jared Smith）——现在我也是这家公司的董事会成员。在成为一位好领导的前进道路上，我认为我从下属身上学到的和我在上司那里学到的一样多。我们开始尝试在员工会议上不做任何决定，而是让大家与最接近事实的员工当面交锋。我们的执行工作变得更有效率。为了使“向权威说真话”这项活动在组织的各个层面运行得更加安全平稳，我们开展了“经理问题解决周”“经理反馈季”等一系列活动。

我会在本书的后半部分说明这些技巧，但就现在来讲，更重要的是知道，谷歌的管理人员不是只依靠“权力”或者“权威”解决问题，他们会找到更好的解决方法。

在谷歌工作了6年后，我相信自己已经知道如何成为一名好领导。我没有重犯我对鲍勃犯下的错误，也没有成为一个看起来像爱故意刁难别人的领导。我所负责的业务利润增长了十几倍，高达数十亿美元。尽管利润增长主要依靠产品驱动而不是销售驱动，但我们确实做出了贡献。在利润增幅较大的背景下，我们同样注重效率的提高，成功缩减了在南美地区的员工数量——或者说准确界定了组织规模。随着时间的推移，除了AdSense，我的队伍还包括YouTube（视频共享网站）和DoubleClick（网络广告服务商）的全球在线销售和运营团队。从北美的一个小团队开始，通过营造奇特、幽默的团队文化，我们把都柏林、圣保罗、布宜诺斯艾利斯、纽约、山景城、悉尼、首尔、东京、北京和新加坡的团队凝聚在了一起。

渐渐地，我发现自己对于核心业务指标（每次点击成本、营业收入等）的关注越来越少，使我真正感兴趣的是找到如何成为好领导的“好方法”，以及如何把这种方法教给他人，尽管这更多是一种直觉而非一套哲学理论体系。因此，我需要一些时间思考，以更清晰、更准确地阐述我的观点。

苹果："我们只雇用那些告诉我们应该做什么的员工。"

在谷歌，没有哪件事允许我放松下来专心思考，而且作为执行层，我也不会有太多时间去深思。幸运的是，在西南部 9 英里[①]外的地方，史蒂夫 · 乔布斯（Steve Jobs）创办了苹果大学。我在商学院的老师理查德 · 特德洛（Richard Tedlow）也刚刚离开哈佛大学加入了这所培养优秀领导力的创新工厂。他是这样描述苹果大学的使命的：对抗万有引力，阻止公司走向平庸。实现这个目标的重要一步是开发一门课程：苹果管理课程。当我得知自己获得了这门课程的课程设计和讲授资格时，我十分激动并紧紧抓住了这次机会。

苹果管理课程本来只针对初级管理者，但管理层发现这门课程对团队中的高级领导者同样有帮助。尽管课程本身并不是必修课，但我们发现许多人想要参与到这门课程中来。在那段时间，我们培训了成千上万的学员，并赢得了良好的口碑。我离开后又有更多的人参与了这门课程。

在这里，我学到的东西和我传授给其他人的东西一样多。在和一位苹果公司高层的一次交流中，我认识到自己在职业生涯早期，团队建设方面的一个致命问题。那时我总是格外关注那些有可能晋升的人——我认为成长型公司必须这么做。但这位管理者向我指出，所有团队在追求发展的同时，也需要保持稳定，这样才能运转良好。如果所有人都盯着晋升，就没有人好好工作了。她把团队中那些有平稳成长轨迹又取得良好业绩的人称作"岩石明星"（rock star），因为他们

① 1 英里≈ 1.6 千米。——编者注

就像直布罗陀巨岩一样让人感到安全可靠。这些人非常热爱工作，并且在他们所在的领域是顶级的专家，但他们并不想承担领导的工作或是成为另一个乔布斯，他们在本职岗位上非常快乐。还有一种人的成长轨迹十分陡峭，如果他们在一年内没有得到晋升，就会抓狂。她把这种人叫作“超级明星”（superstar），他们是团队发展的动力。她直言，在一个公司，需要保持这两者的平衡。

她的观点对我启发很大。苹果比谷歌规模大且发展迅速，但苹果仍然为有不同理想的人提供平台。在苹果，你只需要将现有工作做好并确保热爱工作就足够了，并不需要通过追求晋升来实现自我价值。在谷歌，我曾系统性地低估了所谓的“岩石明星”，这个错误让很多有突出贡献的员工感到失望。谷歌偏爱那些成长轨迹陡峭的人才，这可以说是对抗传统公司管理模式的体现，因为传统管理模式会让那些想要“改变一切”的人才流失。而苹果则为有不同理想的人留有空间，这也是它在“阻止公司走向平庸”的同时不断发展壮大的重要原因。

谷歌是一家因鼓励员工自下而上决策而闻名的公司，一个甚至赋予年轻员工决策权的公司。管理者在大部分时间里会置身事外，有时会帮忙，但从不过多干涉。我本来以为会在苹果看到相反的一面，即控制一切的乔布斯决不允许任何异议，自上而下地向员工灌输他的宏伟愿景，驱使他们实现这个愿景。然而事实并非如此。

一个同事分享了他与乔布斯之间一次有趣的对话。他问乔布斯：“你对组建团队有什么想法？你希望这个团队的规模有多大？”这本来是很正常的问题，乔布斯却言简意赅地答道：“如果我知道所有问题的答案，我要你干吗？”这一回答很没有礼貌，却很有分量。在同一名记者的访谈中，乔布斯礼貌而清晰地阐述了他的观点："在苹果，我们雇用那些告诉我们应该做什么的员工，而不是等待我去告诉他。"的确，这也是我在苹果的感受。

在苹果，领导者实现目标的能力更多地与倾听和理解员工有关，而非告诉员工该做什么；重视讨论而非指导；重视推动员工决策而非做一个决策者；重视建议而非命令；重视主动学习而非被动接受。这些和谷歌是一样的。

你与下属的关系对工作至关重要

让员工自我管理和忽视他们有很大的区别，这是我在鲍勃的经历中得出的教训，下面我要告诉大家如何做才是对的。

在苹果管理课堂上，我们经常播放乔布斯关于如何给予批评的视频。他会讲到一些非常重要的观点："我们需要做的是，在不让下属对自己的能力失去信心的同时，不给他们留太多解释的空间……这是很难的事。"他接着说："我不介意犯错，而且我承认我也会犯很多错误，但对我来说这不是最重要的，重要的是我们要做正确的事情。"好吧！谁会不认同这个观点呢？

但是如果把这个视频往前倒一下，就会发现乔布斯说的这句话是在回应一个问题。有人问他，为什么经常说"你的工作像狗屎一样"这句话？从表面看，这句话至少不会增进领导与下属之间彼此的信任，可能也会使团队成员畏首畏尾；从某种意义上讲，这更像是欺凌，甚至可能已经构成了欺凌。我当然不会建议随便什么人都学着这样说。所以刚开始的时候，我会以很轻松的方式告诉学员："记住，你不是史蒂夫·乔布斯。”

这句话经常引发哄堂大笑，但确实把问题搪塞过去了。我回想起马特与佩奇的那次争吵，有时候，人们可以冲对方大喊大叫。当然，我从不会这样做。

事实真的是这样吗？在谷歌时，我记得有一次我们正在提出AdSense国际化的方案。贾里德·史密斯是我团队中的一员，也是我在果汁软件时的同事，他一直把斯洛伐克和斯洛文尼亚搞混，而且总是显得很无所谓。当他在30分钟的会议里第五次搞混这两个国家的名字时，我爆发了，吼道：“是斯洛伐克，笨蛋！”

贾里德和我在一起工作的时间很长，他和这个房间里的其他同事都知道我有多么尊敬他。他可以，并且有时候确实会用同样粗鲁的方式回击我。我严厉的纠正仅仅是一个简短而又有效的方法，让他可以立即集中注意力，而他之后也确实没再犯过这个错误。但是，我对贾里德可以这样说话的前提是我们已经建立了多年的牢固关系。

我的意思不是说谩骂喊叫或是言语粗鲁才能成为一个好领导。事实上，我并不推荐这样做，因为即使从你的角度看，你们能够互相理解、彼此尊敬，但作为领导有时还是会误解下属。重要的是，如果使用这种交流的方法让你感到很自在，那么在此之前你必须要建立起足够的信任关系来支撑这一点，而且必须要招到能够适应这种方式的员工。

硅谷是研究如何处理领导和下属关系的理想地点。早在20年前，管理技巧这门课在硅谷没有人教也不受重视，但现在硅谷的公司都十分热衷于研究这些技巧。你可能会认为，是新时代的管理大师在推动大家这样做；或是硅谷的人才本来就与别处不同；也可能这些公司的培训预算十分充足；或是这些公司因为接触大数据而对人性有了更加深刻的洞察。这些都不对，真正的原因是硅谷人才争夺的竞争越来越激烈。在这里，如果你感到不开心或是认为自己的才能被浪费了，就没有理由再待在这家公司，因为许多优秀的公司在成长、在招聘。如果你不喜欢你的老板，离开就是了，有十多家公司在排队等着你。因此，公司在正确处理领导与员工关系方面的压力是巨大的。

但即使在硅谷，人际关系也是有边界的。拉里·佩奇不可能和很多人都有关系，你也一样，但你与直接下属的关系对整个团队的绩效有着巨大影响。如果你在领导一个很大的组织，也不可能与每一个人都建立起关系，但你与直接下属的关系会影响到他们与直接下属的关系。这样的连锁反应对营造或是毁灭一种积极的企业文化有着显著的影响。人际关系也许有边界，但企业文化没有。

"关系"真的是一个恰当的词吗？是的。埃里克·施密特（Eric Schmidt）是谷歌2001—2011年间的CEO（首席执行官），他与拉里·佩奇的关系是商业史中最有意思的逸事之一。蒂姆·库克（Tim Cook），苹果公司当年的首席运营官和现在的CEO，曾经自愿想要把肝脏移植给乔布斯，后来被乔布斯拒绝了，这些都体现了一种深情厚谊。

这种关系最本质的特点是什么呢？管理资本主义是一个相对较新的现象，所以过去的哲学家没有描述过这种人与人之间的关系。如今，即使每个人在某个阶段都有领导，但是在哲学、文学、电影以及探索生命的过程中，这种关系很少被关注到。我想弥补这一点，因为不管是在苹果、谷歌，还是世界上的任何地方，成为一个好领导的关键都是与下属保持良好的关系，

我能找到描述这种关系最好的术语是：绝对坦率。

如何使用这本书?

记住，我是和读者，也就是和你一起用心写了这本书。我从我的个人经历以及我辅导过的导师型领导那里体会到，不管外部环境如何，领导的内心经常是孤独的。当他们做得不尽如人意时，他们会感到惭愧；由于其他人都做得很好，他们不能也不敢求助于他人。但是，你得承认，没有领导是完美的。我之所以在这里分享这些概念和方法，是想帮助你们避免犯下同样的错误，这也是我在这本书中讲述这么多个人故事的原因。

这本书的第一部分是想先放松你的心情。因为不管外表看起来多么风光，做一个好领导对任何人来说都不是件轻松的事情。你会发现书中很多案例似曾相识。我希望当你知道以下两点时，你会感到轻松、乐观：（1）你并不孤单；（2）学会当好领导的方法并没有想的那么难。你的人性光芒是实现价值的财富，它绝不是你成功路上的绊脚石。

这本书的第二部分是告诉你实现绝对坦率的工具和技巧：一步步地指导你如何与直接上下级建立绝对坦率的关系，以及绝对坦率会如何帮你履行作为领导的关键职责，最终指导你的团队取得成果。

在阅读本书时，你也许会感到惊讶，我居然提了这么多关于如何做领导的建议。请跟着我先深吸一口气。我的目标是节省你的时间，而不是让会议占满你的日程表。你需要在直接下属身上花费一些时间，才能成为一个卓越的领导，但不是所有时间。如果你照着本书阐述的每一个点子、方法和技巧去做，那么你每周用在管理团队上的时间大概会是 10 小时，而这 10 小时将会在日后为你节省更多的时间，不再让你感到头痛。我同样建议你每周留出 15 个小时，在你的专业领域进行单独的思考和实践。这样在每周 40 个小时的工作时间中，还剩下 15 个小时。希望你把这 15 个小时当作你的个人时间，虽然你也许和我一样，要把这些时间用来处理一些无法预测的事情。

尽管这本书大部分是和作为领导的你一起完成的，我也想感谢你的上司，以及人力资源和培训部门的同事。我在谷歌领导一个 700 人的团队时，发现经理经常一遍又一遍地犯同样的错误。尽管这些错误具有可预测性，但成功的介入和调解并不常见。有时我感觉自己正在目睹一起火车脱轨事件的发生，而之前我曾多次经历这样的场景，这种似曾相识的感觉让人感到非常糟糕。我发现人力资源部门和培训部门的同事也和我有同样的感受，他们在我写这本书时提出了大量宝贵的意见，这本书也同样是为他们而写的。希望这本书会帮你避免重复那些可预测的错误。

这本书对于那些仍在努力思考多样性和领导力等问题的人也有直接的帮助。性别、种族和文化差异确实会让绝对坦率难上加难。同那些和我们长相一致的人绝对坦率已经很具有挑战性了，更不用说与那些和我们在肤色、语言、宗教信仰等方面不同的人。对待他们，我们很有可能采取的态度是“过分同情”、“恶意侵犯”或是“虚情假意”。学习如何让我们和谐相处，共享人性的善与爱，将会产生完全不同的效果。

第一部分

一种新的管理哲学

1
建立绝对坦率的关系

全身心投入工作

这就是管理，这就是你的工作

每当走出电梯，迈入坐落在纽约曼哈顿东村的仓库时，我都会感到开心。2000 年，我参与创办了果汁软件公司，这个仓库是当时我们为果汁软件租下的办公室。但在那天，我感受到了焦虑。

工程师们正夜以继日地开发产品的早期测试版本，这项工作需要在一个星期内完成。销售团队已经争取了 30 个大客户来进行贝塔测试（一种验收测试）。如果产品得到他们的认可，我们就会得到新一轮融资，否则公司将会在 6 个月内耗尽资金。

但目前产品开发遇到了一点障碍，这与我有关。前一天晚上，我们的一位天使投资人戴夫·鲁（Dave Roux）告诉我，他认为我们的定价策略是错的。“想想你上次买的那辆不到10 000美元的二手车以及卖给你车的那个人，那才是你们销售团队应该学习的对象，那才是应该在市场上代表你的人。”在内心深处，我知道戴夫是对的，但我不能仅靠我的直觉就让销售团队和董事会改变决定。我需要花些时间尽快做出分析，所以我取消了当天的晨会，当时我能做的也只有这件事。

我刚向办公室走去，一位同事就突然跑过来，想和我聊聊。他刚刚得知自己可能需要进行肾移植手术，完全是一副被吓傻的模样。我们聊了一个小时后，他恢复了平静。

我继续往办公室走，又碰到了团队工程师，他的孩子正在重症监护室住着。“你儿子昨晚怎么样？”我急切地询问，“还是没有任何好转吗？”他告诉我前一天晚上的情况。说着说着，我们两个的眼睛都湿润了。我劝他在回到医院之前，花一个小时放松一下。

我疲惫地离开他的办公桌，又经过了质量保证经理的座位。他有一个好消息：他的女儿刚刚在全州的数学统考中获得了最高分，他想和我说说这件事。我的情绪急剧转换，从刚刚的同情变成了喜悦。

当终于坐回到我的办公桌前，我已经没有时间和情绪来思考定价问题。我关心每一个人，但感到疲惫不堪，更令人沮丧的是，我没有完成任何“真正的”工作。那天晚些时候，我给我的CEO导师莱斯利·科克（Leslie Koch）打电话抱怨这件事。

“我的工作到底是建立一个伟大的公司，还是当一个情感保姆？”我不解地问。

莱斯利是一位个性极强的微软前高层，她听了我的抱怨以后冲我喊道：“这就是管理！这就是你的工作！”

每当我觉得自己有比倾听“更重要”的事情时，莱斯利的话总是在我耳边回响。“这就是你的工作！”后来也有许多刚刚晋升为管理者的朋友来找我抱怨，他们感觉自己像是“保姆”或“精神医生”，这时我就会把莱斯利对我说的话告诉他们。

我们往往低估了成为领导过程中“情绪劳动”的重要性。这个术语通常用在服务业或医疗健康行业，比如精神病学家、护士、医生、服务员、乘务人员，等等。但正如我描述的那样，情绪劳动不仅仅是工作的一部分，也是成为一个好领导的关键。

如何成为好老板

考虑到我的工作，几乎我遇到的每个人都会问我，如何成为更好的老板、管理者或是领导。这些问题的来源多种多样：有的来自员工、我辅导过的高管、教过的学生或者与我有过交流的人；有的来自 Candor 软件的使用者；也有人将他们的管理困惑提交到我们的网站上。但更有意思的是，还有一些人也关注这个问题，比如观看校园剧时坐在我旁边的父母，他们不知道该如何告诉保姆不要让小孩吃那么多糖；恼怒于员工不能按时出现的承包商；为我量血压的护士，她刚刚晋升为主管但仍然充满困惑；登机时以超乎寻常的耐心对着手机讲话，关机后又对着空气抱怨“为什么我雇用了这么一群笨蛋”的公司高管；以及仍然纠结于几年前辞退员工时员工面部表情的朋友。无论谁提出这类问题，都揭示了他们的一种潜在的焦虑：与本职工作比起来，很多人感到自己对于管理并没有那么擅长，他们经常担心自己的表现会令下属失望。

尽管我不希望看到这种压力，但我发现这种交流是富有成效的，因为我知道我可以向他们提供帮助。事实上，每次交流结束后，大家都会对成为一名出色的领导充满信心。

在正式回答问题之前，需要先做一个有趣的说明：大部分人不喜欢他们的角色称呼，“老板”一词带有不平等的意味，“管理者”听起来过于官僚，“领导者”则更像是自我吹嘘。我更喜欢“老板”这个词，因为领导和管理之间的定义差别，会倾向于将领导者定义为不实际执行任务的人，而将管理者定义为实际执行者。同时，这两个词也暗含了一种误导性的等级制度差异：似乎当领导者完成了一定程度的任务后，他们就不再需要管理，新的管理者也不再需要领导，而这显然是有问题的。理查德·特德洛在英特尔传奇公司 CEO 安迪·格罗夫（Andy Grove）的传记中提出，管理能力和领导能力就像正反手击球的能力，必须两手都要硬，才能赢得比赛。我希望在阅读完本书后，你会对老板、管理者和领导者这三个词有更深刻的理解。

处理完语义问题后，接下来的问题就变得十分简单了。老板 / 管理者 / 领导者到底是做什么的？开会？发邮件？告诉人们该怎么做？凭空构想战略并期望大家执行战略？大家总是怀疑他们做了许多无用功。

尽管从根本上讲，老板是需要对结果负责的人，但他们是通过指导团队来实现结果的，而非凡事亲力亲为。因此，所谓老板，就是指导团队实现结果的人。

我被问到的问题主要涉及管理职责的三个要素：指导、团队建设和结果。

第一，指导。指导通常也被称为“反馈”。人们害怕反馈，不管是赞美还是批评，赞美容易让人觉得高高在上，批评就更不用说了。每当想要给予员工反馈时，老板可能会想：如果员工采取自我防御措施怎么办？大喊大叫、威胁要起诉或是放声大哭？当这个员工不理解批评或是不知道怎样修正错误时，当这个错误没有简单的改正方法时，老板该说些什么？问题已经十分简单清晰了，为什么这个人还是不知道问题所在？我真的有必要说出来吗？我是不是太和蔼或是太刻薄了？由于所有的问题看起来都很大，以至老板经常忘了他们也需要别人的指导并鼓励员工之间相互指导。

第二，团队建设。建设一个有凝聚力的团队意味着通过雇用、解雇、晋升等方式，将合适的人放在合适的岗位上。但是在把合适的人放到合适的岗位后，怎样调动他们的积极性呢？尤其在硅谷，问题似乎是这样的：为什么某些人还没有掌握他们现有的工作技能，就想着下一份工作？为什么千禧一代总是期待他们的职业生涯会像乐高玩具一样附有说明呢？为什么有些员工刚刚跟上进度就要离开团队呢？为什么车轮总是不断地脱离汽车呢？为什么每个人就不能各司其职呢？

第三，结果。很多管理者十分沮丧地发现事情总是比预想的要难。团队扩大了一倍，产出却没有达到预想的效果，实际也许会更糟糕。为什么会这样呢？因为有时候效率太低了：如果我不去制止，员工会为一项计划无休止地争论下去，可为什么他们就不能干净利落地做出决定呢？有时候效率又太快了：由于团队完全不愿制订计划，最终错过了截止日期。他们口口声声要抵制拖延，却毫无计划和目标，为什么他们在行动前不认真思考呢？可能这对他们来说是惯性使然：在本季度做着和上个季度一样的工作，不断重复已经犯过的错误，那他们有什么理由获得不同的结果呢？

指导、团队建设和结果，这三个要素不仅是每一位老板都应履行的职责，对 CEO、中层管理者以及其他新手领导来说也一样，这些都是他们必须承担的职责。CEO 也许要处理更加宽泛的问题，但他们仍然需要和其他人一起工作，这些人中会有怪人、能者以及普通人，因此，这三个要素会直接并且清晰地体现出他们能否成功地担任高层领导，这些和初次进入领导层需要注意的问题是一样的。

因此，如果管理者想知道自己对待直接下属的方式是否正确，就这三个方面的问题向我提问是正常的。我也会在本书中充分论述这三个方面的内容。

推动前进的是关系，而非权力

最重要的一个问题，也是成为好老板的一个关键问题，是不会被经常问到的，但 Qualtrics 在线调查软件公司的 CEO 瑞安·史密斯（Ryan Smith）是个例外。在我刚刚开始指导他时，他问我的第一个问题就是："我刚刚新聘用了一些管理者，怎样才能快速地和他们建立起相互信任的关系呢？"

瑞安提出了管理的核心难题——如何与直接下属建立起相互信任关系，这个问题确实很少有人关注。如果你领导了一个庞大的组织，虽然无法和每个人都建立起关系，但是你可以了解你的直接下属。尽管以下这些因素会阻碍你这样做：权力的分配，对可能爆发冲突的恐惧，对越过适当性与"职业性"边界的担心，对失去公信力的忧虑，以及时间压力，等等。

然而，这些关系又是你工作的核心，它们决定了你是否能履行好作为管理者的三个责任：①营造指导的文化氛围（给予表扬和批评），让每个人都往正确的方向努力；②充分了解团队中每个人的动机，从而避免工作倦怠和无聊，保持团队凝聚力；③一起合作达成结果。如果你认为即使没有牢固的关系也可以实现这三点，那你一定是在开玩笑。我不是说不受约束的权力、控制或权威没有用，它们可能在狒狒的世界里或是极权政体中十分有效，但如果你正在读这本书，你应该明白这不是你所追求的。

责任和人际关系之间构成了良性循环。通过掌握得到、给予以及鼓励指导的良好方法，通过把合适的人放在合适的位置上，通过大家一起努力达成个人无法实现的结果，你会强化与下属的关系。当然，结果也可能相反。如果你没有指导员工在工作中取得成功，或是人们不喜欢、不适应现有的工作，以及强迫员工完成不切实际的任务，那么这一切会损害下属对你的信任。

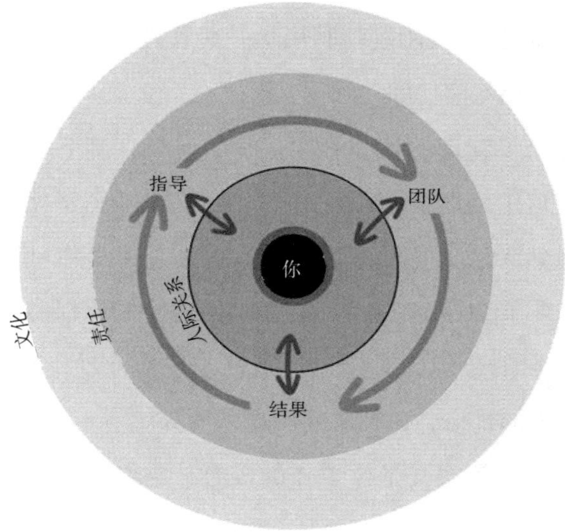

图 1–1　人际关系与责任良性循环图

人际关系和责任这种彼此相互影响的动态关系决定了作为管理人员的成败。你与直接下属的关系会影响他们与直接下属的关系，进而影响到整个团队文化。因此，建立与直接下属的信任关系和情感纽带的能力，是决定接下来一切事情的关键。

准确定义这些关系是至关重要的。它们是十分个人化的，也不同于生活中的其他关系。大多数人在开始尝试建立这些关系时，都会感到困惑。绝对坦率，也是这本书最基本的概念，会为你提供指导和帮助。

绝对坦率是什么

培养信任关系并不像解方程那样简单，即“设置 x、y、z 后，就会拥有良好的关系”。如同所有人类关系一样，老板与直接下属的关系无法预测且没有绝对的规则。但我归纳出两个维度，二者的结合，会指导你沿着正确的方向前进。

第一个维度是个体关怀，超越“职业性”。这个维度要求你关心下属，不仅把这当作自己分内的事，还要鼓励所有的直接下属都这样做。同时，只关心下属的工作能力是不够的。为了建立良好的关系，你必须全身心投入并关心每一个为你工作的人。这不仅跟工作有关，也涉及私人关系，而且是很密切的私人关系。

第二个维度是直接挑战。当下属的工作做得足够好或者不够好时，当他们无法继续晋升到满意的职位时，当你即将聘用一个比他们级别更高的新员工时，当结果无法证明他们负责的项目具有投资价值时，你都要及时地告诉他们。管理者的工作不就是给出严厉反馈、提出严格要求并且对结果严格把关吗？尽管很多人对此感到很为难。挑战别人通常会使对方感到不快，并且从表面来看，这并不是与下属建立良好关系或是展示个体关怀的好方法。但作为老板，直接提出挑战往往是表达你对下属关心的最好方法。

当你将个体关怀与直接挑战相结合时，绝对坦率就会出现。

绝对坦率可以建立信任的关系并为良好的沟通创造机会，这种沟通会帮你实现结果，消除人们在面临管理困境时展现出的恐惧。当人们开始信任你并相信你是发自内心地关心他们，结果很有可能是：①接受你的赞美或批评，并以此为指导；②表达对你工作的真实想法，特别是做得不到位的地方；③与其他员工一起参与“绝对坦率”，这意味着事情可以事半功倍；④接受他们在团队中的位置；⑤专注于实现结果。

为什么我会选择“绝对”这个词呢？因为大多数人习惯于隐藏自己的真实想法。这在一定程度上是社会适应行为，有助于避免冲突和尴尬。但作为老板，这种行为所产生的后果将是灾难性的。

为什么我会选择“坦率”这个词呢？为了让每个人（包括你）习惯于挑战彼此，我们要强调清晰沟通的必要性，这是关键所在。只要沟通足够清晰，语气足够谦和，就不会带来误解。我之所以选择“坦率”而不是“诚实”这个词，是因为我有充足的底气相信你知道真相。“坦率”这个词所隐含的意思是你需要把自己对问题的看法说出来，并且期望对方也能如此。如果确实是你做错了，你是想知道这一点的。至少我期望你是想知道的。

绝对坦率的惊人之处在于事情的结果往往与你担心的相反。你害怕大家生气或报复，事实上，他们会感谢有这样一个把事情说清楚的机会。即使他们真的生气、不满或产生消极情绪，也会稍纵即逝，因为他们会意识到你是真的在关心他们。如果下属之间越来越坦率，你花在调解矛盾上的时间就会越来越少。当老板鼓励和支持绝对坦率时，人与人之间的交流增多，已经滋生出来的不满会被消灭在萌芽状态。大家不仅热爱工作，更会关心彼此，喜欢这种工作氛围，整个团队就会更有战斗力，这种成就感不是简单的“成功”所能描述的。

绝对坦率的第一个维度：个体关怀

我学到为何个体关怀如此重要的第一堂课是在莫斯科，1992年6月4日，当时我站在一个遮雨棚下面，正准备雇用10个世界上最好的钻石切割师。那时我刚毕业两年，在纽约一家钻石公司工作（大学期间我学的是俄罗斯文学，这听起来和我当前的职业毫无关联）。我的任务是说服这些钻石切割师离开支付给他们卢布的俄罗斯国有工厂——卢布在当时几乎一文不值。我想当然地认为这项任务很简单，并不需要对人性有深刻的洞察，我可以付给他们大量美元，这难道不就是最有效的激励方式吗？

事实证明，我错了。这些钻石切割师最想要的是，跟我一起野餐。

于是我们就在遮雨棚下吃起了烤肉，配上小酸苹果和伏特加酒。他们一边喝着酒，一边向我提出各种问题。因为他们接到的第一个任务是将一块100克拉的钻石切割成一对耳环，他们想知道“谁会买这么大的珠宝首饰”，我解释说这是一个沙特阿拉伯酋长送给他老婆的礼物，她刚刚怀了一对双胞胎。他们问我：“你知道如何利用激光切割钻石吗？”我答应会带他们去以色列了解这项新技术，尽管这并没有他们利用铜盘切割钻石的旧方法有效率。他们还提出来想学英语，我承诺会亲自教他们。“我们可以每周都一起吃饭吗？”“当然可以。”随着一瓶伏特加酒下肚，新的问题又产生了。“如果俄罗斯的一切都毁了，你会带我们和家人离开这里吗？”我恍然大悟，这才是他们关心的关键问题。在野餐接近尾声时，我终于明白过来，我可以做到而他们的国家无法做到的事，就是给予他们发自内心的个体关怀。

这些钻石切割师最终接受了这份工作。突然间，我感到那些抱着俄罗斯长篇小说阅读的日日夜夜都和这份工作产生了联系。对于做一个老板，我曾经感到非常矛盾，因为我在文学作品里看到的老板都是机器般的梦想杀手，或者像呆伯特一样的灵魂粉碎机。现在我认识到，那些让我对俄罗斯文学产生兴趣的正是成为一个老板的关键。为什么有些人工作卓有成效并感到幸福，有的人却如马克思描述的一样，异化劳动？事实上，我工作的部分意义就在于找到创造幸福和减少痛苦的方式。这种人性关怀不是一种负担，而是提高工作效率的有效方式。

两年后，我安排这些人第一次走出国门，并努力帮助他们调和苏联教育模式下形成的世界观与他们亲身经历的世界之间的不协调和不一致；教他们学英语；带他们和家人一起出游，而他们每年为公司切割钻石创造的收益超过一亿美元。

显然，要想成为一个好老板，必须对下属进行个体关怀。每个人在职业生涯刚起步的时候，都认为自己会关心人，对成为一个好老板充满信心。但与此同时，很多员工感到他们就像棋盘上的小卒子，低人一等，不仅是在公司等级层面上，也包括在人性层面上。

人们无法做到个体关怀的部分原因是对“保持职业性”的忠告，这个短语否定了一些很重要的事。我们都是人，都有情感，即使在工作中也是如此。当我们的情感没有在工作中得到体现时，当我们必须抑制真情实感来工作时，我们彼此就会疏远，最终使我们厌恶工作。对大多数老板来说，保持职业性意味着按时上班、做好本职工作、不袒露任何感情（除非是为了激励下属或是达到某种目的）。这样做的结果就是没有人愿意在工作时做真正的自己，所有人都感到不自在。

弗雷德·科夫曼（Fred Kofman）是我在谷歌的导师，他有一句口头禅“全身心投入工作”，这与“保持职业性”的理念相矛盾，因为他认为“保持职业性”会给管理者带来灾难性的后果。“全身心投入工作”这个说法现在已经非常流行，如果在谷歌搜索一下，会得到800多万条结果。2012年，谢丽尔·桑德伯格在哈佛的毕业典礼上提到了这个说法；2016年，作家迈克·罗宾斯（Mike Robbins）发表了相关主题的TED演讲（技术、娱乐和设计为一体的演讲大会）；Slack公司的CEO，斯图尔特·巴特菲尔德（Stewart Butterfield）也将其作为公司的头等大事来推行。作为一个概念，人们很难准确定义什么是“全身心投入工作”，但当你准备这么做时，你就会找到这种感觉。这意味着你需要做到以下几点：向下属展现你的弱点；承认你度过了糟糕的一天；营造一个包容的环境，让其他人也可以这么做。

人们无法付出个体关怀，除了对“保持职业性”的过度热衷，还有部分非道德因素。在一些人成为老板后，他们会自觉或不自觉地感到自己比下属更优秀或更聪明。这种态度不可能使你成为了不起的老板，只会让大家想要揍扁你。没有什么比优越感更能损害人际关系了。这也是我十分反感将“优越感”与“老板”两个词画等号的原因。我也尽量避免使用“雇员”这个词。我以前的一位老板告诉我，“人与人之间总有高低贵贱之分”。不用说，我很快就辞掉了这份工作。当然，如果你是一个老板，一定会与员工存在等级差异，这不用回避。但要记住，老板只是一份工作，而不应该涉及价值判断。

个体关怀是治疗僵化的职业主义和管理中傲慢作风的一剂良药。为什么我用“关怀”而不用“关心”这个词呢？因为仅仅关心员工的工作和职业生涯是不够的。只有当你真正全身心关心员工整个人的时候，才能与之建立起良好的关系。

个体关怀不是简单地要你记住员工的生日和家庭成员的名字，也不是同员工分享个人生活中的伤心往事，更不是强迫你在原本不愿参加的社交活动中没话找话。个体关怀是鼓励你做那些已经知道怎样做的事，是承认在共同的工作之外我们都是对生命怀有满腔理想和热情的人，是为真正的交流寻找合适的机会，是在人性这个层面上彼此沟通了解，是知道什么对员工才是最重要的，是分享驱使我们起早贪黑、努力工作的原动力以及这样做产生的负面效果。

但是，个体关怀并不仅仅要求你展示关怀，还要求你在深度关心员工的同时，做好被人憎恨的准备。《冰上奇迹》（*Miracle*）这部电影完美地诠释了这一点。电影的主人公是率领美国男子冰球队在 1980 年冬奥会获得冠军的赫布 · 布鲁克斯（Herb Brooks）。他非常严厉地训练队员，使自己成为所有队员的“敌人”，但也正因为如此，他把整个团队凝聚在了一起。在看电影时，我可以真切地感受到他有多么关心每一位队员，而让人揪心的是，队友们过了很久才感受到这一点。做老板也是这样，有时就像行走在孤独的单行道上，特别是在初始阶段，这是正常的。如果你可以承受这些打击，那么团队中的成员也会不断成长，总有一天他们也会成为员工眼中的好老板。一旦员工知道拥有一个好老板是什么感觉，他们就会自然而然地效仿追随。也许他们没能报答你，但他们会将你的精神发扬光大。看到你关心以及帮助过的人获得成功，可能就是最好的回报。

绝对坦率的第二个维度：直接挑战

哲学家乔舒亚 · 科恩（Joshua Cohen）曾在斯坦福大学和麻省理工学院任教，也曾为推特和苹果公司的管理层授课。他很好地解释了为什么彼此挑战不仅对做好工作十分重要，对建立牢不可破的关系也同样如此。他经常会引用约翰 · 斯图尔特 · 米尔（John Stuart Mill）的这段话：

> 无论是从知识还是道德的角度，人本身得以受人尊重的

> 原因是其拥有纠错的能力。通过讨论和积累经验，人们能够纠正错误。仅仅凭借经验还不够，必须要经过讨论，以表明经验如何被阐释。

挑战他人和鼓励他人挑战有助于建立良好的信任关系，因为这表明：①你足够关心他，能够指出他做得好和不好的事情；②你愿意承认错误并致力于改正自己和他人犯下的错误。但是，由于挑战往往意味着不同意或者说“不”，这个方法会产生分歧而不是避免分歧。

美国前国务卿鲍威尔曾指出，负责任有时意味着激怒别人。[①]你必须要接受的是，团队中有人会因此对你感到不满。事实上，如果没有人对你感到愤怒，说明你的挑战还不够彻底。问题的关键是，你如何应对他们的愤怒。当你用言语伤害了别人时，你就要承认他所遭受的痛苦，不要掩耳盗铃或视而不见，把你的关怀表达出来。将“公事公办”这个词从你的词典里删掉，这是十分伤人自尊的。你要做的，应该是帮助他们解决问题，但不要只是为了让某人感觉更好而帮他们解决问题。在挑战他人的时候，给予个体关怀，会帮助你在职业生涯中构建良好的人际关系。

在最开始的时候，发起“直接挑战”会非常难。因为尽管你处在与员工建立信任关系的过程中，但你不得不批评他们或是调整他们的岗位。在本书中，我会用大量篇幅向你说明发起“直接

---

① Harari, Oren. *The Powell Principles: 24 Lessons from Colin Powell, a Legendary Leader*. New York: McGraw- Hill, 2002, p.4.

挑战”的方法。但对建立互信关系来讲，这并不是最难的，最难的是鼓励他人直接挑战你，就像你挑战别人那样。你需要鼓励他们向你直接发起挑战，让你生气或是愤怒。当然，这需要不断地适应和调整，特别是对那些具有独裁气质的领导者来说。但如果你坚持下去，就会更加了解自己，特别是了解别人眼中的自己。这有助于你和团队不断得到更好的结果。

我的联合创始人拉斯最近雇用了埃莉萨·洛克哈特（Elisse Lockhart）来负责 Candor 公司的内容营销工作。拉斯对我们描述的绝对坦率的方法十分执着。埃莉萨刚刚加入团队，有时会隐瞒自己的看法。拉斯对这种情况以及自己是埃莉萨老板这件事十分在意，他煞费苦心地鼓励埃莉萨挑战我们，就像我们挑战她一样。

只要人与人之间足够信任，相互挑战就不会受到隶属关系的影响，因为这太浪费时间和精力了。后来，我终于看到拉斯和埃莉萨建立起信任关系的美好时刻。当时，他们在一起商量建立网站博客条目，埃莉萨不同意拉斯关于博客条目的表述，她直接说出了自己的想法。之后他们来来回回讨论了很多次，眼看埃莉萨就要放弃自己的想法了，拉斯察觉到了这一点，说道：“如果我们讨论的问题有数据支撑，那就依靠数据；如果我们都是凭借自己的主观想法，就听你的。”这是拉斯从美国网景公司吉姆·巴克斯代尔（Jim Barksdale）那里学来的说法，只不过用了完全相反的表述。拉斯最后同意了埃莉萨的想法，而事后的数据也证明了埃莉萨的意见是对的。

受到这次经历的鼓舞，埃莉萨很快就再一次勇敢地表达了自己的观点，而且比上次表达得还要激烈，以至她开始担心自己是否有些过分。为了让她安心，拉斯让她去看一下电影《甜心先生》（*Jerry Maguire*）的一个片段“助人助己”。在电影里，杰里和他的客户罗德陷入了争吵，罗德对杰里说：“看，这就是我们两人的不同：你认为我们在‘吵架’，但我认为我们终于可以对话了！”

绝对坦率不是什么

我们已经讨论了谦逊的重要性。绝对坦率不是无端地苛求以及“当面捅刀子”，也不是要你说“让我和你绝对坦率吧”，然后接着说“你是个骗子，我不会相信你”或“你是个笨蛋”，这样的做法是非常愚蠢的。如果你没有展现个体关怀，那就不是绝对坦率。

绝对坦率不是吹毛求疵。直接挑战别人是件很消耗精力的事，不管对你还是对被挑战的人来说，都是如此，所以一定要在必要的时候才这样做。有一个很好的经验法则对处理任何关系都有效，那就是每天把三件不重要的事烂在肚子里，忍住不说。

绝对坦率不是官僚层级的产物。为了能够绝对坦率，你需要尝试和上下左右都保持良好的关系。即使你的老板和同事没有采用这个方法，你依然可以为你和你领导的团队创造一个绝对坦率的小环境。你也可以与你的老板和同事继续小心相处。但如果他们还是无法与你绝对坦率，我建议你换一份工作。

绝对坦率不是拉关系闲扯，也不是无休止地表现出活泼外向的一面，这会让你和团队中性格内向的人感到精疲力竭（如果你也恰好是性格内向的人）。绝对坦率也不需要总是跟同事一起喝酒、开卡丁车、玩真人 CS（一种真人户外竞技运动）或没完没了的聚会。这些活动也许是释放压力的好方法，但同时会占用太多时间。要知道这些活动不是了解别人的最佳途径，更无法展现你的关怀。

最后，绝对坦率并不是硅谷文化的独特之处，更不是美国文化的独特之处，它适用于整个人类社会。事实上，绝对坦率这一理念是我在为一家以色列公司工作时才开始系统思考的问题。

绝对坦率具有普适性，但具有人际关系和文化属性

绝对坦率的两个维度对外部环境都很敏感，它们的效果取决于倾听者，而非讲述者。绝对坦率不是一种人格类型，也不是与生俱来的能力，更不是文化评价标准。只有当别人理解你的关怀和挑战都是发自内心时，绝对坦率才会生效。

我们需要不断认识到，绝对坦率对某些人可能是有效的，但对另外的人或团队来说，就会感觉不爽（或过于肉麻）。当我们从一个公司到另一个公司，从一个国家到另一个国家，绝对坦率的方法就需要做出相应的调整。绝对坦率可能在一种文化中有效，但不能直接应用到另一种文化中。

***

现在我们来看看以色列运用绝对坦率的方式。从商学院毕业

后不久，我得到一份在耶路撒冷 Deltathree 公司的工作，这是一家从事 IP 语音制作的初创公司。我在美国南部长大，那里的人大都会尽量避免冲突和争论。但在以色列情况有所不同，人与人之间的沟通非常直接。我永远都不会忘记无意中听到的一次对话，Deltathree 的首席运营官诺姆 · 巴尔丹（Noam Bardin）对一位工程师大喊："这个设计的效率应该比现在高出 15 倍，你本来可以做得更好，但没有做到，现在我们必须推翻你所做的一切，重新开始！我们已经花了一个月的时间，可我们得到了什么？你到底在想些什么？"

这些话听起来很刺耳、很粗鲁，甚至……

让我开始对以色列文化有更为深入了解的，是 Deltathree 的一位投资人雅各布 · 内尔 – 戴维（Jacob Ner-David）邀请我去他在耶路撒冷的家中享用安息日晚餐的经历。他的妻子哈维雅 · 内尔 – 戴维（Haviva Ner-David）是一名犹太法学博士，这在正教会团体中十分罕见。她在犹太教堂里受到了很多非议，雅各布给予他妻子很大的支持，他们一起向别人解释他们是如何理解传统教义的。不知何故，雅各布和他老婆对《圣经》古典解释的质疑，让我想到了诺姆是如何挑战下属的。如果挑战以及重新解释上帝的教义可以被接受，那么人与人之间彼此激烈的争吵并不意味着不尊重。我成长在一个完全不同的文化背景里，在那里大家普遍相信上帝在 7 天内创造了世界，并认为其他进化理论都是异端邪说。我不是一个神创论者，雅各布也不是正统的犹太教徒。但年轻时接受的宗教文化对我们在工作中挑战彼此的意愿产生了影响。我意识到，我应该把诺姆的挑战看作一种尊重，而不是粗鲁。

几年后，当在东京管理一支团队时，我却经历了完全不同的体验。当时我们对位于美国总部的谷歌产品团队发布手机应用广告的方法感到失望，而雅虎正在快速扩展，许多日本竞争者也在努力赶超我们。但日本团队太过礼貌，没有及时将问题反馈给产品管理团队，因此问题没有得到有效解决。当我鼓励他们向总部质询这种手机应用方式时，他们都盯着我，好像我疯了一样。

让东京的团队像诺姆在耶路撒冷一样挑战权威是行不通的。在特拉维夫，争论被看作尊重；而在东京，争论却意味着冒犯。即使使用"绝对坦率"这个术语，也会显得太具攻击性。我发现我在美国南部接受的教育更有助于理解日本人的认知：两种文化都十分注重礼貌，不鼓励公开驳斥人。我鼓励东京团队"礼貌地坚持"，因为他们更喜欢用礼貌的方式来展现个体关怀。坚持自己的意见，是他们挑战谷歌总部最舒适的方式。

我对团队最终取得的结果十分高兴。东京团队对他们的任务不只做到了坚持不懈，还做到了百折不挠。部分是受他们"礼貌地坚持"的影响，手机应用版 AdSense 诞生了。

关于绝对坦率，我最喜欢的另外一个故事与周文彪有关，他为拉斯工作，负责 AdSense 中国区的工作。一开始他对我和拉斯都十分顺从，但当我们让他相信我们乐于接受挑战时，他开始变得毫不留情。和他一起工作很快乐，因为他是谷歌最坦率的人之一。几年前，他成为悠易互通的董事长，公司设在北京，是一家拥有 500 人的在线广告平台。成立新公司几个月后，他发现公司发展出现了一些重大问题，他向董事会和员工清晰地阐明了这些问题，并竭尽全力向团队展示他的关怀，告诉他们自己会尽一切努力帮助员工实现梦想。他不仅承诺给予员工股权，还在新一轮融资前抵押了自己的房子，以确保员工的薪酬都能按时支付。现在周文彪经营的公司是中国最成功的企业之一。

我曾经在世界上很多地方带过团队，最让我感到惊讶的是英国人。尽管他们很有绅士风度，但他们甚至比纽约人还要坦率，这是因为英国的教育十分注重口头辩论，将其看得和写作一样重要。我也目睹了绝对坦率的方法经过调整，在特拉维夫、东京、北京和柏林都取得了成功。

2
得到、给予并鼓励指导

营造开放交流的文化

一个关于“呃”的故事

在加入谷歌后不久，我向谷歌的CEO以及联合创始人就AdSense的业绩做了一次汇报。尽管业绩很好，我的老板也坐在边上给我鼓劲，但我仍感到紧张。所幸我要汇报的是好消息：公司业务正在以前所未有的速度增长。我环顾四周，捕捉到公司CEO埃里克·施密特的眼神。当我说出上个月新签客户的数量时，他的脑袋从电脑后面探了出来。我成功地把他的注意力从邮件转移到我的身上，这是一个胜利！他问道：“你说已经有多少客户了？”我重复了一遍数字，他差点儿从椅子上摔下来。

没有比这更好的反馈了。结束了这场成功的汇报后，我既兴奋，又感到如释重负。这时，我看到老板谢丽尔在门口等我，原以为她要与我击掌庆祝，但她并没有，而是问我是否愿意和她一起走回办公室。我开始感到一丝不安，一定是有些地方出了问题，但到底是什么问题呢？

"你在谷歌会有一个光明的前景。"谢丽尔说道，她知道如何吸引我的注意。我已经有过三次创业失败的经历，现在急需一场胜仗来鼓舞自己。"你具备全面、客观、理性看待问题的能力，这让大家都十分信服你。"接着她列举了我在汇报时提到的三四个具体事例来说明这一点。我很高兴，因为刚才一直担心某些观点阐述得不够充分。"今天我从你应对问题的方法中学到了很多。"我相信这不是客套话，从她语气停顿的方式和看我的眼神中，我读懂了她的真实意图。她想让我明白，我所担心的缺点，实际上正是我的优势。

这很有意思，但我暂时不去想这些，因为刚才那种难以摆脱的不安仍未消散，就像是头上悬了一把随时可能落下的斧子。我想知道自己到底做错了什么，问道："有些事我没有做好，对吧？"

谢丽尔笑了："你总是关注怎样才能做得更好，这我理解，我也一样。确实，比起成功，我们从失败中学到的更多，但我希望你能花一分钟想想做得好的事，因为总体来说，这次汇报确实十分顺利。你成功了。"

我尽可能认真地听着，等待她说到重点。最后，她终于说道：

“你说了很多‘呃’，你意识到了吗？”

“是的，”我回答，“我知道我说了太多‘呃’。”我想，她肯定不只是想和我说“呃”这么简单。这是我第一次汇报，谁会注意到我是不是说了“呃”呢？

“是因为你紧张吗？你需要我为你找一个演讲老师吗？公司会帮你支付这笔费用。”

“我不紧张，”我做了一个掸衣服的动作，就像掸走一只小虫子一样，“就只是一句口头禅吧，我想。”

“没有理由让一句口头禅影响你。”

“我知道。”我的手又摇晃了几下。

谢丽尔笑了。“当你做这些动作时，我能感受到我的话没有引起你的重视。我必须要对你直说：你是我认识的最聪明的人之一，但是说太多‘呃’，听起来真的很傻。”

好吧，这个问题终于引起了我的注意。

谢丽尔又重复了一遍她的建议。“演讲教练会有效地帮你解决这个问题。我认识一个人，他在这方面非常出色，我相信你一定可以克服这个问题。”

让好的指导更具可操作性

思考一下谢丽尔是如何应对这种情况的。尽管汇报总体来说进行得很顺利，但她没有犹豫，仍然指出了我需要改进的问题。她的反馈非常及时，所以这个问题没有影响到我在谷歌的声誉。

她肯定了我在这次汇报中做得好的方面，更重要的是，她做到了绝对坦率，没有在批评中夹杂虚假的赞美。她的第一个方法温和而又直接。当知道我没有认真听她说话时，她变得更加直接。但即使是这样，她也没有将问题“个人化”，即将问题与个人品质相联系。她说我说“呃”时，“听起来”很傻，却没有说我这个人很傻，而且她选择跟我站在一起，为我提供可行的帮助。这让我觉得自己不是一个有缺陷的傻瓜，而是一个她愿意投资、有价值的团队成员。尽管她的意见确实让我有一点点不舒服。

这次谈话在两个方面产生了显著效果：第一，这使我想立刻克服“呃”的毛病，在上了三次演讲课后，我取得了显著的进步；第二，这让我对谢丽尔心生感激，也激励我为我的团队提供更好的指导。她给予我赞美和批评的方式让我也想教会别人践行这样的管理方式。

而所有这些，都源自一次两分钟的谈话。

有多少次你尝试给予对方反馈，却完全达不到预想的效果呢？怎样才可以像谢丽尔一样，对特定的情况给予合适的指导，并产生一种连锁反应，改变每个人的交流方式呢？

自从开始向硅谷新一代领导者提供指导之后，我花了 10 年时间去改变他们向其他人给予指导的方式，包括通过赞美和批评的方式。这非常简单，任何人都可以学会。记住，好的指导有两个维度：个体关怀和直接挑战。

正如在第 1 章讨论过的，当我们将两方面同时做好时，绝对坦率就会出现。即使其中一个维度失败了（变成“过分同情”或

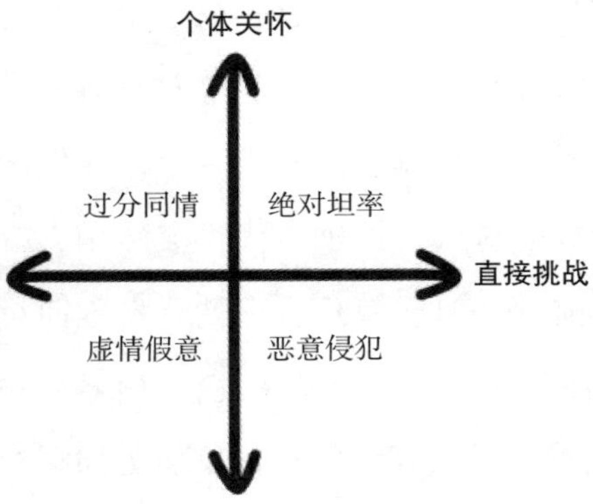

图 2–1 反馈框架

“恶意侵犯”），或是两个维度都失败了（变成“虚情假意”），了解问题所在也是十分有帮助的。当你无法实现个体关怀或直接挑战时，对于问题清晰地认识会帮你避免重蹈覆辙，因为我们总会一不留神犯下相同的错误。

我指导过的很多人都发现这个框架十分有用，它能够帮助人们明确自己得到、给予或鼓励的是哪种类型的指导。我向学员强调的另一个重点是：对事不对人。这也是我从“呃”的故事中学到的重要一课。在这个框架中，每个象限的名称针对的都是指导的类型，而非个人品质。这是一种定义表扬或批评的口径，也可以让大家牢记：两者结合才能更好地完成工作。它们不是用来贴标签的工具，否则这只会阻碍人们取得进步。基本上，所有人都会在这几个象限中花费时间，因为没有人是天生完美的。我从来没有遇到能够一直绝对坦率的人。再重复一遍，这不是“人品测验”。

现在我们来讨论这些象限。

绝对坦率

指导不只发生在工作中。有时候，如果你认真倾听，即使是陌生人的坦率也能改变你的人生。我曾经领养过一只小金毛犬并给它取名为贝尔韦代雷。我非常喜欢贝尔韦代雷甚至对它有些宠溺，由此导致的结果就是我几乎无法控制它。一天晚上，我们出去遛弯，正在人行横道等红绿灯的时候，贝尔韦代雷突然用力拉拽身上的狗绳，想挣开绳子往前跑。但前面几步远就是疾驰而过的汽车，情况非常危险。“亲爱的，坐下，”我恳求道，“信号灯一会儿就变绿了，再等一等。”它没有理会我说的话，反而更加猛烈地向前冲，试图冲到马路上。

这时，一位同样等待过马路的陌生人看着我说：“能看出来你很爱你的狗。”注意，他用了几秒钟的时间来表达对我的关心，而不是上来就批判我。接着他发起了直接的挑战：“但如果你再不教它如何坐下，它会死得很惨！”直接，惊人的直接！然后，这位男士并没有问我意见，而是径直走过来蹲下，伸出手指着贝尔韦代雷，用响亮而坚定的声音说道：“坐下！”

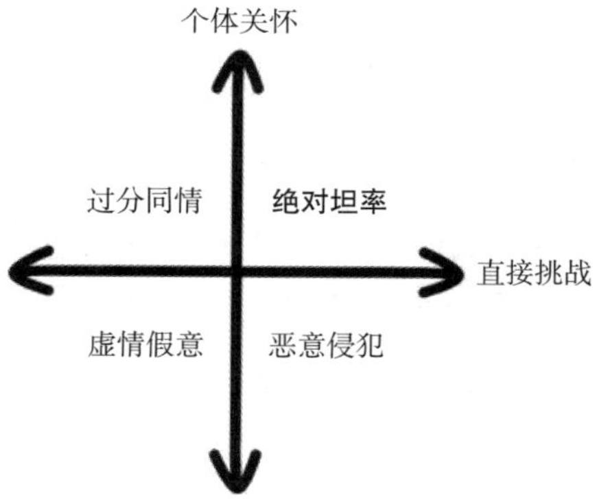

图 2–2　绝对坦率

贝尔韦代雷坐下了，眼前发生的一切让我目瞪口呆。

男士冲我笑了笑，解释说：“这不是苛求，而是明确的要求！”这时，信号灯变绿了，他大踏步离去，留下这句话在我耳边回响。

现在让我们思考一下，这件事还可能会有怎样的剧情。他本可以对我简单地说一番带有审判意味的大道理（比如，“如果你不知道怎样照顾好一条狗，就别养狗”），然而，这样做会让我感到被冒犯，不愿意采用他的建议。显然，他选择了另一种方式，他首先承认了我对这条狗的喜爱，并解释了为什么他的方式是正确的。（这不是苛求，而是明确的要求！）他知道也许我会说“见鬼去吧”或是“管好你自己的事吧”，但这并没有阻止他这样做。他使用了领导者的方式——一种属于他自己的方式，所以我猜他在日常工作中一定是个好领导。我与他没有任何关系，但如果我为他工作，而不只是在路上偶遇，这个小互动就是建立良好关系的基础。

我永远不会忘记那位陌生人对我说的话，“这不是苛求，而是明确的要求”，它已经成为我的一条管理准则，帮助我避免继续犯下在本书序言中描述的错误，即在鲍勃工作做得不好时，没有直接告诉他。在我不得不解雇他的时候，我想变得友善的努力化为泡影，毕竟这不能算是友善。在人行横道上的小插曲使我懂得，给予绝对坦率的指导之前，不需要花费太多时间去了解一个人或是建立信任关系。事实上，了解别人和建立信任关系的最好方法就是给予绝对坦率的赞美和批评。

绝对坦率的赞美

“我很欣赏你”

我和联合创始人拉斯最近正在拍摄一部关于以绝对坦率的方

式给予赞美的视频短片。他在向我讲述给予明确赞美的重要性时，举了指导少年棒球联盟的例子。我立即不假思索地说："我真佩服你。"我一直想告诉他这一点，恰好当时脑海中闪现出这句话，就脱口说了出来。通常情况下，他会说，"谢谢"，但这次并没有。我马上意识到这个赞美并不明确，因为我没有告诉拉斯原因，这让我的话听起来颇具讽刺意味。事实上他也回答："好吧，我知道你不是认真的，你讨厌运动。"我意识到刚才那句话的效果多么苍白无力，比预想的还要糟糕。显然，他知道我关心他，但认为我的赞美是不真诚的。

我正在教别人如何给予正确的赞美，但自己搞砸了，而这本来应该是件很简单的事情，毕竟我的谈话对象是拉斯，我们已经认识很多年了。当然，给予有意义的赞美是一件很难的事。因此，当给予别人指导时，我们一定要先权衡一下，判断这会对别人产生怎样的效果。现在我明白了拉斯的感受，我想要再尝试一下。

"前几天，我对你早早离开公司去训练的态度让你感到不爽，这也让我感到十分糟糕。"我开始解释，"事实上，我对你做少年棒球联盟教练这件事真的很钦佩，因为你能很好地平衡工作和生活的关系。我一直在想我是否花了足够的时间陪伴孩子，而你为我树立了榜样。另外，你从'积极教练联盟'中学到的内容对工作也很有帮助。"

这个评价结合了拉斯的具体情况，而且更有针对性、更具体。这一次拉斯说："好吧，这才是绝对坦率的赞美。"

绝对坦率的批评

批评成功才能保持成功

安德烈·伊戈达拉（Andre Iguodala）是 NBA（美国男子职业篮球联赛）金州勇士队的锋卫摇摆人[①]，他解释了为什么乐于向一起工作的人发起挑战对获得成功如此重要。他说，成功的秘密是向卓越的球员指出他们能做得更好的地方，即使他们刚刚赢得了比赛，而且这个时候的建议往往更为重要。对领先的人来说，最大的问题是不得不永远保持领先。当然，安德烈的队友听到他绝对坦率的批评，并不总会感到开心，他们有时会认为这是恶意侵犯。在接下来的部分你会看到，恶意侵犯给人的感觉是完全不同的。

恶意侵犯

如果你在批评别人的时候，并没有花哪怕几秒钟的时间来表达关心，你的指导就会让对方感到是恶意的。不得不遗憾地说，如果做不到绝对坦率，恶意侵犯就是你的次优选择。至少这会让大家知道你的想法和他们所处的位置，这样团队才能创造成果。这也解释了为什么那些令人讨厌的家伙似乎在竞争中更有优势。

坦白地说，我不会和没有道德感的人一起工作。我希望你也可以保持完整的人格。如果有更多的人能够做到绝对坦率，就没有理由再去忍受恶意侵犯了。

---

① 锋卫摇摆人指能在得分后卫及小前锋之间自由转换的球员。——编者注

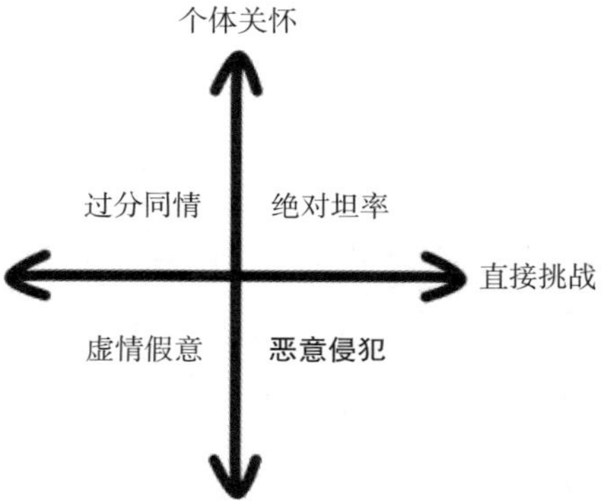

图 2–3　恶意侵犯

但是，成为一个好老板有个悖论。大多数人更喜欢富有挑战的“浑蛋”，而不会喜欢因为心善而避免坦率的老板。有一次我读到一篇文章，说大多数人更愿意为“有能力的浑蛋”工作，而不是“友善的无能者”。这篇文章将这个自相矛盾的问题描述得十分到位。我当然不想成为一个无能者，但也不想当一个浑蛋。

幸运的是，“做一个浑蛋还是无能者”是个伪命题，你不需要在这两个极端中做出选择。有多少次我都发现，即使清晰地表达批评会引起短暂的不安，但从长远来看，直接是更好的方式。（记住那句话：“这不是苛求，而是明确的要求！”）此外，由于害怕自己被贴上浑蛋的标签，很多人会趋向于过分同情或虚情假意。实际上，对于他们的同事来说，这两种行为比恶意侵犯更为糟糕。我会在接下来的部分详细讨论这两种行为。

但是，恶意侵犯仍然会削弱团队力量，特别是在极端情况下。当老板贬损员工，让员工当众出丑，或是排挤员工时，他们的行为就会被归于这个象限。尽管有时恶意侵犯在短时间内会得到好的结果，但从长远看这一行为有着很大的隐患。想想安娜·温图尔（Anna Wintour），她是电影《穿普拉达的女王》（*The Devil Wears*

Prada）中梅丽尔·斯特里普（Meryl Streep）所扮演角色的原型；再想想鲍比·奈特（Bobby Knight），印第安纳大学的篮球教练，他带领球队创造了连胜的纪录，但因为被媒体报道向球员扔椅子以及掐球员脖子，最终被解雇了。作为一个老板，如果想通过批评来羞辱他人，而不是帮助他们进步，如果允许团队进行人身攻击，如果阻止赞美并认为赞美只是在照顾别人的自尊，那么对周围的人来说，他们的行为就是恶意侵犯。

恶意侵犯最糟糕的一种情况是，一个人十分了解另一个人的弱点，并针对这些弱点进攻，这可能是为了获得某种快感或是维护自己的地位。我曾经有一个老板，他非常清楚如何激怒我，我认为他了解我所有的“痛点”。了解别人的喜恶并且利用这种了解进行伤害，是最损害信任关系的行为。

在这种文化中，老板将员工看作无足轻重的人，可以不受良心谴责而随意贬低他们；员工将他们的老板看作即将被推翻的暴君；同事认为彼此是敌人。此时，批评更像是一种武器，而非一种使人进步的工具，这会让提出批评者感到强大，而让接受批评者感到委屈。“好吧，你这次做得挺好。”即使是类似的赞美，也更像是一种讽刺挖苦，而不是对出色工作的肯定。

恶意侵犯的批评

当面伤人

举一个批评的例子。曾经，我有一位同事，我们就叫他“内德”吧。他在刚接手团队时，组织了一场聚会，要求每个人都穿上自己的民族服装。这个公司的文化有些古怪，所以参加聚会的人都穿了奇装异服。内德作为一个新人，并不了解这种文化，穿了一套昂贵的无尾晚礼服。可能他觉得自己的穿着过于正式，与大家格格不入，于是很不自在。为了缓解这种不安，他开始进入一种有失身份的模式。他走向我的一位朋友，也是他的直接下属（这个人打扮成了爱尔兰民间传说中的小妖精模样），当着所有人的面，对他大声喊道："我说穿民族服装，不是让你穿得像个傻瓜！"

我们很容易把内德当成一个浑蛋，但这正是绝对坦率教我们应该避免的一种基本归因错误[①]，批评他人的内在特质而不是外在表现不会促使他人做出改变。为什么内德没有做出改变呢？因为没有人试图去挑战他，他也不用被迫去学习。于是，他的可恶程度与日俱增。

不得不承认，就这件事情来说，我也是沉默的大多数。当内德对我的朋友说他看起来像个傻瓜的时候，我就站在旁边，但什么也没说。这件事过后，我也没有和内德私下交流过。为什么呢？因为我已经把他看作一个浑蛋了，认为这样做不值得，所以我也犯了基本归因错误，我的行为就属于"虚情假意"。对于这点，我至今仍感到羞愧。如果有人需要"绝对坦率"这剂良药，这个人就是内德。

记住，恶意侵犯是一种行为，而不是一种人格特质。没有人永远是可恶的浑蛋，即使像内德这样的人也会改变。所有人都可

① 即人们常常把他人的行为归因于人格或态度等内在特质上，而忽略他们所处情境的重要性。——译者注

能产生恶意侵犯行为，包括我在内。扪心自问，我不是个浑蛋，但有一次我也恶意侵犯了他人，表现得像个浑蛋。

在加入谷歌的几个月后，我与拉里·佩奇有过一次争论，是关于一项政策的实施方法。因为内心的挫败感，我给包括拉里在内的30个人群发了邮件，写道："拉里声称他想把这个世界的信息组织起来，但他的政策是在生产'乱七八糟的网站'，将这个世界的信息弄得杂乱无章。"接下来，我在邮件中暗指他的目的只是增加谷歌的收入，而不是为用户做正确的事。

如果拉里是在为我工作，我绝不会发送如此无礼、苛责的邮件，而是会私下询问他为什么要推行一个看起来与谷歌理念相违背的政策。如果我认同他的理由，那么事情就会继续推进；如果我不认同，我会私下解释他的做法如何与谷歌的原则不一致，并且试图表示理解他的理由。但这些我都没有做。当然，如果我做了这些事，就会发现他的理念不只是领先了我一点点，而是一大步，我甚至连事情是怎样运转的还没搞明白。

为什么我会对拉里做出这种行为呢？部分原因是我相信谷歌不喜欢溜须拍马和阿谀奉承的人，至少我不会那样做。但我走向了另一个极端，即没有把拉里当作一个普通人，而是将他视为英雄人物——我可以对他随意进行攻击而无须接受惩罚。实际上，不论地位和职级如何，每个人都有自己的基本尊严。但这绝不是拉里不接受批评的理由，因为我曾见过他与马特·卡茨的对话，这让我意识到批评是不需要咄咄逼人的。

与拉里的这件事是一个很好的例子，充分说明了如果做不到个体关怀，批评会如何变成恶意侵犯。我曾经也想过这是否说“向权力说真话”，可以归为“绝对坦率”，但其实不是。这是典型的“当面伤人”，虽然比背后中伤要好，但仍然很糟糕。

自我反思后，我认识到我的第一个问题是狂妄。我刚刚加入这个公司，对于谷歌的运转方式还不了解，也没有弄清拉里为什么会持有这样的立场。相反，我只是提出了很多假设并由此得出结论：拉里更关心赚钱而不关心谷歌的真正使命，最后的结果证明我的看法完全是错误的。此外，由于我没有理解拉里所表述的深层问题，我提出了很多没用的建议。我的另一个问题是，我是在公共论坛里批评的拉里，而没有选择更有礼貌的方式，即私下沟通。最糟糕的是，我把这个问题个人化了。我本来应该探讨 AdSense 的政策，却攻击了拉里的个人品质，还隐晦地指责他的贪婪和虚伪。在接下来为谷歌工作的 6 年时间里，我发现拉里没有以上任何一条缺点，他处事公平而且始终如一。所以我当时所犯错误的重点是，不应该谈论拉里的个人品质。不管是优点还是缺点，我当时的做法都是对人不对事的。

恶意侵犯的赞美

贬低的恭维

赞美也可能会是恶意侵犯。以下是硅谷一位传奇公司的老板给他团队发送的邮件，这个团队大约有 600 人，其中有 70 人刚刚拿到了奖金。为了避免使他陷入尴尬的境地，在这里我用“约翰”代替他的名字。

发件人：约翰 <John@corpx.com>
时　间：4 月 27 日上午 11:53
主　题：奖励赢家！
收件人：giantteam@corpx.com

巨人团队的伙伴们：

在第三季度，我们团队中的很多人都表现出色，业绩遥遥领先，为公司做出了巨大贡献。管理团队已经注意到团队成员和他们取得的成就，并且为他们发放第三季度的奖金。我想与大家分享这些表现出色的成员名单，并在下面的列表中展示他们取得的成就概况。

——约翰

巨人团队副主席

- 第 33 号：第 5 级销售员，创造了季初至今最高的利润——第 3 季度为 750 万美元。奖金的级别是 7 万美元，工资是 11.6 万美元，比市面 50% 的人低；面临人员流失风险。

- 第 39 号：为了让 XYZ 项目顺利进行，她承受了所有的脏活，同时承担了所有的累活，包括制作表格、数据更新、法律事务等。她做了很好的工作（远远超出她所在的第 3 等级要求）。

- 第 72 号：在过去 4 个多月他承担了很多特殊工作，并帮助约翰做了很多职责外的事。

现在，想象一下当 33 号员工看到薪酬信息被群发给 600 名同事后的感受吧。我想当他发现自己只得到了应得报酬的一半，而老板也认为他大概在寻找新的工作时，恐怕他很难开心起来吧。

再想一想当39号员工知道所有的“脏活累活”都是她一个人在扛的时候，她会是怎样的感受。我猜想，“远远超出她所在的第3等级要求”这句话也许是个安慰，至少听起来比72号员工感觉要好一点。72号员工因为“帮助约翰做了很多职责外的事”而得到奖金，换句话说，约翰是个假公济私的浑蛋，如果有人和他关系密切或者为他干私活，公司就必须要付给他们报酬。

你可能认为约翰没错，只是由于他太懒了或是对周围环境了解不够，并不是有意伤害谁。但毋庸置疑，他并没有对团队展现出个体关怀。他让所有管理人员都给他报送员工获得奖金的理由，却丝毫没有表示出对员工的关心，甚至没有花时间去阅读这些理由，仅仅是将这些内容复制粘贴一下就发了出来。发给员工奖金并让员工感觉糟糕是一件很难的事，但约翰做到了。

虚情假意

当你不够关心对方也不愿发起直接挑战时，虚情假意的指导就会发生。如果人们希望受人尊敬，或认为通过伪装可以获得某种政治优势，或对关心和争论感到疲倦，就会给予虚情假意的批评或赞美。这种指导很少能反映出说话者的真实意图，可以说，这是个人为谋取私利的一种等价交换，他们尝试让别人融入情感而自己却不愿付出。他们惯用的说法是，“如果我告诉对方，我喜欢这愚蠢的演讲，他应该会很开心，这会比解释他演讲糟糕的原因要容易得多。尽管从长远来看，我真的需要找个人来代替他”。

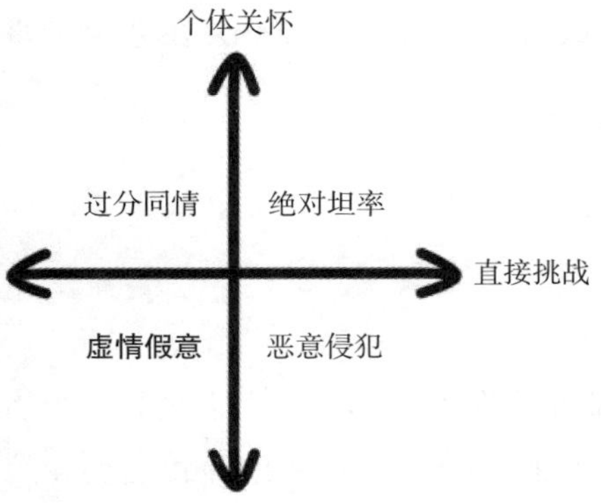

图 2–4 虚情假意

苹果的首席设计总监乔尼·伊夫（Jony Ive）曾经讲过一个当他批评团队的工作时手下留情的故事。史蒂夫·乔布斯问乔尼为什么不将问题阐述清楚，乔尼说："因为我关心这个团队。"史蒂夫回应说："不，我看完全是因为你虚荣，你只是希望大家都喜欢你。"讲述这个故事时，乔尼说："我很生气，但我知道他是对的。"

这就是为什么柯林·鲍威尔说领导有时需要激怒别人。如果你过于担心人们的看法，就无法说出真正重要的话。像乔尼一样，你也许会认为这是出于对团队的关心，但实际上，在所有的情绪中，你真正关注的可能是其他人的看法；换句话说，你在乎的只是自己。我也曾经这样，可能你也如此。

你很在意挑战他人，也很关心他们是否在乎你。然而对他们来说，这不是"个体关怀"，而且很可能会使你处于"直接挑战"的负轴上。这不会帮助你的团队取得卓越成果，也无助于指导员工实现梦想。摈弃虚荣心，真正做到个体关怀吧。如果做不到，就不要浪费大家的时间去装作这样。

遗憾的是，传统观点和大量的管理建议都试图说服老板减少挑战，而不是鼓励他们更关心团队。一般来讲，这样的赞美和批评通常会使员工感到曲意逢迎或背后中伤，这将不会在老板和直接下属间建立起信任关系。

虚情假意的赞美

虚伪的道歉

再说回我给拉里·佩奇发邮件那件事。邮件发出去之后，很多人给我打电话，问我为什么要发那封邮件。我意识到我的做法很粗鲁，我很羞愧，更有点害怕。我当时到底在想什么呀？

我仍然不知道对拉里新政策的评价哪里出现了问题，但现在我更关心自己是否还能保住饭碗。所以，当我再一次看到拉里时，我叫住了他，对他说："拉里，对于那封邮件，我感到十分抱歉，我知道你是对的。"现在，我道歉的语气应该没有任何问题了，但问题在于我没有任何解释就突然改变了立场。很明显，这并不真诚，是个错误的举动。拉里有敏锐的判断力，而我也不是一个出色的撒谎者。他什么也没说，但他轻视的表情说明了一切。他走开之后，边上的一位同事为了表达对我的同情，笑着悄声对我说："他更喜欢你反对他的状态。"

是的，当我们做了错事却由此得到重视的时候，一个很正常的反应就是虚情假意，这是比恶意侵犯更为糟糕的结果。保持沉默都会比处在"直接挑战"的负轴上更好。沿着"个体关怀"的坐标轴向上移动，尽力去理解拉里的想法，然后想办法解决我们之间存在的问题，也会比现在的做法更好。在当时的情况下，直接承认自己做得不好也许会更容易被接受。

过分同情

俄罗斯有一则寓言，是说有一个人必须要切掉小狗的尾巴，但他非常喜欢这只狗，不忍心这么做。于是决定每天切一点，每天切一点，而不是一次性全部切除。他的本意是希望减少狗的痛苦，他的做法却让狗遭受了更多痛苦。我们要避免成为这样的老板！

这是我称为“过分同情”的极端例子。在我的职业生涯中，我所见到的绝大部分管理问题都是由“过分同情”产生的。在工作中，很多人都试图避免各种冲突和不适，如同不忍心管教孩子的父母以及溺爱宠物的我。

很少有老板愿意打击员工或是让整个团队被不佳的表现影响，然而这通常是过分同情导致的结果。同样的道理，带有过分同情性质的赞美是无效的，因为它的首要目的是让大家感觉舒服，而不是告诉员工问题的症结，把工作做得更好。就像我在本书序言部分讲的故事，我对鲍勃就犯过这种令人痛苦的错误：我没有批评他，最终却不得不解雇他。

过分同情还会妨碍老板受到批评。如果一个老板希望员工批评自己，通常来讲，员工会感到尴尬，但最糟的情况是员工在听到这句话时，会感到害怕。具有过分同情性质的老板往往不想推进与员工的紧张状态，以使他们勇于挑战自己，而是急于缓解这种尴尬，让事情简单地过去。

如果老板过于注重与所有人都和睦相处，同时害怕引起纷争，就不会鼓励团队成员间相互批评，最终就会形成这样一种工作环境——为了“做个好人”，牺牲了批评和工作绩效。

老板经常会犯的一个错误是，想当然地认为如果自己处于过分同情象限，就可以与直接下属建立起关系，然后移动到绝对坦率的象限。和这样的老板一起工作的确很愉悦，但随着时光流逝，员工会渐渐地发现自己接受的唯一指导就是“做得不错”以及其他模糊的正面评价。他们知道自己有些事做得不好，但不确定哪里出了问题。下属永远不知道自己所处的位置，没有机会学习和成长，也经常被搪塞，最终的结局就是被解雇，这不是建立良好关系的有效方式。另一方面，过分同情会妨碍老板寻求批评，他们也无法知道哪里出现了问题，直到有人退出。不论从哪个角度来说，这样的策略都无法建立信任。

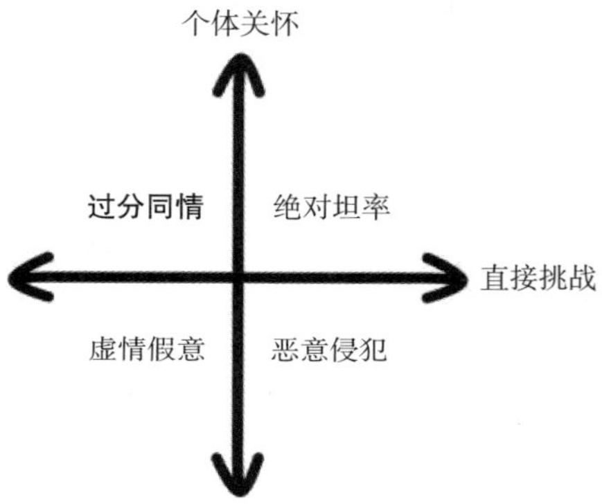

图 2–5　过分同情

过分同情的赞美

“试着说点好话”

关于领导应该对员工“试着说点好话”这件事，我的一个朋友曾经讲过一个故事。在新产品发行前夜，大概凌晨两点，他遇到了工程师阿纳托利，于是向他询问产品的一个特性。阿纳托利回答了他的问题，还介绍了产品的一些其他情况。几天后，在产品发布庆祝晚会上，我这个朋友当着所有员工的面，表扬了阿纳托利的杰出贡献。

问题在于，阿纳托利只是这个项目中众多杰出的工程师之一，其他所有为这个项目付出努力的工程师都认为阿纳托利将他们的贡献抹杀了。阿纳托利自己也十分尴尬，为此他向全公司发了一封邮件，详细列举了和他一起为这个项目努力工作的人。

我这位朋友的做法就属于过分同情。他原本只是希望让阿纳托利开心，却意外地让他成了众矢之的。从这件事上，他学到了重要一课：首先要调查清楚每个人的工作和这项工作取得成功的原因，然后再给予表扬。和批评一样，表扬也要全面具体、细致入微。

向绝对坦率迈进

当我和别人探讨如何营造绝对坦率的文化时，他们虽然会认同我的理念，却对如何将其付诸实践感到困惑。我的建议是，首先向大家解释这个概念，然后请他们对你绝对坦率。从得到反馈开始，而不是从给予开始。当开始给予时，先从赞美开始。如果要批评别人，先确保自己弄清楚绝对坦率和恶意侵犯的危险边界。

从接受和要求批评开始

在展示自己可以接受批评之前，不要责难别人

为什么建立绝对坦率的文化首先需要别人来批评你呢？原因

如下：第一，这是你向大家展示你很在意且很想知道自己是否犯错的最好方法，你很想被挑战；第二，你会学到很多，没有人像你的直接下属一样，会对你进行如此细致的观察，也许这会帮助你避免发送一些不明智的邮件，就像我对拉里做的那样；第三，接受批评的经历越多，越会更好地指导和帮助他人；第四，寻求批评是建立信任和巩固关系的有效方法。

如果你希望得到绝对坦率的建议，那么你不仅要乐于接受批评，还要主动寻求批评。如果有人大胆批评你，那么你不要批评他们。如果有人不适当地批评同事，你可以提些建议；如果有人不适当地批评你，你唯一要做的就是倾听并尝试理解，然后感谢这份坦率。这和在团队成员间鼓励相互批评一样重要。（在第二部分第 6 章，你可以找到从员工中寻求和鼓励指导的具体工具和技巧。）

我在谷歌工作时，来自都柏林的团队经常会对我进行令人难忘的批评。一旦忍受了短暂的刺痛，就会发现这些有力的批判对我们帮助极大。一次，我发出了一份十分欠考虑的邮件，戴维·约翰逊（David Johnson）对我说："金，你发送钮按得太快了！"时至今日，每当我点击邮件发送按钮时，戴维的声音都会在我耳边回响。虽然我有很多年没见过他，但这个提醒每周都会阻止我发出一些未来可能会后悔的邮件。

还有一次，我推迟了与都柏林团队开会的时间，因为我想和刚刚出生的双胞胎度过清晨的美好时光。我原以为大家能理解这一点，但一位年轻爸爸在电话里向我质疑，说道："你知道，金，我们都有孩子！”是的，我草率地将会议安排到午休时间，没有考虑大家的感受，为此我十分羞愧。克服了自己的抵触情绪后，对于他的批评我只有感激。

从都柏林团队寻求批评的关键是，不要有抵触反应。然而，从日本团队寻求批评的难点在于，忍受沉默。我永远不会忘记与日本 AdSense 团队召开的第一次会议。我的计划是定期举办会议，寻求建议，不断前进。之前我在其他国家的经历是这样的：如果我提出一个类似的问题，“你们认为我现在应该着手或者停止做的事是什么？”，默默地数 6 个数，就会有人说话。但在日本，我默数到了 10，依然鸦雀无声。我又以其他方式问了一遍问题，还是这样。最后，我给他们讲了我在商学院学到的关于丰田汽车的故事，希望可以打破这种不愿批评的文化禁忌。丰田的领导者在流水线附近画了一个方形的红色区域。新员工在第一周工作结束时，必须站在红色区域中，说出至少三个流水线的缺陷，这个做法使丰田能够不断改进问题，越做越好。讲完这个故事，我询问团队成员的想法，我们是不是也需要一个红色盒子？他们笑了，由于担心我可能真的会在某个地方放个红色盒子，有的人稍微放开了一点，抱怨了办公室的茶叶。坦白讲，这个批评没有什么意思，但我仍慷慨地奖励了这份坦率，不仅当众感谢了他，还手写了感谢信，批准了购买更好茶叶的资金。我希望大家知道，因为有人在会议上提到了这点，所以他们可以喝到更好的茶叶。后来，越来越多的实质性问题被提了出来。

平衡赞美和批评

更多地担心赞美，而不是批评——但最重要的是真心实意

与成功相比，我们从失败中可以学到更多；与赞美相比，我们从批评中可以学到更多。那为什么给予赞美也十分重要呢？我想有以下几点原因。第一，赞美会指导人们向正确的方向前进，让人们知道应该做什么与不应该做什么同等重要。第二，赞美会鼓励人们持续进步。换句话说，最好的赞美不只会让人感觉美好，还会鼓励大家做得更好。事实上，它就是一种直接挑战。

一些专家会建议你平衡好赞美与批评的比例，比如大概是3∶1，5∶1甚至是7∶1，还有一些人提出“反馈三明治”法，即把赞美作为开始和结束语，在中间加进批评。但风险投资家本·霍罗威茨（Ben Horowitz）把这种方法称为“垃圾三明治”，他说得没错。霍罗威茨认为这种方法对于欠缺经验的人来说可能有用，但我发现不管是普通儿童，还是高级管理人员，对这件事的看法其实是一致的。

换句话说，控制赞美和批评的比例非常危险，因为这会导致你说出一些不自然、不真诚甚至很可笑的话。如果你认为必须要在说坏消息前，先说两个好消息，就会说出这样的话：“哇，你PPT（演示文稿）选用的字体真的很吸引人，但是你讲的内容不好；还有，你办公桌的整洁程度也让我印象深刻。”像这种充满优越感且不真诚的赞美会瓦解信任，甚至会损害人与人之间的关系，如同过分严苛的批评一样。

很多人担心批评会伤害他人感情，经常什么都不说。一些人渴望讨好周围的人，所以总是赞美别人，但只会说一些空洞的话。还有一些人没有给予赞美的习惯，只是想当然地认为：如果我没有解雇你，就说明你做得很好了。但这是不够的。安迪·格罗夫告诉我，当他看到有人在工位上贴上一句提示语“说别人爱听的话”时，他就意识到自己需要更使劲地赞美员工了。

当批评别人的时候，我会努力让自己放松下来，专注于“将事情说出来”。如果过于考虑表达方式，很可能会打退堂鼓，什么也说不出。当我赞美别人的时候，我至少会先弄清这份赞美可能导致怎样的结果，然后花更多的精力去思考如何将赞美说出口。卡伦·西佩芮（Karen Sipprell）是我在苹果的一个同事，她问过我两个极具启发性的问题：在批评别人前，你花了多长时间确定你了解的情况是真实的？在赞美别人前，你花了多长时间确定你了解的情况是真实的？在了解实际情况时，最好可以为赞美和批评花同样长的时间。

了解恶意侵犯和绝对坦率的危险边界

“你的工作很烂”

无论是在谷歌还是在苹果，绝对坦率的批评都是企业文化的重要一环，但两个公司的表现形式完全不同。比起直接挑战，谷歌更注重个体关怀，所以其绝对坦率的批评文化中会带有一种极端的过分同情。但苹果恰恰相反，其绝对坦率的批评文化中总会带有一种极端的恶意侵犯。

在序言部分，我提到了一个纪录片，科技记者鲍勃·克林格里

（Bob Cringely）采访史蒂夫·乔布斯，问他在说别人“工作很烂”时，究竟想表达什么。仔细阅读当时的文字记录，你就会发现恶意侵犯和绝对坦率的危险边界。

> 克林格里：当你说别人“工作很烂”时，是想表达什么？
>
> 乔布斯：就是他们干得很烂，准确地说，有时是我认为你干得很烂，也许我错了。

对别人说“你的工作很烂”通常是不好的。毫无疑问，它处于“恶意侵犯”的象限中。但在之后的采访中，乔布斯又说了对于这句话的想法。

> 乔布斯：和那些优秀、自信的人合作时，如果他们的工作不够好，你能做的最重要的事就是告诉他们原因，清晰地提醒他们恢复工作状态。

注意，乔布斯很谨慎，没有针对人来批评。他没有说“他们不够好”，而是说“他们的工作不够好”，这两种表述的区别很大。乔布斯遇到了一个批评别人时常见的问题：基本归因错误——比起外部原因，更加强调个人特质。一般来讲，从个人身上找缺点要比结合环境找错误更加容易。相比于“你已经加班加点地工作了很长时间，现在这已经降低了你的能力，并且让你的逻辑出了问题”这句话，比起对别人说“你太马虎了”要简单容易得多，但后者毫无裨益可言。

相比于“你很烂”这句话，“你的工作很烂”是稍好的方式，但这依旧是彻头彻尾的恶意侵犯。但乔布斯接下来的话很重要：“告诉他们原因，清晰地提醒他们恢复工作状态。”为了让批评更有效，这样做是非常重要的。换句话说，“你的工作很烂”即使听起来不那么有侵犯性，也是不够的。老板需要向员工解释原因，帮助个人实现成长与进步。在采访结束时，乔布斯解释了他这么说的原因。

> 乔布斯：你不能让对方质疑你的权威，要用毋庸置疑的方式告诉他们工作不合格……这很不容易。

“你的工作很烂”当然是一种毋庸置疑的方式，但我认为，对大多数人来说，这样说可能会引起他们对自身能力的怀疑。对我来说，这虽然不是我判断这句话的依据，但还有一些理由使得这句话听起来没那么糟糕。第一，双方关系的性质是关键。在序言部分，我说过有一次我叫别人笨蛋，我不鼓励你也这样做，因为我想说明的是，由于我们之间存在牢固的关系，彼此了解，所以我只是在用这样的方式引起他的注意；第二，当你和卓越的人一起工作时，你必须要做一些极端的事，才能改变他们忽略重要信息的习惯。

乔布斯解释了为什么指导经常会处于两难境地。我也经常感到为别人打气很难：我对他们的工作能力有信心，但又觉得他们做得不够好。清晰地评价工作质量有时会让你看起来过于苛刻。

如何批评别人才能不让他们泄气呢？首先，如同第 1 章所述，注重关系。此外，在提出批评之前，先寻求批评，提供比批评更多的赞美；要做到谦逊并对他人有帮助，亲自给予指导；公开赞美，私下批评，不要将问题个人化；明白问题的产生不是由于不可改变的个人缺陷；批评相似的错误时，要让更多人知道这个错误（更多建议，请参阅第 6 章）。

在苹果时，一位领导曾告诉我如何帮助新员工从容接受批评。他在苹果工作了很多年，口碑非常好。在新员工完成第一次设计任务后，他拿出两个活页夹，第一个里面有 10 张纸，第二个里面有 1 000 多张纸。他指着那个薄薄的活页夹，解释道，"这是我'通过'的文件夹，是获得批准的设计理念"；接着，他又拿起厚厚的活页夹，为了加重语气，他将其重重地摔下，说道："这是被我'否决'的文件夹。记住，不要因为受到批评而垂头丧气。"

每个人都必须找到自己的方法，能使别人接受批评而不泄气。史蒂夫·乔布斯的方式当然不适用于所有人，但结合他所处的位置去理解这件事，是十分必要的。

> 乔布斯：我不怕犯错，我也做错过很多事，这没什么大不了，我在乎的是我们做的事是正确的。

在我的经验中，相比那些注重自己是否正确的领导，那些注重得到正确答案的人更容易成为好老板，这是因为他们一直在学习和进步，也在鼓励员工做同样的事。老板绝对坦率的指导会帮助员工取得辉煌成就。

思考一个简单例子

“你裤子的拉链没拉”

就像“你的工作很烂”这个例子一样，判断自己是否能做到绝对坦率比想象中要难。解决办法是找一个容易处理的相似问题，想一想我们是如何处理的，然后把这个方法应用到难一点的问题上。你可以代入特定的情绪情景，然后应用同样的方法。如果要对一个人说一些难以接受的话，比如“你裤子的拉链没拉”，或是“你的牙齿上有菜叶”，这会有助于你解决更严重的问题。

如何利用绝对坦率的框架给予指导呢？设想一个简单的场景：你的一个同事亚历克斯走出了卫生间，裤子拉链没拉好，衬衣下摆非常显眼。这时你会说什么？

假如你决定克服尴尬，坦率地说出来，这会让亚历克斯十分尴尬，但如果什么都不说，就会有更多人看到这个可笑的场景。所以你将亚历克斯拉到一边，小声告诉他：“嘿，亚历克斯，你的拉链没拉好。如果我遇到同样的事情，我很希望别人能告诉我，所以希望你不要介意我的提醒。”恭喜你，你的行为现在正处于绝对坦率的象限，既做到了个体关怀，又发起了直接挑战。

如果你在大庭广众之下，大声地指出了亚历克斯的拉链问题，想通过故意羞辱他使大家开心，你的行为就处于恶意侵犯的象限。

然而，从亚历克斯的角度来看，这还不是最坏的情况，因为你给了他做出改变的机会。

如果你知道亚历克斯很害羞，会为此感到尴尬，也许你决定什么都不说，希望亚历克斯自己察觉问题，这种行为就会让你处于过分同情的象限。在这种情形下，更多人会看到亚历克斯的拉链没拉好。等他自己注意到问题的时候，已经太迟了。现在亚历克斯会感到更加尴尬，他也许在想，为什么你没有告诉他这件事？

最后，想象一下由于你考虑自己的感受和名声，不打算告诉他。你保持沉默，不是因为你关心亚历克斯，而是因为你不愿意费心劳神。你过于注重自己的感受，担心如果告诉他这件事，他会不喜欢你。你还担心如果有人听到你对亚历克斯说的话，他们会评判你。所以你从旁边走过，什么也没有做。如果你是个厚颜无耻的人，甚至还可能让下一个人去看亚历克斯的拉链。祝贺你，你的行为此时正处于最糟糕的象限——虚情假意！

绝对坦率经常发生在熟人之间，比如在你的朋友和家人之间。如果你认识亚历克斯时，正处在过分同情和虚情假意的象限，那么总有一天这句话会很容易说出口："嘿，亚历克斯，我的朋友，你裤子的拉链没拉好。"但是，对诚实交往的需求不会总是等到亲密的个人关系建立后才出现。这样的沉默往往会导致更为尴尬和不信任的结果，比说出"你裤子的拉链没拉好"还要严重。亚历克斯下次再见到你的时候，脑海中就会产生尴尬的印象，为什么你上次什么都没说呢？你的沉默种下了不信任的种子。这就是为什么苹果 iOS 团队的领导者金 · 福拉特（Kim Vorrath）关于批评的建议如此简单：“说出来吧，没什么大不了！”

将这个框架记住并不难，它会帮助你认识到自己是否走错了方向。比如，下次你再遇到类似拉链问题的场景，想象一下沉默不语会让你处在框架中的哪个位置：过分同情还是虚情假意？内心小小的波动会让你向绝对坦率迈进。

当对方忐忑不安、怒不可遏或是沉默寡言时，大多数人会回到过分同情的象限。一些坚持立场的人为了维护立场，不再关心，就变成了恶意侵犯。即使是好心人，有时也会试图放弃自己的立场并停止关心，这会使他们回到虚情假意的象限。

如果你在思考自己应该说什么，明白事情也许会向不好的象限发展，那么可以确定，你正在向绝对坦率迈进。你已经知道如何绝对坦率，因为你知道个体关怀和直接挑战的方法。

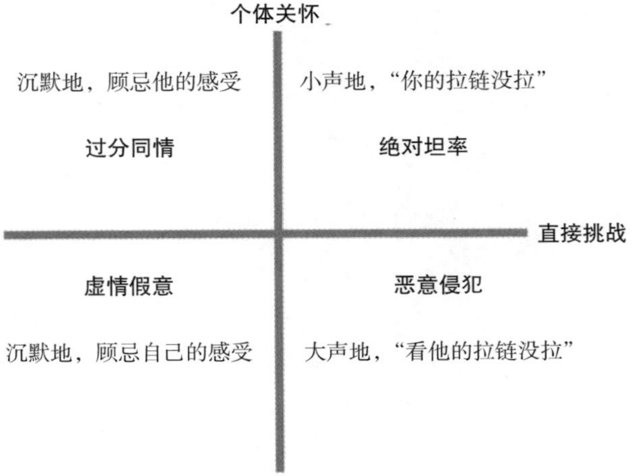

图 2–6　4 种状态下的实际表现

从你刚刚学说话的时候，就开始挑战周围的人，然后有人告诉你："如果没什么好话要说，就什么也别说。"好吧，现在你的工作就是要大声说出来。如果你是个老板，或者手中有些权力，这就不只是你的工作，更是你需要肩负的责任。说出来吧，没什么大不了！

我们生来就具有将心比心和个体关怀的能力。只是受到的训练让我们变得"过于职业"，抑制了这些能力。现在开始，不要抑制这种能力，这很重要！

3
了解团队中每个人的动机

帮助大家向理想迈进

重新思考理想

让我们回到绝对坦率框架“个体关怀”这个维度。为了打造优秀的团队，你需要知道团队中每个人是如何把工作与生活目标融合在一起的；你需要准确了解每名直接下属并与他们建立起真正的关系——这种关系因人而异。当你将员工放到合适的岗位时，你在向他们提供指导的同时，也需要给予他们更直接的挑战。从某种意义上说，这不仅会影响他们的情感，还会影响他们的收入、发展前景以及他们追求梦想的能力。团队建设从来不是一件容易的事情。

苹果公司的一位领导发明了一种可以考察团队成员类型的方法，这样就可以把每名员工放在最适合的岗位上。她的观点是，为了保持团队凝聚力，岩石明星和超级明星都必不可少。岩石明星就像岩石一样可靠，这里的“岩石”是直布罗陀巨岩的意思，而不是摇滚歌手布鲁斯·斯普林斯汀。岩石明星热爱工作并且享受这种状态，不会轻易选择自己不熟悉的新工作。毕竟不是所有画家都梦想拥有一个画廊——事实上，大多数画家也都不想。如果你经常表扬岩石明星，他们就会变成你可以倚重的人。然而，如果让他们晋升到自己不喜欢或不适合的职位，你就会失去他们，结果甚至会更糟：你不得不解雇他们。而超级明星恰恰相反，他们渴望成长，希望不断接受挑战并渴望得到新机会。

为了区分岩石明星和超级明星，我们需要先将自己的判断和理想放在一边，而专注于从人的层面了解每一位员工。对大多数老板来说，这就意味着重新思考“理想”这个词。

如果我对一个人的评价是“有雄心”，你会怎么想？认为这个人自私自利、阴险狡诈、为了实现个人目标而不择手段，还是认为这个人有责任感、追求完美、能给组织带来正能量？

如果我评价一个人“沉稳”，你的第一反应会是什么？是想到了晚宴上你不愿意挨着的瞌睡虫，还是会让你感到轻松和舒服，希望自己生活中多一些的人？如果我评价一个人“容易满足”，你会欣赏他并希望自己也像他一样，还是会认为这个人胸无大志？

现在，让我们抛开这些反应和判断，看看下面这两栏文字，并从积极正面的角度，思考一下和你一起共事的人，谁可以归入下面这两栏。思考一下团队中这两种类型员工的适当比例，然后再想想你是否也曾经处于以下状态以及为什么。理想情况下，这应该是你的选择而不是你老板的选择。

表 3–1 两种员工类型

陡峭的成长轨迹	平稳的成长轨迹
变革推动者	稳定的力量
对工作雄心勃勃	对工作以外的事情有想法或者对生活很满意
想要新的机会	满意于当前的角色
“超级明星”	“岩石明星”

我加入谷歌后不久，拉里·佩奇给我讲过一个他年轻时的故事。那时他正在上大学，暑假实习期间，他遇到一个目光短浅而保守的老板。拉里收到了一项任务，如果他用自己的方法去干，几天之内就可以完成。他向老板解释了这种方法的优势，但老板不为所动，还是坚持让他使用“传统做法”。本来两天就可以完成的项目，拉里被迫花了一个夏天。对拉里来说，这完全是一种折磨。对他和大多数人来说，有一个拖后腿的老板会让生活变得十分痛苦。拉里说：“我人生中的三个月被完全浪费了，我不希望谷歌员工有这样的老板，永远不希望。”我认为这正是他领导谷歌的方式——竭尽全力确保老板不会泯灭员工的理想抱负，我喜欢谷歌这一点。

下面这个故事是关于我的，也是一个关于处在陡峭成长轨迹老板的故事。我曾经坚持认为，所有员工都应该像我一样雄心勃勃，但在苹果公司的经历改变了我。

很长一段时间以来，我一直认为，推动所有人成为“超级明星”就是建设高绩效团队的“最佳做法”。我一直在寻找最优秀、最聪明、最大胆以及最有理想的员工。在我职业生涯中最初的20年，很少遇到不愿接受更好工作的员工。在设计苹果管理课程时，我一直向管理者强调，如果他们把注意力放在团队中最有抱负的人身上并给予他们最好的资源，那么就会对其他同样优秀并且乐于待在自己岗位上的员工造成伤害——他们是团队的中流砥柱。颇具讽刺意味的是，有一段时间我就是这样的人。

斯科特·福斯特尔（Scott Forstall）是苹果iOS团队的创建者，他直接向史蒂夫·乔布斯汇报工作，是他让我懂得这样做和苹果的理念完全不一致，因为这并不能打造最佳团队。当时我们正在讨论被很多公司应用于接班人计划和“人才管理”工作的绩效潜力矩阵（performance-potential matrix）。麦肯锡公司最初应用这个矩阵来帮助通用电气决定哪个商业领域值得投资，后来众多组织的人力资源部门将它应用于“人才管理”工作。这个矩阵需要管理者评定所有员工的绩效和潜力，然后把他们放到9个格子中。“高绩效/高潜力”是最好的，“低绩效/低潜力”是最差的。

“‘潜力’听起来不是最合适的词，”我说，“我认为不存在低潜力的人。”不得不承认，我打造团队的强硬方法中，有理想主义的一面。

“用词的确很重要，”斯科特说，“我们来讨论一下吧。”

我们争论了一会儿。“潜力”这个词的问题在于：它听起来不能对那些做出卓越工作，并且希望一直从事这份工作的人做出积极评价。斯科特想让大家保持幸福而富有成效的状态，并期望他团队中的所有人都能做到这样。

斯科特提出用“成长”来代替“潜力”这个词，这可以帮助管理者思考团队中不同的人需要怎样的机会。虽然仅仅改变了一个词，但意义十分重大。我们建议管理者这样问自己：“我的下属希望有怎样的成长轨迹？”“我给予每个人的机会是他们所期盼的吗？”“我的下属认为自己处于怎样的成长轨迹呢？我同意他们的观点吗？如果我不同意，是什么原因？”千万不要问“这个人是高潜力还是低潜力”这种含有价值判断意味的问题。有时候，人们希望自己可以成长，并且有能力贡献得更多；有时候，他们只是希望赚到钱并得到认可，但并不希望改变工作方式或付出更多努力。作为老板，你需要足够了解下属，知道他们属于哪种类型，当你们对事物的看法不同时，与他们展开绝对坦率的对话。

围绕着成长轨迹的一系列问题能够帮你了解每个人的动机，这远远比围绕“潜力”或是“人才”的问题更值得研究。仔细观察员工的成长轨迹还可以帮助你避免让岩石明星忙得焦头烂额，或是让超级明星感到单调乏味。这些问题能够提醒你成长轨迹是会改变的，不应该给每个人贴上永久的标签。这会帮助你打造和实现拥有卓越成果的稳定团队。

斯科特是对的，用词很重要。

成长管理

越来越好

从传统“人才管理”的思维定式转换到“成长管理”会帮助你确保团队中的每个人都能朝自己的梦想前进，最终实现共同进步。同时，这还会激发团队的创造力，提升效率，营造良好的工作环境。

这个“成长管理”框架可以让你对如何管理以下两种不同类型的高绩效人才有更为清晰的理解：处于陡峭的成长轨迹和处于平稳的成长轨迹上的人。这会提醒你以他们渴望的方式规划他们的职业生涯，而不是以你认为他们想要的方式。你也可以利用这个框架帮助自己记住以下几点：要推动团队中所有人去实现卓越绩效；判断应该雇用和辞退怎样的人；以及当员工表现不好的时候，可能仅仅是老板（你）的错误。

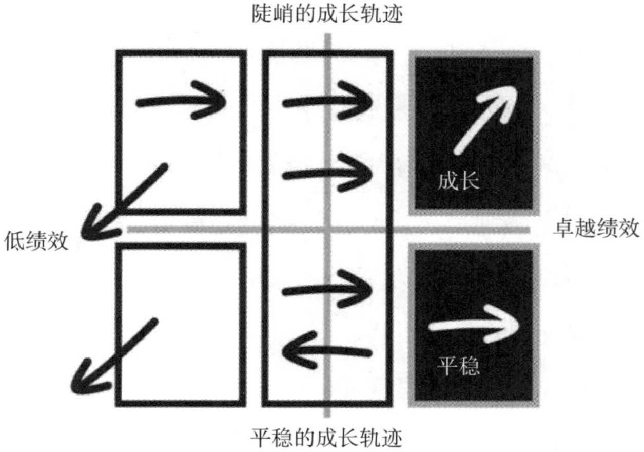

图 3–1　成长管理示意图

你可以为团队做的最重要的事就是，了解每个人在某一时刻需要怎样的成长轨迹，以及这是否与团队的需求和机会相匹配。为了做到这一点，必须从个人层面了解下属。这要求你进行职业生涯最艰难的谈话。有时候，甚至不得不辞退别人。

框架的坐标轴是过去的绩效和未来的成长轨迹。横轴代表对过去绩效的评定，从“低”到“卓越”。位于象限右下方和右上方一样优秀。岩石明星和超级明星对团队的绩效一样重要；稳定性和成长性一样重要。这两者的恰当组合会随时间改变，但无论何时，你都需要这两类人。

当评定一个人过去的绩效时，你有必要将他们的成果以及一些软实力一并考虑，例如“团队合作”。理想情况下，一个季度或一年的预期成果应由员工自己来设定，尽可能是客观的、可测量的。那些软实力通常无法测量但是很容易描述，所以这里的预期也应该是清晰的。记住，绩效不是一个永远的标签，没有人永远是“卓越绩效者”，他们只是在上个季度表现良好而已。

过去比未来更容易理解。每个人的“成长轨迹”可以很好地描述未来。在考虑如何管理每一种类型的员工才能使团队更有凝聚力之前，多花一点时间去准确了解“成长轨迹”的含义以及它如此重要的原因，这非常有必要。

了解什么是重要的以及它为什么重要

为了做好成长管理，你需要了解团队中每个人的动机，也需要知道每个人的长期目标，知道他们当前的状态是否与他们的动机和长期目标相吻合。只有足够了解你的下属，知道他们热爱工作的原因，了解他们在工作以外追求的理想并及时了解他们的状态，你才能够在正确的位置放置正确的人，分配正确的任务给正确的人。（具体方法请参阅第 7 章“职业生涯谈话”。）

“陡峭的成长轨迹”通常情况下是以快速成长为特征的，即快速学习新的技巧或是完善当前拥有的技能。但这不是成为管理者的轨迹，大量个体贡献者的整个职业生涯都处于陡峭的成长轨迹中，而多数管理人员则拥有平稳的成长轨迹。陡峭的成长不应被狭隘地认为是“晋升”，它是一种随着时间变化而成长的状态。

“平稳的成长轨迹”是以稳定性为特征的。处于平稳的成长轨迹上的人表现良好，他们对工作得心应手并且能逐步成长，而不是急剧进步。一些工作职位需要稳定、知识积累以及对细节的把控，这样的职位可能更适合岩石明星，超级明星可能没有专注力和耐心去应对这样的工作。

如果把超级明星放到岩石明星的岗位，他们会表现得很糟糕；同样，岩石明星也会讨厌超级明星的职位。我在俄罗斯管理的钻石切割团队，也就是在第 1 章中提到教会我“个体关怀”的那群人，他们和其他有一技之长的人一样，十分精通工艺，因此他们属于岩石明星，对老板的工作丝毫不感兴趣。而我的老板莫里斯 · 坦普斯曼（Maurice Tempelsman）曾讲过他年轻时的一个故事，那时他极有野心、不知疲倦。在公司成立之初，他决定亲自挑战一下钻石切割的工作。他在动手操作时，突然接到一个电话，要谈一桩大买卖，结果他一分心，一颗价值百万美元的钻石化为粉末。这是真事，从中你应该明白了，为什么不应该让那些处于陡峭成长轨迹的人从事那些处于平稳成长轨迹的工作。

大多数人在不同的人生和职业阶段都会经历陡峭的成长轨迹与平稳的成长轨迹的转变，所以不要轻易给他人贴上永久性标签。比如，我在谷歌的时候，团队中有两个很有抱负的奥运运动员，她们表现得不错，但她们刚刚从大学毕业，正处于运动生涯的巅峰时期，所以对训练投入的精力和对工作投入的精力同样多。对于工作来说，她们拥有平稳的成长轨迹；而对于体育运动来说，她们则处于陡峭的成长轨迹。5年后，她们的成长轨迹转变了，因为她们将所有的能力和精力都投入了工作，这时候工作业绩开始突飞猛进。

当然，包括我在内，大多数人并非雄心勃勃的奥运运动员。人们在平稳的成长轨迹和陡峭的成长轨迹中转变会受到很多因素的影响，在同样的环境中做出不同决定也会有很多原因。拿孩子来举例，有时候抚养孩子的经济负担会激发你的雄心壮志，而有时按时回家陪孩子玩耍的需求又会激起你对安稳工作的欲望。有时候家人生病会使你处于更为平稳的成长轨迹，但是当事情过去时，你又会回归激情状态。通常情况下，一个人工作之外的理想会提高其对团队的价值，比如说，你的平面设计师可以是一个伟大的艺术家，只要你不坚持要求这个艺术家在工作上取得快速进步。

“工作激情”问题

人们在认为工作很有意义的时候，就会更加努力，这是一条基本准则，我也同意这个观点。然而，老板的工作绝不仅仅是为员工提供工作的意义。我坚持认为，对工作过于热情会给老板和员工造成不必要的压力，我在谷歌工作期间一直尝试解决这个问题。当时我们招聘了一些刚毕业的大学生来承担用户支持工作，这一工作十分枯燥。我试着说服他们我们正在“从事一项创造性的工作，每次价值5美分”，一个毕业于哲学专业的年轻女孩立即反驳我说，“这份工作有点儿无聊，承认这点吧，这没什么不能接受的。普鲁塔克（Plutarch，希腊历史家）铺过砖，斯宾诺莎（Spinoza，荷兰唯物主义哲学家）磨过镜片，枯燥乏味本身就是生活的一部分”。我欣赏她思考问题的方式，但这是她自己的观点，类似“斯宾诺莎磨过镜片”这样的话不会对团队产生任何激励效果。

受到绝对坦率理念的影响，《金融时报》（*financial times*）的专栏作家露西·凯拉韦（Lucy Kellaway）解释了她为什么选择现在的工作。“我曾经为摩根大通公司工作，后来又到了《金融时报》，因为它是唯一肯为我提供工作的公司。当时看来，这是选择它的最好理由，今天看来仍然如此。”①

努力工作赚钱，让自己过上想要的生活，这种想法没问题，

---

① http:// www . ft . com / cms / s / 0 / 0ccb0658 - 596a - 11e6 - 9f70 - badea1b336d4 . html ? siteedition = intl#axzz4Gx OrK1Bg.

也很有意义。一位智者曾经告诉我："生活中只有 5% 的人会从事真正喜欢的职业，而他们却迷惑了剩下的所有人。"把工作描绘得很崇高，经常使用"拯救世界"这种词，会让你看起来像是电视剧《硅谷》(*silicon valley*）中 Hooli 公司可笑的 CEO 加文 · 贝尔森（Gavin Belson）。让我们回到本章最主要的问题：你的工作不是提供目标，而是足够了解每一名直接下属，进而了解每个人如何从他们的工作中找到意义。

克里斯托弗 · 雷恩（Christopher Wren）是伦敦大火后负责修复圣保罗大教堂的建筑师，他的故事有助于大家更好地理解我的意思。雷恩走进教堂里，问三个砖瓦匠，"你们在做什么"。第一个砖瓦匠回答，"我在工作"；第二个说，"我在修建一堵墙"；第三个沉默了一会儿，向上看了一眼，然后说，"我在帮上帝工作"。

很多人用这个故事来称赞那些有理想并且将个人努力看作伟大事业一部分的人。在现在的硅谷，类似于当年乔布斯提出的"在宇宙中留下叮声"这样的口号比比皆是。但是不要忘了，动机是非常个性化的。尽管我很欣赏乔布斯，但对我来说，整个宇宙或者我们的世界已经有足够多的叮声了。所以，尽管他说的其他话都很能鼓舞人心，但是我不认为"在宇宙中留下叮声"这样的口号能够激励我。当然，让团队的工作结合实际是老板的工作，如果你能够分享工作带来的意义，这会帮助其他人找到自己的原动力。但记住，这并非全都是你的责任。

对我来说，雷恩的故事最具启发性的一点是，他没有由此产生使命感并把它灌输到所有人的思想中。每个砖瓦匠关心的事情都不同，即使是三个做相同工作的人。雷恩的任务是去倾听，去认识到他所听到的内容的重要性，并且去创造一种工作环境，让所有人都能以自己的方式找到工作的意义。

卓越绩效

永远把最高绩效者放在首要位置

在探索管理岩石明星和超级明星的区别之前，先关注他们需要从你这里得到什么，这十分重要。你的角色是关注他们并且确保他们可以得到想要的一切，以取得卓越绩效。

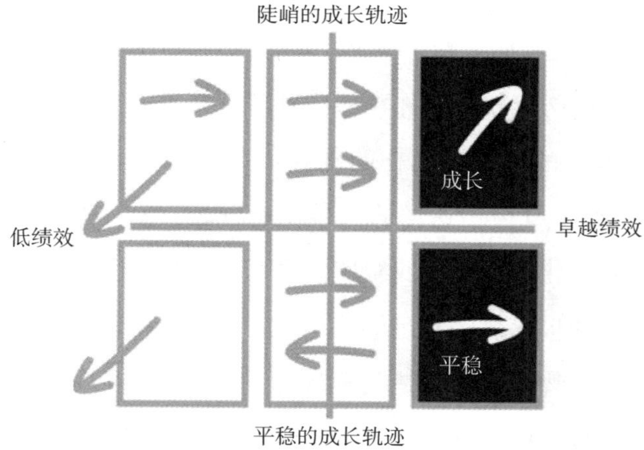

图 3–2　卓越绩效

做一个伙伴，而不是缺位或事必躬亲的管理者

老板常犯的错误之一就是忽视工作最好的人，因为“他们不

需要我”或是“我不想事必躬亲”。忽视别人是建立关系最糟糕的方法。

一些所谓的管理专家会简单地建议你雇用合适的人，然后放手让他们去干就行了。迪克·科斯特罗（Dick Costolo）是推特2010—2015年的CEO，他说明了这个建议有多么不靠谱。“这就好比说，为了维系一段美好的婚姻，你应该嫁给对的人却避免与他一起过日子，这很可笑，不是吗？”他指责道，“想象一下如果我回家告诉我老婆，‘我不想跟你过日子，今年也不陪你和孩子了’，这会是什么感觉？”

和婚姻一样，在管理中采用“选择与忽视”策略是非常荒唐的。如果你不花时间去了解那些工作干得好的人，你就不会明白他们对于工作成长的想法和需求，特别是在人生的某些关键时期；就会把不恰当的任务分配给不恰当的人；就会给不合适的人升职。此外，如果忽视那些工作最出色的员工，你就不会给予他们所需要的指导。记住，你与优秀员工度过的每一分每一秒都会体现在工作成果中，这种回报要远高于平庸员工。总之，忽视优秀员工就不是管理。

如果既不想缺席，也不想事必躬亲，而是想成为员工的伙伴，就必须花时间和精力帮助员工克服困难，以使他们原本就优秀的工作更为出色。这很耗费时间，因为这要求你足够了解每个人的工作细节，特别是细微差异。这还需要你经常协助他们工作，而不只是提供建议；要求你提出很多问题并且提出挑战，然后自己卷起袖子大干一场。

比起成功者，管理者经常要在失败者身上花费更多的时间，但这对成功者来说不公平，也无益于整个团队。对所有人来说，从优秀到卓越比从差劲到平庸更令人振奋。看到真正杰出的工作表现也会帮助那些正在经历失败的人，他们会对自己应该有什么样的表现有更加清晰的认识。

卓越绩效 / 平稳的成长轨迹

认可，奖赏，但不要晋升

在职业生涯的大部分时间，我都在寻找并鼓励那些能够打破成就障碍的人。在 2008 年的某一天，我突然发现自己正处于平稳的成长轨迹。这时，推特的一名董事会成员来找我，问我是否愿意参加面试，成为推特的 CEO，这在几年前是我梦寐以求的职位，但当时我希望走另外一条路。我已经 40 岁了，正怀着一对双胞胎，这是一次高危妊娠。针对这次有较大压力的新工作机会，我咨询了医生，她的建议是："问一问自己，这份工作和孩子的健康，哪个对你更重要？"

不用说了。在那个时候，对我而言最重要的不是谷歌或推特提供的职位，而是我正在孕育的小生命。谷歌在每个时段都会供应美味的健康食物，我办公室楼上有专业的产妇按摩专家和小型游泳池（医生建议我游泳），所以对于高危孕妇来说，谷歌仍然是绝佳的工作地点。我不需要退出，只需要在工作中保持更为平稳的成长轨迹。我有能力继续领导 AdSense、DoubleClick 和

YouTube 的团队，但确实没有能力应对下一份工作。所以我怀着一对双胞胎留在了谷歌，后来生下了两个健康的婴儿。在后来的日子里，我一直感激谷歌为我提供了这样的机会。

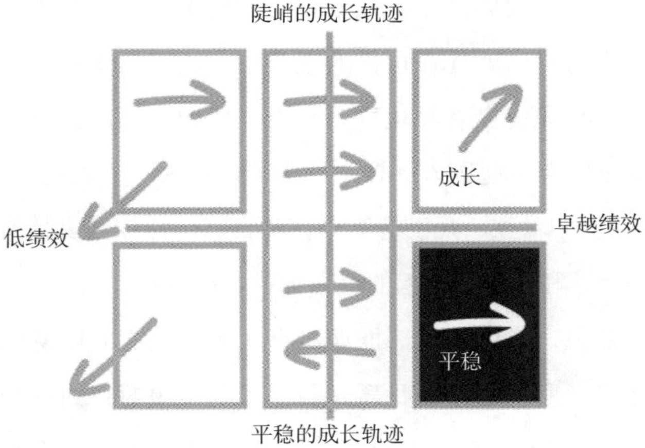

图 3–3　平稳中的卓越绩效

我不是说其他怀孕的女性无法胜任 CEO，很多人已经证明这是可能的，我只是说我不行——直到双胞胎 7 岁时，我才感觉自己有能力回到陡峭的成长轨迹并且创立了一家公司。我也不是说幼儿的父母（男人也有孩子）无法创办公司或是无法拥有超级陡峭的成长轨迹，也不是说孩子导致人们选择更为平稳的成长轨迹，更不是说自己不行。我只是想说，我不想这样。你的员工也许看起来和我不同：他们可能更像是在瑞士专利局工作的爱因斯坦或是在银行工作的托马斯 · 斯特尔那斯 · 艾略特（T. S. Eliot，英国诗人，曾在银行工作）。

我的意思是，在我们的一生中，所有人都会经历职业迅速成长的阶段，也会经历职业发展迟缓的阶段。适当的休养十分必要，就像有抱负本质上不是什么不光彩的事情一样，在同一个岗位上工作很多年也不必感到羞耻。无论在我们自己的生命中还是我们管理的团队中，我们都需要把成长性和稳定性结合起来。遗憾的是，尽管当时自己就处在这样的现实中，我仍然无法完全认同这个观点，并且非但没有深化这个观点，反而看不起自己，就像在职业生涯早期看不起别人一样。叶卡捷琳娜大帝曾说过："没有成长的东西就会腐烂。"我没有完全认清自己，深深地害怕自己会腐烂。事实上，和孩子在一起的每一天我都在成长和改变。

换句话说，我仍然相信推动所有人成长是建立团队的最佳方法。就像之前所说的，当我离开谷歌来到苹果时，两家公司都在大体上纠正了我的想法，特别是斯科特·福斯特尔，但我内心深处仍然不能完全接受这个观点。有一天我和刚学会走路的儿子一起在家工作，我终于领悟了这一点。那天他发了高烧，除了看《罗拉克斯》（*The Lorax*），对任何事都毫无兴趣。这部电影是根据苏斯博士（Dr. Seuss）的书改编的。罗拉克斯向文斯勒（Onceler）提出的一个放大问题的建议，让我醍醐灌顶：

> 我正在解决大问题！
> 但那个大问题正在引发更大的问题！

在我儿子退烧的同时，我意识到自己对于成长的盲目崇拜不仅与我的个性不一致，也不是建立卓越团队的最佳方式。回首自己的职业生涯，我低估并解雇了很多员工，为此我十分后悔。但在接下来的职业生涯中我也彻底改变了自己的所作所为。

迪克·科斯特罗是负责推特公关事务的CEO，他对我非常关照，为我提供了撰写本书的机会，允许我有时间陪伴孩子。最开始，他让我帮他设计一门课程——推特式管理，我愉快地接受了这份任务。之后，他又询问我是否愿意在团队中发挥更大的作用。在我参加面试时，我们两人都意识到，在当时的情况下，我没有精力胜任这个职位。于是，他又问我是否愿意成为他的私人导师，这是一份非常轻松、每隔一周工作一小时的工作。这个工作在当时很适合我，对我影响很大。它不仅使我在准备写作、陪伴孩子的时候处于平稳的工作成长轨迹，还完美地为我的生命齿轮再次快速运转打下了基础。

管理岩石明星的最佳做法是什么呢？是让他们年复一年地取得良好成果吗？你需要认可他们，让他们保持心情愉快。对多数老板来说，“认可”可能只意味着“晋升”，但这是错误的。晋升通常意味着将这些人放到不合适或是他们不想要的位置上。关键是要用其他方式认可他们的贡献，形式可能是发放奖金或增加薪酬。如果他们喜欢演讲，那就让他们在员工大会或是其他的大场合中发表演说；如果他们喜欢讲课，那就让他们帮助新人更快适应自己的角色；如果他们很害羞，那就确保你和团队中的其他人私下对他们的工作表示感谢。仔细考虑如何给予他们奖励。如果你的组织有绩效评价或奖金红利，请确保对岩石明星一视同仁。

公平的绩效评价

在有些公司，岩石明星无法得到他们应得的绩效评价，因为最高分都留给了等待提拔的员工。许多公司都会对“优秀员工”数量进行限制。避免“分数通胀”没有错，但这种无意识的结果经常导致岩石明星得到的评价比他们应得的要低。事实上，所有的优秀员工都应该得到最高评级，尤其是当绩效评价对工资有影响的时候。

如果一个人的工作比团队中其他人更好，很明显他们应该得到更好的评级以及更多的奖金。如果评级主要用来证明未来晋升的合理性，而不是认可过去的工作，那么这个人得到的绩效评价就可能会不公正。

认可

除了给绩效打高分，认可岩石明星的另一个好方法是将他们看作“权威”或是“有问必答”专家。这意味着如果他们展现出培训才能，就让他们负责培训工作吧。有的老板可能不愿意让最优秀的员工承担这样的工作，而是更愿意让他们做好本职工作。然而，这样的态度会妨碍组织从这些“专家”身上获取力量。

“二战”期间，美国空军将最好的空军从前线召回，让他们去训练新飞行员。一段时间之后，美国空军的作战质量和效率都得到了极大提高。德国则失去了它的空中优势，因为所有王牌飞行员都在战场上牺牲了，没有人去训练新飞行员。到 1944 年，德国新飞行员的训练时间只有 150 个小时，是同盟国飞行员训练时间的一半。

太多的公司雇用外部专家来对员工进行培训，但这些人根本不了解公司。更糟糕的是，有的公司没有解雇那些在工作中做得不好的人，而是派他们去教别人如何做这份工作。这听起来很荒谬，但我确实在一些伟大的公司见过类似的事情。这种盲人带领盲人的做法使培训背负了恶名。通常情况下，做出卓越工作的人乐于教导别人；给他们这样的任务不仅会提高整个团队的绩效，也是对岩石明星另一种形式的认可。

当然，有些人不喜欢培训工作而且不擅于此。有时候，做“有问必答”专家可能会让某些员工脱离团队，因为他们不喜欢为其他事情分心，这一点要注意。如果一个人喜欢教学和解答问题，要想尽一切办法鼓励、奖励他们这样做。

在我了解的公司中，苹果能为岩石明星创造最好的环境，它建立了一套为便于专业知识的深度探索而完善优化的组织体系。公司不设置“总经理”职位，也没有专门的 iPhone（苹果手机）部门，而是由运营系统工程师、相机专家、音响发烧友、屏幕专家一起围绕 iPhone 工作。总会有人对产品的某些功能比别人了解得更为透彻，并因此受到尊敬。

苹果公司对多年来一直在某一职位工作的人会给予充分尊重，这令人感动。对于谷歌和其他一些硅谷的公司来说，长时间待在同一岗位意味着羞耻。一些公司甚至出台所谓的“要么晋升，要么出局”政策，并以此为依据解雇员工。相反，史蒂夫·乔布斯对于保留人才非常重视，并且总是和这些为苹果工作很长时间的人进行亲切交谈。

苹果的这种做法一开始让我很困惑，我常常认为终身职位的奖励只会发生在传统公司或是学术界，而不会发生在高速发展的科技公司。尽管我已经发现这种荣誉的终身职位对于长时间做同样工作的人来说，是晋升的重要替代方法。苹果对于工作 5 年、10 年、15 年以及 20 年的员工有一整套奖励标准。苹果的主设计师乔尼·伊夫设计了一款铅框的玻璃徽章，它的内部嵌入了苹果的标识并通过蒸汽珩磨，打造成一款非常漂亮的成品。每个为苹果工作 10 年以上的员工都可以得到这个纪念品。很多媒体当时嘲讽这款纪念品，但在苹果公司它有着非凡的意义。这不是一款随意设计的产品，而是公司设计美学的体现。公司的领导者为此投入了大量心血，并把它授予那些为公司做出贡献的员工。这些奖励会在公司会议或是其他集体场合被授予，获奖者会得到大家的认可。对于大多数得到这份纪念品的人来说，这个奖励很有意义并且体现了他们的个人价值。

尊重

托马斯·斯特尔那斯·艾略特在成为出版商之前，是劳埃德银行的职员。艾略特的老板曾自以为是地说过，如果艾略特做事更用心，甚至能成为出色的银行家。当然，那时艾略特正专注于诗歌写作，最终获得了诺贝尔文学奖，他并没有把重心放在银行工作上，但他需要稳定的工作以便晚上在家写作。如果艾略特的老板想留住他，就应该找到他每天提前一小时回家的原因，而不是鼓励他为晋升付出更多的努力，如果晋升有必要的话。

当人们热爱并且擅长他们的工作时，就会感觉生活很美好。企业的晋升制度对很多人来说并没有激励效果，那些处于平稳的成长轨迹上的人也经常被轻蔑地认为是“替补选手”或是“失败选手”。

为了更好地管理这些人，摈弃那些贬义的描述很重要。那些可以找到自己热爱 5 年、10 年甚至 30 年工作的人十分幸运，即使这可能不会实现某种形式的进步。拥有这些员工的团队和老板也很幸运。伟大的老板从来不会将做出卓越贡献的人认定为“失败选手”。相反，他们会尊重并珍惜这些可以使团队稳定、团结、有成效的人才。

沉迷于提拔的危险

让我们来看看如果老板提拔了不应该晋升的人会发生什么。劳伦斯·彼得（Laurence J. Peter）在《彼得原理》（*The Peter Principle*）一书中描述了一个现象：如果人们晋升到超出他们能力范围的职位，就会达到一个所有人都不满意的状态，特别是对那些被提拔的人来说。

错误的提拔还有另外一种可能：人们能够胜任下一份工作，但在现阶段，他们不渴望晋升。我有一个同事曾认真规划过，当他有第一个孩子的时候，他可以掌控这份工作，有时间回家照顾小孩，然而他的老板却对他有着不同的规划——想要提拔他。当他得知自己要升职时，他拒绝了。当被告知这是不可选择的，他选择了离开，真是可惜。

不要对你的岩石明星做类似的事情！

要建设有凝聚力的团队，很重要的工作是创造这样一种文化：认可和奖励岩石明星，但恐怕在我职业生涯的大部分时间里，我对待他们就像对待二等公民一样。我很感激在苹果的经历帮我摆正了偏见。

卓越绩效／陡峭的成长轨迹

让超级明星永远处于被挑战的位置

当我在思考哪些人属于超级明星时，我想到了凯瑟琳·布尔亨内（Catharine Burhenne）和戴维·桑德森（David Sanderson）。

我认识凯瑟琳，是因为她应聘成为我家双胞胎的保姆。双胞胎很喜欢她，于是我立即雇了她。然而，她真正想要的并不是临时保姆的短期工作，而是一份在谷歌的工作。我喜欢让她照顾我们的孩子，但我知道自己应该做的是鼓励她追求梦想，而不是让她继续当保姆。于是，我帮她争取到了一次面试机会，这使她在谷歌获得了一份工作，后来脸书把她从谷歌挖走了，再后来推特又把她从脸书挖走了。

我第一次见到戴维时，他也在照顾我的双胞胎。整个夏天他都在硅谷陪着凯瑟琳，当时他们正在谈恋爱，同时他也在努力寻找他想要做的事。我问他喜欢什么，他提到了音乐。而我从凯瑟琳那里了解到，这是非常谦虚的说法，他不只是喜欢音乐，还是该年龄段加拿大的顶级钢琴家。我问他是否想成为职业音乐家，他说不想，因为那需要投入大量金钱。我本想鼓励他去追求梦想，但有点犹豫，因为我喜欢写小说，但绝不会以这样的方式养家糊口。

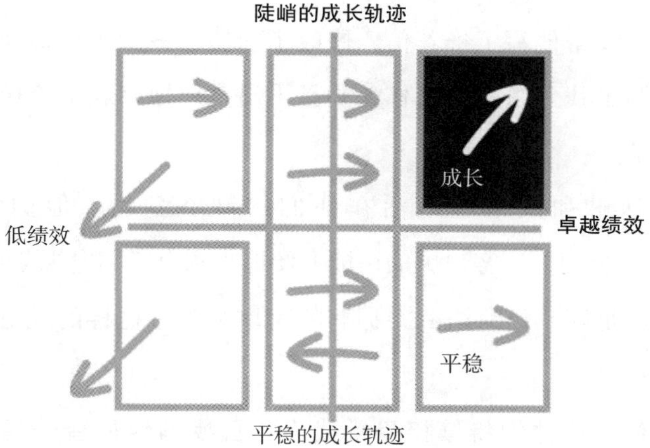

图 3–4　成长中的卓越绩效

在那期间我家的自动洒水装置出了问题。我当然不期望戴维能够一边修理灌溉管道，一边照顾孩子，毕竟在周末我自己照顾孩子的时候，我甚至连洗澡的时间都没有。但是戴维在结束一天的工作后去了五金店，并且在第二天孩子午睡的时候，修好了洒水装置。他给我留下这样的印象：戴维能够注意到损坏的东西并且会主动修理它，即使这不在他的职责范围内。我问他喜欢什么样的工作，他说自己热爱所有的工作。他在温哥华一家商店工作时，不仅成为顶级销售人员，还改进了商店的库存系统，减少了等待时间，提高了顾客的满意度和所有销售员的销售额。很明显，无论戴维从事什么工作，他都能努力做到最好。他不只会做职责以外的事，还能做到你认为根本不可能的事。他完美地践行了传道书中给出的忠告：“凡你手所当做的事，要尽力去做。”

我也知道，就像我希望戴维陪在身边一样，我也有责任帮助他成长。我帮他写了推荐信，修改了简历，进行了模拟面试。最终他在脸书找到了一份工作，并且不出意外地刷新了公司的最快晋升纪录。

凯瑟琳和戴维继续活在他们的硅谷梦中。他们创建了ReelGood 公司，让客户更加快捷方便地找到电影和电视节目。

当你足够幸运，团队中拥有凯瑟琳和戴维这样的成员时，这里有一些建议。

记住，让他们持续接受挑战（并且找到他们晋升后的替代人选）

让超级明星开心的最佳方法是挑战他们并且让他们持续学习。给予他们新的机会，即使有时这个任务似乎无法独立完成；找到他们适合的下一份工作；与他们建立认知伙伴关系。在你的团队或组织外找到他们的导师——一个可以比你给予更多的人。同时，确保不要太过依赖他们；让他们教团队中的其他人去承担他们的工作，因为他们不会长久地待在现在的职位上。我经常把这些人想象成流星雨，我和我的团队在自己的轨道上短暂地拥有过他们，这非常幸运，但试着留住他们是徒劳的。

记住，不要压制或限制他们

不要压制这些人，说不定有一天你会为他们打工并为此感到高兴。当我在果汁公司雇用贾里德·史密斯为产品经理时，我很快发现如果有一天他也这样对我，我会感到很幸运。果然，10 年之后他聘用我为高管培训师以及 Qualtrics 的董事会成员，那是他和他兄弟共同创建的公司。我不只为贾里德工作，还为他整个家族工作。

在我工作过的公司中，谷歌在这方面做得最好，它适当地提供了保护措施，所以管理者无法扼制下属的雄心壮志。公司采取措施限制管理者的权力，以避免影响拥有陡峭的成长轨迹的员工发展。例如，肖纳·布朗（Shona Brown）在谷歌的晋升过程，他是负责谷歌商业运作的高级副总裁。谷歌的老板不能轻易根据自己的决定就晋升团队中的员工。在工程部门，领导者可以鼓励或劝阻别人谋求下一份工作，也可以游说这个人，但如果员工想要晋升，要由其本人提名，委员会来做最终决定。包含工作成绩和推荐意见的“晋升数据包”形成之后，委员会就会进行研究并决定是否让其晋升，而员工的管理者并不在委员会中。管理者可以对决定提出申诉，但不能参与最终裁决。这不仅避免了管理者对下属理想的压制，还阻止了由于个人忠诚而非卓越绩效带来的晋升。

在谷歌，通过转换团队来寻找新机会也十分方便。没有老板能“阻挡”这样的转换。有一次我从其他团队招了一个新人，他成功地说服了我，尽管他在原来的团队口碑并不好，原来的老板也不认可他，但没有人试图阻止他转换部门。结果证明这是件好事，因为在我的团队中，他的表现非常好。允许转换团队十分重要，这避免了老板为想要前进的员工设置障碍。我们应该承认这样一个事实——有时只是老板和员工两个人性格合不来。

然而，谷歌并不是所有的事情都做得好。产品管理部门有一条极其严格的规定：加入团队的人必须拥有计算机专业文凭。很多人有自己的创意，他们想转到产品管理部门，但是被专业限制住了。因为这条规则，比兹·斯通（Biz Stone）离开了谷歌，与其他人共同创立了推特。同样，本·西尔伯曼（Ben Silbermann）也被这个规则阻碍，离开了谷歌，参与创立了 Pinterest（美国一家网络图片公司）。凯文·斯特罗姆（Kevin Systrom）也发现由于自己的大学学历无法加入产品管理部门，离开了谷歌，参与创立了 Instagram（一款照片分享应用）。

记住，不是每个超级明星都想参与管理

对管理缺乏兴趣与处于平稳的成长轨迹不同，就像对管理有兴趣与处于陡峭的成长轨迹上不同一样，管理与成长不应画等号。

想象一下，如果有人对阿尔伯特·爱因斯坦说，由于他在相对论研究上取得了长足的进展，所以他需要承担起管理团队的责任，而不是在他原来的工作上花费太多时间，结果会怎样呢？可能会导致一个失败的爱因斯坦，一支士气低落、管理不善的团队，以及人类对宇宙理解的重大偏差。

不过这种事情一直在发生。在很多伟大的工程师和销售人员晋升为管理者后，他们的事业都变得很糟糕。为什么会这样？因为没有别的职位可以让他们晋升，来实现他们想要的成长轨迹。

这指出了另一个传统的绩效－潜力矩阵中存在的用词问题。这个矩阵经常分析的不只是“潜力”而是“领导潜力”，造成的后果就是大部分人都系统性地限制了那些拥有陡峭的成长轨迹却不想成为管理者的人。反过来，这还系统性地限制了某些奖励，这些奖励本可以授予那些有兴趣深化自己的专业技能、发展人类知识而非想成为领导的人。不要误解我的意思，我相信卓越的管理非常重要，但这肯定不是体现价值的唯一途径。

谷歌的工程师团队通过建立“个体贡献者”职业发展路径解决了这个问题，这比管理者发展路径更受员工认可，而且完全回避了管理问题。这对于工程师的成长很有好处；对于正处在管理岗位上的人也一样。如果人们成为领导只是为了“取得进步”，而不是因为他们真正想做领导的工作，那么即使在最好的情况下，他们也只会成为敷衍了事的领导；通常情况下，他们会成为非常差劲的领导。

当管理成为获取更高薪酬的唯一途径时，管理的质量就会下降，那些不愿从事管理工作的员工生活也会变得痛苦。

管理处于中间状态的员工

提高标准——没有替补选手这个词

正如前文所述，我不相信有任何替补选手或是平庸的员工。每个人都可能在某一方面做得很优秀，这并不是说每个人都能把所有事都办好。随便一想，我就能想到那些对于自己工作不擅长或是原地踏步的人。

说来遗憾，很多人从来没有找到过自己真正擅长的工作，因为他们长时间在一个错误的工作岗位上，以至他们在做出任何改变时都需要后退一到两步。他们也许逐渐依赖于当前职位所带来的声望和收入，并且迫于家庭的压力，而继续从事这份工作。领导也会有很多理由让这些员工留下：不确定可以找到更好的继任人员，训练新员工也需要时间和精力，他们喜欢这个人并认为鼓励他去寻找更适合的工作是不公平的。

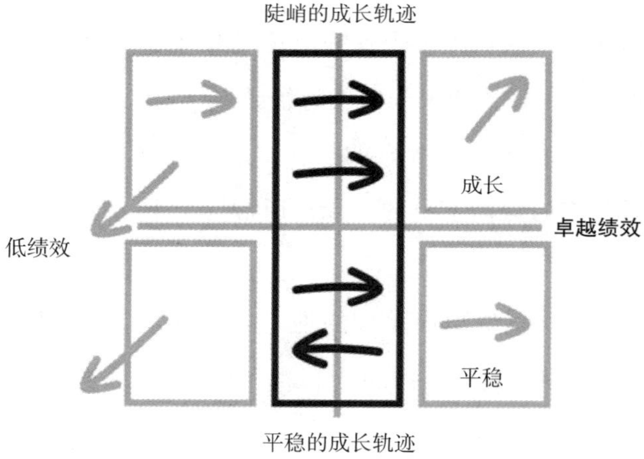

图 3–5　管理中间型员工

缺少勇气与精力会导致个人潜能的巨大丧失——使生活陷入平淡和绝望。把那些做不到出类拔萃的人认定为“平庸”，认为他们做不好任何事情，既不公正也不友善。过分同情的老板通常做的最糟糕的事，也许就是让这些员工继续自己的职业路径，这会浪费很多种可能性。当然，公平地对待这些人需要你足够了解他们，明白他们不出色的原因；如果他们仅仅是处在一个艰难的时期，那么最好给他们时间和空间去恢复，然后再推动他们比现在付出更多。

在谷歌，我对团队做的最不受欢迎的事情之一，就是坚持给予那些工作了两年以上却没有做出任何出色成绩的人机会，让他们去完成一个可以证明自己的项目。如果他们的工作表现仍然很平庸，我就会鼓励这些人寻找新的工作。

这个政策执行起来很难，并且会带来很多压力。管理者是最介意这个政策的人，因为这会迫使他们开展大量富有挑战性的谈话并且需要对下属严格要求。当然，对于那些工作还过得去的人来说，走出自己的舒适区也很难，但我不相信这会和被永久地贴上"平庸"的标签一样痛苦。

我之所以这样做，是因为我相信每个人在某些方面都可以非常优秀，帮助他们找到适合自己的角色是我的职责。我也相信我们应该努力让团队中所有人都做出杰出的工作。如果有人在两年的时间里还没能证明自己，那么我们几乎可以肯定，他们永远都做不到了。这时候，你就该去帮他们找一份可以证明自己的工作，同时你也可以开始寻找新人来代替他们，这些新人能够在团队中闪闪发光。对一些人来说，这意味着离开谷歌，做一些与自己理想一致的工作，比如做一名老师或景观设计师，或是开一家茶馆。对另一些人来说，他们依旧可以从事类似的工作，只不过是在更小的公司，在那里他们更像是一个多面手。有时候，人们需要离开温暖的巢穴，才能展翅翱翔。在所有案例中，那些结束上一份工作寻求其他可能的人都比以前过得更加开心，即使做出改变很艰难。

从多个角度来说，作为老板，你的工作就是制定以及维护工作质量标准。从短期来看这可能很残酷，但从长远来看，降低标准才是唯一残酷的事。在管理那些工作做的还行但不够优秀的员工时，不要落入过分同情的象限！每个人在某一方面都可能非常优秀。要想组建一支能取得卓越成果的团队，每个人都需要做出卓越的工作。接受平庸对所有人来说都不是好事。

表现不佳 / 负成长轨迹

分道扬镳

当员工表现不佳并且你已经向他指出了问题的实质，而他仍然没有表现出任何进步的迹象时，你就必须解雇这个人了。如何处理这类问题，将决定你是否能够成为一名成功的老板，因为这会给所有人传递一个清晰的信号：你对员工本人的关心是否多于对他们工作的关心。

毫无疑问，对员工本人来说，被解雇是最让人难过的事。这对他们的影响很深，影响会蔓延到他们的家庭，使他们面临财务困境、婚姻问题、失去医疗保险。最糟糕的结果是，看着他们所爱的人遭受痛苦。

让自己关心的人遭受如此痛苦，使得解雇员工这一做法实际操作起来非常困难。有一次，我和一个很成功的纽约人聊天，他看起来对解雇员工这件事满不在乎，毫无同情可言。但是他告诉我，在即将解雇员工的无数个清晨，他总是会从睡梦中惊醒，浑身冒冷汗。我还不知道有什么事情能够让他如此紧张！如果他都感到糟糕，我有同样的感觉便不足为奇，相信你也一样。所以我们应该不惜一切代价避免它——再说一遍，这对所有人都会产生消极影响。我们要认真慎重地提出解雇。

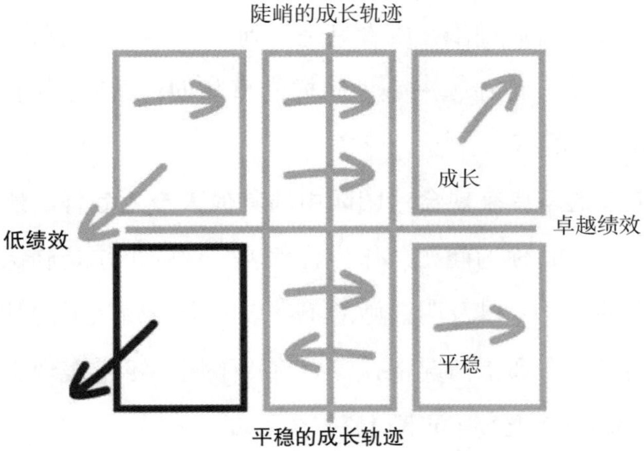

图 3–6　平稳中的低绩效

你知道何时解雇员工吗?

比如说你的团队中有一名员工，我们姑且叫她佩奇。她的工作很糟糕，没有任何进步，甚至连退步都没有。是时候解雇她了吗？这个问题没有绝对的答案，但在做决定前你可以问自己三个问题：你给过她绝对坦率的指导吗？你了解佩奇的表现对同事的影响吗？你寻求过别人的建议吗？

你给过绝对坦率的指导吗？你对佩奇的工作和生活表达过关心吗？你是否对何时向佩奇发起挑战以促使她进步有清醒的认识？你是否针对她所做的工作提出过具体明确的表扬，还是你的表扬只是为了简单地宽慰她？在提出批评时，你是否做到了谦逊而又直接，是在帮她找到解决方法而不是对她进行人身攻击？你是否做到在多个场合反复做这些事情？如果回答是肯定的，而你还是没有看到任何进步，或者只是看到了一些进步的苗头，那现在就是时候了。记住，一直做同样的事却期待看到不同的结果，这是极其愚蠢的行为。

这个人的不良表现会对团队中的其他人产生怎样的影响？佩奇的缺点不只是你的问题。作为管理者，你的工作是确保自己了解每个人的看法，以及明白她的不良表现会对团队中的其他人产生怎样的影响。通常情况下，等到直接下属的不良表现引起你的注意时，她可能已经把同事逼疯好久了。

你是否征求过其他人的意见，和你信任的人或者可以讨论的人说过这个问题？有时候你可能认为自己对问题的看法已经足够清晰，但实际上并没有。寻求外部意见有助于你确保自己是公平的。另外，你如果没有解雇员工的经验，就和有经验的人谈一谈吧。当今这个时代，当有人被解雇的时候，大多数公司都有必须严格遵守的准则，如果你不认真对待，日后很多的法律“陷阱”就会耗费你大量的时间。

为了避免解雇员工，管理者经常自我欺骗

管理者总是耽搁很长时间才去解雇员工。谨慎也许比轻率更为合适，但我想说的是，之所以大多数管理者等待极其漫长的时间才去做这件事，是因为他们不断欺骗自己，让自己相信这不是必要的。以下是为了逃避解雇员工，管理者告诉自己的4个常见“谎言”。

1. 事情会变好。但是事情不会想当然就变好。所以停止这种想法，问问你自己：确定它会变好吗？你将要做出什么改变？有问题的那个人会做出什么改变？情况可能会如何改变？即使事情会稍微变好一点，他们的表现也会得到足够的改善吗？如果你对这些问题没有明确的答案，那么事情可能就不会变好。

2. 有人比没人好。老板不愿意解雇表现差的员工，另一个常见原因是他们不希望团队中出现“空缺”。如果你解雇了“杰弗里”，那么谁能做他的工作呢？你会花多长时间找到替代者呢？事实往往是，业绩不佳的员工为其他人造成的额外工作量通常和他们自己需要完成的一样多。因为他们没有完成自己的工作或是粗心地工作，别人必须弥补他们带来的损失。对此，史蒂夫·乔布斯曾简洁并严厉地说：“团队中有空缺总比有浑蛋好。”

3. 工作调动是一种解决方法。因为解雇别人很难，所以把他们丢给公司里不知情的同事常常诱惑着管理者，即使他们没有该岗位所需要的技能，文化上也融合不进去，这也要比直接解雇他们感觉更“好”。显然，这样做对那个不知情的同事是不合适的，并且通常情况下，这对你想表示“关心”的那个人也是个错误。

4. 这不利于振奋士气。告诉自己不解雇某个人是为了不让团队泄气，这个理由听起来无懈可击。但是将一个无法完成工作的人保留下来会对士气造成更严重的伤害，无论是对你们、对那个工作表现差的人，还是对所有做出优异工作的人来说，都是如此。再说一遍，这实际上决定着你要与被解雇的那个人还是和团队中的其他人建立良好的关系。这就回到了如何展示个体关怀的问题上。

与将要被解雇的人绝对坦率

解雇员工的方式真的很重要。为了把这个工作做好，不要撇清自己与那个将要被解雇的员工的关系。如果你试图逃避这一情境中固有的痛苦，不愿和被解雇的员工接触，那你将会把事情搞得一塌糊涂。为了在脑海中形成正确的框架，请你记住下面的话。

1. 回忆一下你做过的糟糕的工作，想想你不再从事这份工作时的喜悦心情。记得在高中时的一个暑假，我曾经得到过一份银行柜员的工作。我的心算能力不太好，所以经常找错钱。通常情况下，由于顾客发现的都是银行一方的错误，而当自己获益时，不会很明确地指出来，因此我给银行造成了大量的财产损失。我的老板没有解雇我，相反，她告诉我："你可以做好的！如果你努力，如果你专注，你就可以做到每天收支平衡！"于是，简单的数学问题变成了人格问题。但是我越努力，情况就越糟。我的老板仍然继续鼓励我，这让我很痛苦。我想我应该退出，然后找一份修剪草坪的工作。如果我的老板简单地炒了我，并且对我说："很明显你对现在的工作不感兴趣，为什么你不尝试一下其他的工作呢？"那么她将会帮我很大的忙，并且为银行节省很多钱。然而，我一直糊里糊涂地忍受着痛苦，直到那个夏天过去。如果这是一份永久的工作，我要无限期地做下去，将会是怎样呢？

在解雇某人的时候，你就为他在其他地方大放异彩或找到有意义的工作创造了条件。找到好工作的部分前提就是离开现在这份糟糕的工作，或者对你而言糟糕的工作。就像我的奶奶有一次对我说："每个茶壶都有一个盖子。"这个人不适合为你工作，不代表不存在他擅长的工作。我知道这听起来颇具阿Q精神，所以在我们会面之前，我会设法具体想象那会是一份什么工作，同时我会重新审视这个问题，对我和我正在解雇的员工来说：不是这个人差劲，而是这份工作差劲——至少对这名员工来说是这样。那么什么工作对他有帮助呢？我可以通过介绍帮助他吗？

2. 留住工作糟糕的员工是对优秀员工的惩罚。不解决绩效问题对团队中的其他人来说不公平。最终，优秀员工会着手做那些糟糕的员工没有完成的工作，这些工作会使他们的负担过重。实际上，每当我解除表现不佳员工的职务时，士气都会有所改善；有时由于坚持不放走那些表现不佳的员工，我失去了最想留住的员工。同时，留住糟糕的管理者也会对团队产生很大的负面影响，因为他们会对下属产生负面影响，进而损害管理的正面效应。

在写这些文字时，我认识的一位资深领导者正在拖延解聘一个糟糕的经理的进程，这个经理没有针对团队存在的问题提出优秀的解决措施。这个经理的一名下属得了荨麻疹，另一个则连续失眠几个月了，然而团队的一切依旧没有得到改善。经理认为这只是时间问题，因此没有针对问题提出有效的解决措施，直到他们最终都被解雇，整个情形就像是奇怪的猫鼠游戏。这绝对不是对每个人都“好”的情况。

低绩效 / 陡峭的成长轨迹

管理者，看看镜子里的自己

当一个人每天都被要求承担更多、进步更快时，他的工作反而会十分糟糕，这是最令人费解的管理困境之一。一般来讲，发生这种情况，有 5 个值得深入剖析的原因。

错误的角色

有时候你会将一个出色的人安置在一个错误的岗位上。这就是为什么我将这个象限叫作“看看镜子里的自己”，如果你给某些人安排了错误的角色，他们的不佳表现实际上是你的错误。在这种情况下，你应该将这个人放在更适合的位置上。

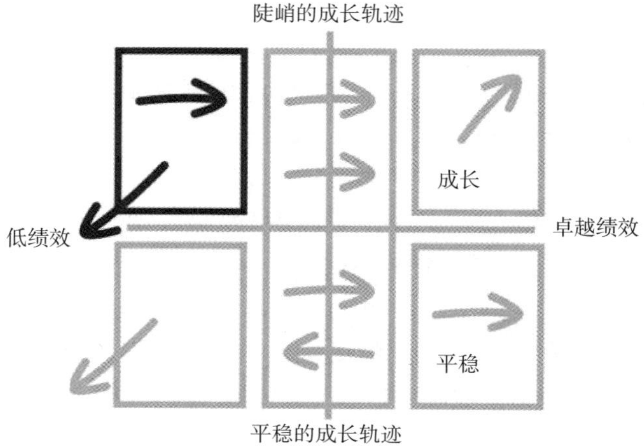

图 3–7　陡峭中的低绩效

比如，玛蕾瓦是与我工作过的最好领导者之一，我曾经把她放在我们团队最具挑战性的位置上。这么做的原因很明显：一般来讲，要想使问题得到解决，就要让工作表现最好的人去处理最难的问题。不是吗？但这显然是个特殊情况。玛蕾瓦是一个很好的领导者，她在管理一个很大的团队时证明了自己，当时她的新工作是管理一个小型团队。这个小型团队具有很大的发展潜力，但是没有取得好的工作成果。随着时间的推移，该团队没有抓住任何潜在的商业机会，整个团队的士气很低落，玛蕾瓦看起来也很烦躁。我根本没有找到问题的症结所在，只是询问她是否在私人生活方面出现了问题，她说没有。于是我鼓励她更加努力，可情况丝毫没有转变，所以我给了她很低的绩效评分——这是她得到过的最低评分。在下一季度，我给了她更低的评分。我和玛蕾瓦深入探讨了事情没有起色的原因，她并没有否定我的观点，同时她也无法对此提供合理的解释。我越来越灰心，并且开始担心她的职业前景。

有一天，我突然明白过来：我让玛蕾瓦解决的是分析型的问题，最适合解决这种问题的是那种可以花费大量时间独自坐在办公室里进行运算的人，但玛蕾瓦的天赋在于领导。我把她和一堆电子表格一起困在了办公室，而不是让她和员工在一起相处，所以她无法施展自己的才能。当我和她分享我的新发现时，她的脸上浮现出了宽慰的表情。玛蕾瓦在内心深处当然知道问题所在，但她不想为自己的不良表现找任何借口或是责备我。很幸运，其他团队还存在大量的管理问题需要解决，我便让玛蕾瓦去解决那些难题。当然，她又成为最出色的员工之一，不仅对我所在的团队来说是这样，对整个公司来说也是如此。

再举一个例子。克莱在一个特殊的国家带领一支项目团队，我们姑且称这个国家为“亚特兰蒂斯”，在那里他是一个效率很高的领导者，在他的领导下团队利润的增长速度比其他人领导的团队都要快。这时他希望获得一个成长的机会，于是我让他接手了亚特兰蒂斯另一支更大的团队。然而，克莱特别想要得到负责整个区域的职位，并在一次公开讨论时告诉了我这个想法。由于这个职位需要强大的政治手腕，然而这一技能是克莱之前从未展现过的（就我对他的了解），但又十分必要，因此我非常怀疑他是否能够胜任这一职位。我把我的担心坦率地告诉了他，但是他一直坚持，最后我让步了。结果他刚刚上任，就碰到了政治上的烫手山芋，然后遭殃了。

有时候，我们究竟是在给一个人创造成长的机会还是将他送入虎穴，这个问题很难清晰界定，但这次我确实犯了错，我把克莱放在一个了不适合他的岗位上。最终遗憾的是，我离开了那家公司，克莱也被解雇了。我没有机会去看看镜子里的自己，还让克莱为我的错误承担了后果，这是让我感觉最糟糕的事情。（幸运的是，克莱最终成为亚特兰蒂斯非常成功的企业家。）

职场新人

很明显，当你雇用新人时，他们必须从头学起。有时候，他们的进步可能要比预期花费更长时间。如果有人给了你理由，让你相信他会在这个职位上做得很出色，或者如果他展示出了“冒尖”的信号，那他就是值得关注的。但有时候，情况并非如此显而易见。

在那些不好的情况中，问自己这些问题会十分有帮助：你的预期是否足够清晰？对员工的培训是否到位？如果问题在于你没有把工作角色解释清楚或是预期不够明确，你应该花费更多的时间去做这些事情——如果你觉得遇到了可塑之才。

老板经常犯的另一个错误是对有些人一次性投入太多关注，从而让他们陷入失败的境地。有时候管理者会对一个人所能做的事提出不合理的期待。有时候管理者又会将自己的能力映射到下属身上，期待他们有同样的表现，管理者忽略了这样一个事实：这些比自己少 10 年工作经验的人不一定了解某些特定事情。

个人问题

有时候职业生涯一路高歌猛进的人突然表现不好，是因为他们个人遇到了问题。如果问题是暂时的，那么最好给这样的人重回正轨的时间。

在为谢丽尔·桑德伯格工作时，我经历了一次家庭危机。我永远都会感激她当时的回应："坐飞机回家吧，抓紧时间，不用担心谷歌的任何事情，不用把这计算在你的假期时间，别着急，我们会为你善后。"她的这番话让我感到作为她团队的一员无比幸运，并且这激励我在回归后加倍努力工作。

水土不服

有时候，员工看起来获得了完美的岗位，能够在这个岗位上充分发挥自己的专业和知识技能，但他们还是无法适应公司或团队的工作，因为他们的个性特点与组织文化不一致。当一个非常成功的人在新公司获得了一份工作，但是无法融合进去的时候，他会给所有人造成痛苦。如果组织和个人都无法做出改变，那么双方最好分道扬镳。一般来讲，文化融合问题是很难解决的。

例如，我认识一个人，他在产品发布并快速更新迭代方面的能力让他在谷歌大获成功，因为谷歌的文化是鼓励试验的；苹果的文化则是在产品发布之前不断地打磨以追求完美。当他在苹果做了同样的事情后，后果可想而知。他和苹果公司没有犯任何错误，双方只是在文化上不契合。

没有永远的标签

和大家一起改变

不要对一个人的看法一成不变，尽管这是件很难的事。“琼是个岩石明星。一旦成为岩石明星，就永远是岩石明星。”“肖恩是我的直布罗陀巨岩，如果他不再扮演这样的角色，我就会失去他。”对于“岩石明星”和“超级明星”这样的术语，我最大的担心就是你会把它们作为别人永远的标签。不要这样！人们很容易认为特定的人只适合某个特定的角色或者有特定的技能或缺点，并且永远不会改变。但事实是，人们确实在改变。一些位于平稳的成长轨迹上的人可能会突然变得不安分并且渴望在工作中得到新的挑战；长期位于陡峭的成长轨迹上的人可能会突然渴望稳定。这是另外一个你不得不行使管理权的原因。一个优秀的老板需要不断调整以适应每一天、每一周或每一年员工所展现出的新变化。如果你没有足够重视或者不够了解别人，没有注意到重要事情的变化，那么你就无法做出调整。

记住，没有人会永远位于陡峭的或是平稳的成长轨迹上，这很重要。记住人们的表现会随着时间改变，这也很重要。不要给别人贴上“卓越绩效群体”的标签。所有人都会偶尔不在状态。为了防止给他人贴上永远的标签，Qualtrics 的联合创始人（以及我在果汁和谷歌的同事）贾里德·史密斯提出了这样的绩效评价：“不在状态的季度”、“表现强劲的季度”以及“表现卓越的季度”。

这样的调整很难，尤其是把那些让你生活很简单的人安排到会使你的生活变得更加艰难的另一种角色中——至少是在短期内。很长一段时间以来，你一直依靠“琼”把这份工作做好，但是现在“琼”想得到一份新的工作。或者，“帕特”多年来一直在处理新的挑战，但现在“帕特”准备退出这个富有挑战的职位；你必须要把这些移交给别人，他们没有像帕特一样的成功轨迹，这对你来说当然很有压力。

在我们的职业生涯中，大多数人都会经历波动。有时我们处于学习模式或是转变模式；有时我们处理事情的轻重缓急发生了变化：配偶获得了新工作，我们需要更顾家，或者我们需要在工作之外的事情上花费时间和精力。对团队成员和领导来说，明确特定关头的驱动力十分重要，这样团队中的成员和公司才会获益。

所以，要运用这个简单框架，但不要滥用。确保你每天都用崭新的眼光看待团队中的每个人。人们在不断进步，所以你与他们的关系必须一同变化。要做到个体关怀，不要把他们简单归类后不再做出任何改变。

4
协同创造成果

发号施令不灵

在谷歌，发号施令不灵

乍一看，取得成果似乎与“直接挑战”更为相关，而非“个体关怀”。但是绝对坦率的最终目的是大家一起达成一些个人永远无法达成的目标。为了做到这一点，你需要关心与你一起工作的人。

史蒂夫·斯奎尔斯（Steve Squyres）是火星漫步者计划的领头人，他在一个纪录片里很好地描述了团队合作对这个项目的意义：“有超过 4 000 人为这个计划而努力，没有人完全掌控整个项目并大言不惭地说‘我完全了解这台火星车’，这超出了人们的认知范围。”当我和拉里一起看这个片子的时候，他突然转过头对我说：“我们是可以大有作为的，是不是？”虽然我很认同他这么说，但堂堂的谷歌联合创始人居然要靠一部纪录片让自己感觉能够有所作为，这确实是件不可思议的事。

你如果想让团队完成一些个人无法完成的事，或者想“超越自己的认知范围”，就必须关心和你一起工作的人。你如果肯花时间统一你们的思想和价值观，就可以做得更多更好。

不要让对结果的关注阻碍了你对下属的关心，最初到谷歌时我就曾犯过这个错误。那时，我只关心如何更快地完成工作，结果却告诉我：欲速则不达。

我所带领的 AdSense 团队负责销售以及客户支持，主要工作有 5 项：审批新用户、用户登记、客户管理、提供用户支持以及政策执行。当我接管这个团队的时候，团队业务和员工数量都增长得十分迅猛，所以团队内部职责不清、流程混乱的情况比较突出。每当团队在用户审批时稍有拖延并且恰好有人注意到的时候，所有的员工都会收到这样的邮件：“请停下手头的其他工作，专注于审批。”如果没人注意到这个问题，审批进度就会进一步延后。谷歌是研究数据的，所有工作都是可追踪的。如果有数据反映出大家做错了，整个团队就会产生一种集体负罪感，而不是制订清晰的计划以解决问题。之所以出现这种情况，主要是因为团队内职责不清，没人会对任何一件事情负责。没错，当时我们管理得并不好，所有人都压力重重。

我的一位导师曾告诉我“成功与失败只有一步之遥”，现在我理解了他的意思。从正常情况看，我们的成绩还不错，但我很快就明白，之前我们就像 7 岁的孩子在踢足球：所有人都在追着球跑，却没有人站住位置。如果能避免这种工作方式，我想我们的成绩会更好。比如，在进行了一系列调研后，我意识到我们没有真正进行过客户管理的工作（例如，我们没有与最大的客户合作，帮助它们和谷歌挣到更多的钱）。当询问员工原因的时候，我得到的答案是："这不是谷歌的做事风格！我们对待任何用户永远都是一视同仁，不分大小。"我提出的大客户优化的建议让我的品行深受质疑。

同时，汇报组织架构也有问题，这也是团队内没有人真正承担责任的原因。当一个新员工入职时，他会被随机分配给一个拥有员工数最少的管理者，但员工做的工作与他们的领导没有任何特定的联系。同时，按照谷歌的文化，这些员工也不明白为什么自己需要有一位领导——除了能为领导提供"管理经验"以使他们能够进入商学院学习以外。形式上的领导也是员工不得不忍受的恶行，因为他们将来也要走这条路。

真是一团糟！这种荒谬的情况怎么会在一家如此成功的公司中出现呢？我的一个朋友最初不相信这个事。她跟我说，在《纽约客》杂志，校对编辑永远不会向编辑部领导汇报工作，因为只有校对部门的领导真正理解他们的工作。那么，谷歌出了什么问题呢？实际上，我在硅谷其他的"独角兽"公司中还见过更加疯狂的事，这家公司在刚刚起步的时候，被一个非常聪明却缺乏经验的人领导，任何事都有可能发生。但我喜欢这样混乱的局面，因为这正是我被聘用的原因。当时我已经 37 岁了，比我的老板还要年长，比谷歌员工的平均年龄要大 10 岁，我想我应该可以归到“监护人”的行列。

我清楚地知道该怎么做。为了避免职责不清和架构混乱，我成立了 5 支小型团队并要求每位管理者只对一件事负责：审批、登记、客户管理、用户支持或政策执行。接着，我调整了每个人的汇报架构，以使更多的产品销售人员能在一个团队中工作，对同一个领导负责。这样一来，领导就能进一步了解员工的工作。这一改变让领导既可以帮助下属，又便于追责。

这本来是一个完全合理的改变，不是吗？没想到的是，在我的 5 名直接下属中，有 3 名向我的老板谢丽尔·桑德伯格抱怨说无法忍受为我工作——因为我过于专制独裁，不愿听取大家的意见。其中有一个甚至这样描述自己的感觉：“难过、糟糕、被遗忘。”这 3 个人后来都离开我的团队，加入了其他团队，这是他们的自由。但我到底哪里做错了呢？需要做出的改变看起来已经非常明显啊。带着委屈和不解，我找到谢丽尔·桑德伯格寻求建议。

她同意我推进改革的方向，却不同意我的具体做法。“你的动作太快了，这就像你在旋转一根很长的绳子，”谢丽尔一边说，一边模仿旋转绳子的动作，“对你来说，绳子旋转得没有那么快，因为你是在中间把控它的人，你只是在转动手腕。但如果你处于绳子末端，你就会感觉很危险，这很可怕。你不能在如此对待别人的同时，还期待他们泰然自若。”

在谷歌，强制别人并没有用。很明显，当时我们团队确实需要做出一些重大变革，我的做法看起来是做出改变的最快方法，但事实并非如此。首先，我没有让团队参与决策，只是自己做了决定。其次，做出这个决定后我没有向团队解释原因，没有让团队感到信服。最终，我的团队解散了，他们拒绝执行自己不同意甚至不理解的决定。后来，当我重建团队时，情况才有所改善。

在谷歌工作最棒的一件事就是公司会给我弥补错误的机会。我的老板向我清楚地解释了我的问题，然后让我雇用新人来替代团队中流失的员工，这样我就可以把以前在果汁软件的下属带到谷歌。总之，这是痛苦却很有意义的一课：为了在谷歌取得成就，我必须学会合作。

在谷歌，决策不是由有权力的人做出的，包括创始人在内。有一次，谷歌的工程师决定重新设计“谷歌关键词”[①]（AdWords）的前端，这样能够让广告商更加方便快捷地选择不同种类的广告形式。由于谷歌的大部分利润来自关键词搜索业务，所以对这一问题做出正确的决定至关重要。在一次会议上，我看到谷歌的联合创始人谢尔盖·布林（Sergey Brin）正设法说服一支工程师团队，让他们尝试他提出的对于这个问题的解决方案：用最简单可行的方式向广告商呈现全部选项，即不同种类的广告形式，以及让他们按照自己的意愿选择广告投放时间和地点的方法等。这个团队提出了一个与谢尔盖不同的解决方案。谢尔盖于是建议能否

① AdWords 是谷歌的广告产品。如果你想为你的帐篷做广告，你就会对关键词“帐篷”进行竞价。如果你赢得了竞价，当用户在谷歌的搜索页面上输入“帐篷”时，你的广告就会出现在谷歌的搜索页面上，也可以出现在其他有关帐篷的网页上。当用户通过谷歌搜索点击了你的广告时，你才需要付费。——译者注

由团队中一些人执行他的方案，其他成员继续执行团队的方案。遗憾的是，团队拒绝了这个提议。

在一阵少有的挫败感中，谢尔盖重重地敲了敲桌子说："如果这是家普通的公司，你们所有人都要按我说的办，我只是想要尝试一下我的想法而已！"毫无疑问，他很愤怒，但他脸上的笑容也表明他为拥有这样一支能够不屈服于自己的团队而感到自豪。最终的结果证明，工程师团队的方案更好。

当然，不是所有公司都强调合作或是允许员工在不满意领导时调整部门。但我一次又一次地发现，即使你工作在一个允许你保持权威的地方，如果你愿意放下权力并在工作上与大家通力合作，那结果肯定也会更好。

对乔布斯来说，发号施令也没有用

"可恶的史蒂夫永远都在做正确的事。"安迪·格罗夫大声地告诉我。他是传奇的商界领袖，英特尔的前 CEO。当时，我们正在洛杉矶的芭斯罗缤冰激凌店聊天，我想就是否应该加入苹果公司征求他的意见。在吃了几杯冰激凌后，他对乔布斯做出了这样的评价。

我笑了，以为他在和我开玩笑，但是安迪用力地摇了摇头说："不，你没有理解我的意思。史蒂夫的确永远在做正确的事。我是非常认真的，没开玩笑，毫不夸张。"

我知道安迪正在告诉我一些重要的事情，我也希望这是真的。在经历过谷歌具有创造性的混乱之后，我想知道在苹果这样的公司工作会有怎样的体验，这也是吸引我到苹果公司工作的原因。我想当然地认为苹果公司做事的方式就是听梦想家乔布斯的，他说怎么样，别人就怎样执行。所以我还是认为安迪说得有点夸张了，永远正确，可能吗？

“没有人永远正确。”我说。

“我没说史蒂夫永远正确，我是说他永远都会做正确的事。像很多人一样，他也会犯错，但当他犯错时，他会坚持并且非常强硬地让别人告诉他，所以他会不断修正错误，最终的结果就是永远都在做正确的事。”

安迪的话打动了我，触发了我内心深处复杂且矛盾的信念或者说理想：一个伟大的老板如何让团队运转良好。一方面，我热爱谷歌的管理方式并且赞同安东尼·德·圣埃克苏佩里[①]的管理学思想：“如果你想建造一艘船，不要召集人们去搜集木头，不要为他们指派任务和工作，而是要燃起他们对浩瀚无垠的大海的渴望。”另一方面，由于我在AdSense初期的个人经历，我偶尔也想拥有或是成为一位无人反对的老板。

到苹果工作之后，我发现安迪的描述确实十分准确。当被证明自己犯了错误的时候，史蒂夫经常会表现出改变想法的意愿，甚至是强烈意愿，但类似“你是对的，我错了”这样温和的话永远不会从他的口中说出，他改变想法的方式经常让人们感到愤怒。

一位同事告诉我，他和史蒂夫有过一次争论，尽管他没有被

① 法国童话《小王子》的作者。——译者注

史蒂夫说服，但他最终还是做出了让步，后来发生的事情证明我同事的观点是正确的。这时，史蒂夫径直走向他的办公室并开始朝他大喊。当我的同事解释说“这是你的主意”时，乔布斯回答道：“没错，可你的工作就是让我明白我错了，你却没有做到！”从那时起，这个同事会用更多的时间、更大的声音去争论，直到说服史蒂夫或是史蒂夫说服他。说乔布斯永远会做正确的事，是因为乔布斯愿意试错并且鼓励身边的人挑战他。毫无疑问，他的方法不是对所有人都适用。他雇用那些敢于与他争论的人，然后不断鼓励他们挑战他。

另一个同事也给我讲述了她和史蒂夫的一次争论。她最终让史蒂夫明白他是错的，最终史蒂夫完全采用了她的方案，就好像这个方案一直以来都是他自己想出来的。她推测这是由于史蒂夫只关注正确的结果，因此他根本不关心方案是谁提出的。很明显，这个方法有点令人沮丧——因为大家都希望自己的想法得到认可。我想，坚持不懈地让自己和周围的其他人接受挑战，确保结果正确而不是形式漂亮，是推动苹果运转良好的重要驱动力。

不用告诉员工就能把事情做好的艺术

当然，史蒂夫能“永远做正确的事情”的部分原因在于他是个天才，我们不可能操纵或是模仿天才。但天才只是一部分因素，大量有着绝妙想法的天才无法将这些想法转化为行动。比天才更重要的是史蒂夫指导员工的方式，这种方式不需要告诉员工应该怎样做，就能让苹果运转良好，这才是我们需要模仿和学习的。为了做到这一点，你必须要推动你的团队在“直接挑战”的坐标轴上进一步移动，而不是享受短暂的舒适。

其实，谷歌和苹果惊人的成绩都不是在完全专制的环境中取得的。这就提出了一些重要的问题：公司中的员工如何知道自己该做什么？公司如何制定战略和发展目标？两家公司如此个性鲜明却又截然不同的文化如何发展？成千上万的员工如何理解公司的使命？事实上，两家公司的运转形式完全不同，苹果更为有序，谷歌更为无序，但从更高的层次看，过程是一样的。

我将该过程叫作“把事做好”（Get Stuff Done, GSD）闭环，这相对简单易懂。实践这一过程关键在于避免冲动，这经常被很多自以为已经“把事做好”的人忽略，就如同我在本章开篇所讲的那个例子，首先，你应该为合作打下基础。

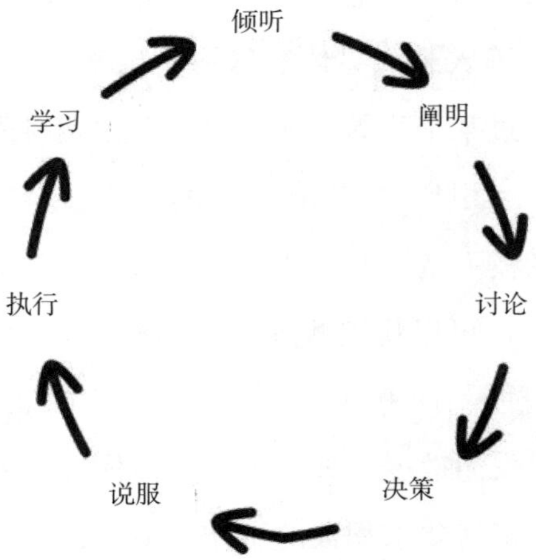

图 4–1 “把事做好”（GSD）闭环示意图

当GSD闭环运转有效时，它会让你的团队更加紧密地合作，以实现超出我们大脑认知边界的目标，这是每个人都梦想实现而实现不了的。首先，你需要倾听团队成员的想法并且创造一种人与人之间相互倾听的文化。接着，你需要营造一个包容这些想法的环境，以确保在所有人完全理解这些想法的潜在效用之前，它们不会被扼杀在摇篮中。但记住，一个容易被理解的想法不一定是好的。然后，你们必须讨论这些想法并且更为严格地验证它们。接着就需要做出决策了——要迅速但不能太快。由于不是每个想法都能够参与到倾听—阐明—讨论—决策这些环节，所以下一步是将更大的团队带进闭环。你必须说服那些没有参与决策的人，让他们相信这个决策是正确的，这样大家才能够有效地执行决策。执行后，不管做得正确与否，团队都必须从结果中总结学习，然后再次开始整个过程。

闭环中有很多步骤。记住，每一步都是环环相扣的，不要随意跳过，也不要陷入某一具体步骤跳不出来，这两点都很重要。如果急于求成跳过某个步骤，最终反而会浪费时间。如果被某一个具体环节拖住，团队工作起来就会很累。

也许你的老板不是按照上述步骤行事，这并不意味着你必须跟他保持一致。你可以将这些理论应用到你管理下属的实践中，即使你的老板可能不同意这种方法。但当你的老板看到结果时，他的态度也许会发生改变。如果他没有，你也许要考虑换一份工作。当更多的人坚持要求积极的工作环境时，不仅公司的业绩会有所改善，你的幸福感也会得到提升。

倾听

让沉默者发出声音。

——乔尼·伊夫

也许你已经知道应该倾听以及如何倾听（包括如何不去倾听）。问题在于当你成为老板时，人们可能会有倾向性地告诉你：你必须要完全改变倾听的风格。你却不想这么做。

好消息是你可以在坚持自己风格的前提下，确保团队中的每个人都能被倾听并做出贡献。

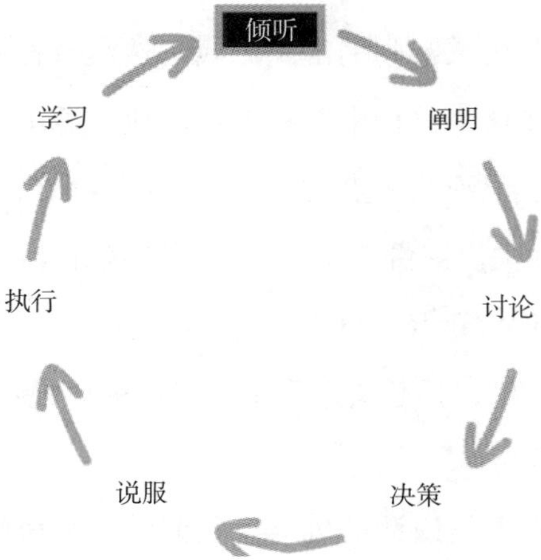

图 4–2　倾听

乔尼·伊夫是苹果公司的首席设计师，他在苹果大学的课堂中曾说过，管理者最重要的角色是“让沉默者发出声音”，我喜欢这句话。谷歌的 CEO 埃里克·施密特使用了另外一种表达方式，要求人们“大声说出来”。这句话我也喜欢。这两个领导采用了不同的方式来确保每个人都能够被倾听，这也是你的目标。达成目标的方式不止一种，你必须找到一种适合你个人风格的方法，然后营造每个人都能彼此倾听的文化，这样倾听的重担就不会只落在你一个人身上。

安静倾听

蒂姆·库克是苹果的CEO，他是沉默大师。在我面试苹果之前，一位朋友告诫我蒂姆经常会长时间沉默，让我不要因此感到不安或是感觉有打破沉默的必要。尽管事先有心理准备，但当我在面试时面对蒂姆长时间的沉默，我仍然没有控制住，滔滔不绝地说个不停。在这个过程中，我无意识地告诉了他我过去犯过的很多错误。当意识到这一点时，我变得有点惊慌失措，担心透露的一些事会让我失去这份工作。突然，我感到房间摇晃起来。

“这是地震吗？”我尝试以此掩盖内心的不安。

蒂姆点了点头，抬起头来看了看晃动的墙说：“不得不说，这是很好的设计。”

抓住倾听而不是说话的机会，我询问了大楼的设计情况，蒂姆没有拒绝回答这个问题。他解释说，由于大楼所处的位置，震感会更为明显，虽然感觉很可怕，但大楼是很安全的。解释这件事时，蒂姆笑了。

在“苹果管理”课堂上，我的一位学员为了效仿蒂姆，努力在每次一对一会面时让自己至少花10分钟来安静倾听，不做任何反应。从他的面部表情和肢体语言中，你完全看不出他的想法。

“你在这 10 分钟了解到了哪些信息？”我问他。

“我听到了一些不想听的东西。”这个学生说，“如果我做出反应，人们经常会告诉我他们认为我想听的内容。当我注意不透露意图的时候，我发现人们更愿意说出他们的真实想法，即使这可能不是我希望听到的。”这验证了蒂姆的方法。

这是安静倾听的真正优势，但它同时也有缺点。当人们不了解老板的真实想法时，他们会浪费许多时间去猜测，甚至有些人会试图打着老板的旗号，说“老板想要的是 X”，然后继续描述自己想做的事情。由于没有人能够确定老板的真实想法，有时候他们会选择逃避。另外，沉默会让很多人感到不适，就像上面讲的例子。这感觉更像是在玩高风险的扑克牌，而非在进行绝对坦率的对话。有些人感觉安静倾听者不是在倾听，而是在挖一个陷阱：等待别人说错以寻找自己合适的发言机会。

如果你是个安静倾听者，你需要采取措施来缓解这种方式给别人带来的不适感，不要毫无意义地故作深沉。为了让别人说出真实想法，有时你也需要表明态度。如果你想被挑战，你也要有挑战别人的意愿。在一对一面试中，我班上的那位管理者只在 10 分钟内面无表情，而不是一个小时都不说话。如果他在整个会面过程中都保持面无表情，人们会很难信任他，进而无法与他建立良好的关系。当然，蒂姆 · 库克也不是一直都保持沉默。总体来说他很内向，所以人们总会探身倾听他。当他说话时，他仍然扮演安静倾听者的角色，但他的想法非常清晰。

安静倾听对很多管理者来说十分有效，但我认为这还不够。幸运的是，还有另一种模式的存在。

大声倾听

如果安静倾听是为了保持沉默，把说话的机会留给他人，那么大声倾听就是表达想法然后观察他人的反应，这就是史蒂夫·乔布斯倾听的方式。他会公开提出一个强有力的观点，然后追着别人做出反应。为什么将这种方式叫作倾听，而不是讲话或者是大喊大叫呢？因为史蒂夫不仅在挑战别人，还要求别人挑战自己。

很明显，只有在人们足够自信去迎接挑战的时候，这种方式才有效。就像安静倾听会惊吓到有些人一样，有些人在大声倾听中也会感觉自己受到侵犯。如果你是一个大声倾听者，如何与那些根本无法抵抗激进老板的员工打交道？如何与那些处于非常边缘位置以至毫无安全感的员工打交道（即使公司的文化鼓励这种行为）？怎样倾听那些刚刚进入公司、没有足够心理准备去表达自己鲜明立场的员工？他们可能知道你犯错的重要原因，但不会毫无保留地说出来。

如果你的风格是大声倾听，那么你需要努力帮助那些对此感到不安的人建立自信。看到其他人与老板互相挑战，人们会慢慢感觉这样是安全的，接着才会做出类似的事情。乔尼·伊夫说史蒂夫经常来找他：“乔尼，我有一个愚蠢的想法……”他没有禁锢自己的想法，并把它称作愚不可及的，进而邀请乔尼挑战他。

兰迪·纳尔逊（Randy Nelson）是皮克斯大学的系主任兼苹果大学的教师，他这样评价史蒂夫·乔布斯："他是一头狮子。如果他对你咆哮，你最好也像他一样怒吼回去——前提是你必须也非常勇猛，否则他就会把你当午餐吃掉。"

史蒂夫不会以所有人都满意的方式来让身边人指出自己的错误。和他密切工作过的人都知道，如果你发现史蒂夫的逻辑漏洞，最好当众说出来，否则过后你就要面对他的狂吼。这并不意味着他们必须要成为大声倾听者。史蒂夫与蒂姆·库克以及乔尼·伊夫都是很好的工作伙伴，后两位都属于安静倾听者，但他们都很强大且非常自信。

我们不必采取史蒂夫的方式来成为大声倾听者。保罗·萨福（Paul Saffo）是斯坦福大学的工程学教授，他介绍了一种"观点鲜明，但不固执己见"的方法。萨福认为应该强有力地（有些人认为是蛮横地）表达自己的观点，因为与他人产生不同观点能够产生良好的效果，至少会促进一场有趣的对话。我欣赏这个方法。我一直认为，清晰地阐明想法，然后鼓励不同的意见交流是一种很好的倾听方式。我经常鲜明地阐述自己的观点并尝试探究到底："请大家从这个想法里挑挑刺吧——我知道这可能很糟糕，但请告诉我不应该接受它的理由。"一次，在一个人证明她的观点正确而我的完全错误之后，我做了一个奖杯放在了她的桌子上，奖杯上写着"你是对的，我是错的"。

大声倾听，即强有力地陈述观点，提供了一个能够发现对立观点或是推理漏洞的快速方法。这也可以避免员工浪费时间去揣测老板的想法。如果你身边的人乐于挑战你，那么清晰地陈述观点就是得到最佳结果的最快方式。

最重要的是坚持你认为最自然的风格。有很多关于领导力的书倡导安静倾听，但如果你是个大声倾听者，践行这条建议就很难。不自然的表达方式会让团队感觉不舒服。相反，你要努力了解同事对你的风格的感受，并努力改善你们的关系。不要让那些大声表达自己观点的人感到不爽。在此前提下，试着找出一个方法，让安静的人发出声音。不要让长篇大论影响你的团队，要团队共同达到最好的结果。

营造倾听的文化

倾听团队成员的意见并且让他们知道你在倾听是一件很难的事，让他们彼此倾听更难。做到这些的关键在于：一是要为员工创造一个能激发想象力和反对声音的简单体系；二是确保某些问题提出后可以被快速解决；三是定期对那些不能解决的问题做出解释。这个系统不应该只是允许大家指出问题，也应该让大家彼此之间能帮助解决问题或是做出调整。你必须允许他们向你寻求一些帮助并积极地支持这个系统。清晰地界定你能够投入的时间，并确保你所投入的时间的有效性。

在谷歌，人们持续不断地向我提出好的理念，事实上，我都有点招架不住了。为此，我组建了一支“创意团队”。我向团队成员发送了《哈佛商业评论》（*Harvard Business Review*）上的一篇文章，把它作为团队组建的背景资料，这篇文章解释了为什么善于捕捉众多“微”创新的文化能够为客户创造其他竞争者无法模仿的收益。模仿大的构想很容易，但是成千上万的小改进根本无法从外部发现，更不要说模仿了。[①]

下面，我会详细讨论指导创意团队的一些关键原则。第一点是要充分授权，创意团队必须承诺会听取任何人带来的任何想法，清晰地解释他们拒绝某一想法的原因，以及帮助大家执行团队认为有价值的想法。如果某些理念看起来十分有前景，他们甚至可以与员工的领导商讨，免除他的一些“日常工作”，让他能够为这一理念的实施投入更多时间。为此，我鼓励他们每周分配给我三项任务。

实行这项改革后，当在会议中听到很棒的想法或是收到有灵感的邮件时，我不再感到压力重重，而是很热情地回复他们，然后授权给创意团队。很快，许多人都提出了他们对于改进产品、扩展业务以及优化流程的想法。我们创建了一个创意工具（基本上是一个维基百科），它允许人们提交自己的想法，然后团队对这些想法进行审核，投票表示赞成或表示反对。这是一种倾听的形式，如果一些人的想法被大家投票支持，那么他们一定会感到自己的想法被同事倾听了，如果一些人的想法没有被投票支持，那么他们就知道自己的想法被拒绝了。这一举动释放了一种信号，它比管理负担过重所导致的沉默更为清晰。然而，投票并不总是识别最佳想法、确保彼此倾听的最好方式。因此，我要求创意团

① https:// hbr . org / 2008 / 02 / getting – the – best – employee – idea

队研究所有想法并且与提交这些想法的人交谈——去倾听。在倾听之后，团队利用投票和判断相结合的方式去选择最佳创意。

更重要的是，创意团队会帮助人们实施那些得到支持的理念。有时他们是在帮助大家获取执行想法的时间，有时是帮助他们得到我的支持，但更多时候，这种支持源自倾听和答复之后，对方给予的检验和鼓励。“是的，这是个很棒的理念！抓紧干吧！”

萨拉·邓（Sarah Teng）是AdSense团队的一员，她刚从大学毕业不久。她提出在与客户沟通时，我们可以利用可编程键盘为经常使用的短语和段落创建快捷方式。这似乎是个好主意，所以创意团队希望我批准预算，用来购买可编程的小键盘，我按照他们的要求做了。后来这个简单的建议将整个团队的效率提升了133%，这意味着团队中所有的成员不用再一遍又一遍地输入那些该死的重复性词汇，从而有更多的时间去思考其他的好主意，进而形成良性循环。这真是太棒了！

当萨拉将她的项目呈现给整个团队时，我不只是简单地感谢了她，还绘制了一张图，展示了随着时间变化，她的这个想法是如何提高团队运行效率的。但效率不是大家最关心的，所以我也在展示过程中强调了她的新方法如何使大家感受到工作的快乐并且帮助他们在职业生涯中成长，即人们花费在枯燥工作中的时间更短，而有更多的时间做自己感兴趣的工作。我对萨拉说她将有机会与其他领导以及更大规模的团队分享她的新方法，而这将取得更大的影响。我又一次推送了《哈佛商业评论》那篇文章，以表明竞争优势不是从宏大的设想中产生，而是由成百上千的微小理念汇聚而成。

为什么我会做这些呢？首先，我想说明她这个想法产生的广泛影响。应用可编程键盘的想法本身并不具有革新性，但是当大家关注到这个理念的累积效应并且越来越喜欢应用时，萨拉的创意就显得举足轻重。其次，这会激励其他拥有类似想法的人，让他们勇于清晰完整地表达自己的看法。再次，最重要的是这不仅会鼓励人们倾听并且重视彼此的想法，还会鼓励他们帮助彼此实现微小的理念，而不用等待管理层的授权。在大型组织中，“小”的理念很容易被丢弃。如果丢掉这些理念，团队就会扼杀渐进式创新。

在线上销售运营领域，数百名聪明能干的员工已经工作了很多年。我不相信在这之前从未有人想到过使用可编程键盘，但是如果他们有过这个想法，那就说明管理层没有认真倾听。如果作为老板，你能营造一种团队成员彼此倾听的文化，他们就会开始主动改善一些问题。作为老板，你也许根本不知道这些问题的存在。

对我来说，最有意义的是团队士气的飙升。当时针对员工士气的一份调查问卷（谷歌精神问卷）显示，为 AdSense 答复客户邮件的团队比致力于搜索研究的工程师团队有更高的创新意识，尽管那些工程师也许是世界上最富有创造力的。

有时，营造倾听的文化很简单，恰当地管理会议即可。当一群人在会上讨论时，我会停下来并围绕桌子走动，确保所有人能够得到倾听。有时，我会在下一场会议一直站着并且来回走动，用肢体阻止讲话太多的人。有时，我会在会议前与其他人展开简短的对话，让一部分人多说一点，让另一部分人少说一点。换句话说，我工作的一部分就是持续找到新方法，让“沉默者发出声音”。

适应倾听的文化

我的朋友阿斯特丽德·图米内兹（Astrid Tuminez）讲过一个好故事，它说明了在新环境下适应倾听的文化有多么重要。她在菲律宾一个小渔村的贫民窟长大，但是随后她在莫斯科（我和她一起工作的地方）、纽约和新加坡都工作过一段时间。在美国和平研究所工作时，她应邀与菲律宾南部的摩洛“解放阵线”进行和平谈判。刚刚抵达的时候，她表现得像个纽约人——非常商业化，接二连三举行会谈。

一位来自菲律宾谈判团队中的成员告诉她，摩洛团体的某个人给菲律宾政府写信表达不满，质问：“这个女人是谁，她是从哪个星球来的？”告诉她这件事的人因为与阿斯特丽德是老乡，所以特别希望阿斯特丽德能够成功。

对摩洛人来说，阿斯特丽德给人的印象是冷酷无情、漠不关心的，并且是外来人（尽管她是个菲律宾人并且会说菲律宾语）。阿斯特丽德认真地思考了这个问题，发现自己确实犯了一些很严重的错误，比如主持会议时没有给人们提供食物，这在其文化中是十分重要的。接下来的几个月里，她只是偶尔安排会谈，然后花大量的时间去倾听，积极参与公共活动并且巡回宣传。同时，她确保在每次举办会议时，为参会人员提供大量食物。

功夫不负有心人，通过花时间了解别人以及耐心倾听，她与摩洛人建立起信任并且向他们展示了自己对和平进程的关心。最终，摩洛人表示愿意与她对话并接过她的重担——这是局外人不愿做也做不了的事。适应倾听的文化，使阿斯特丽德具备了超常能力，使她能够掌控这样一场复杂而又微妙的谈判，而这正是她的工作所需要的。

阐明

只有通过选择、淘汰以及强调，我们才能明白事物的真正含义。

——乔治娅·奥基弗（Georgia O'keeffe）

一旦营造了倾听的文化，下一步就是推动自己和下属去更清晰地理解、传递思想和理念。试图解决没有被清晰定义的问题可能徒劳无益，为一个不成熟的理念争论很有可能会扼杀它。作为老板，你应该成为编辑而非作者。

在苹果为史蒂夫·乔布斯举办的追悼会中，乔尼·伊夫的讲话提到了史蒂夫对鼓励和阐明新理念重要性的理解。“他以一种罕见的、极度的尊重来对待创新的过程，”乔尼说，“他明白尽管理念最终可能会变得很强大，但最初都很脆弱、很难形成思想，所以它们很容易被错过，很容易妥协让步，很容易被扼杀。”

新的理念不必像新一代 iPad（苹果平板电脑）一样宏大。你的团队也许会说出类似于这样的话，“我对这个进程十分不满”，“我觉得工作没有原来那样激动人心了”，“如果办公室有更多自然光，我的工作就会更好”，“如果我们不做 X 会怎样”或者“我更愿意开始 Y 的工作”。

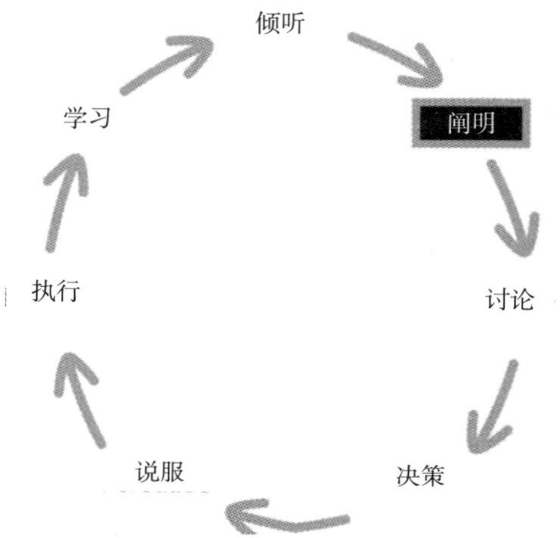

图 4–3　阐明

在听到这类表述时，我们很容易让他们闭嘴，说出“现在我没有时间处理这些问题”等类似的话。但从长远来看，花时间去帮助他们阐明这些想法会节省你的时间。花时间帮助你的下属阐释清楚他们的意思，他们就会为解决问题或寻求机会做出实实在在的贡献，而不仅仅是抱怨。

推动团队中的人阐明思想和理念十分重要，这样你才不会“扼杀”伟大的思想或是忽视他们正在抱怨的问题。清晰理解理念很重要，清晰阐明理念同样重要，有时甚至更难。

清楚自己的想法

为鼓励新理念营造安全空间

作为老板，你的部分工作就是在员工将他们乱作一团的想法提交到讨论会之前，帮助他们彻底想清楚这个问题。我曾经告诉谷歌的团队不要向我提出问题，而是给我提供三个解决方案和一个建议方案，但拉斯·拉拉维告诉我这是错的。“这无法帮助人们创新，”拉斯解释道，“你要求他们把问题考虑清楚之前就做出决定，那他们什么时候能与你一起讨论并开展头脑风暴呢？”我意识到拉斯是对的，“三个解决方案和一个建议方案”这个方法让我主动放弃了自己重要的工作职责。

苏珊·沃西基（Susan Wojcicki）是 YouTube 现任 CEO，苏珊曾在谷歌工作，她十分擅长帮助团队在被争论挫伤前形成新的想法。在谷歌早期，人们会将新想法直接提交给行政管理团队讨论。这个团队包含联合创始人、CEO 以及许多高管。在这些会议中，讨论显得十分残忍，大家都认为这是一个扼杀创意的地方。苏珊意识到了这为团队带来的压力以及这对谷歌带来的危险，于是她紧急召开了行政管理团队的预备会议。在会上，新想法可以进一步得到拓展，人们可以帮助彼此改进新理念，或是更加清晰地定义问题。

很多研究表明，当公司提供空间和时间让员工阐明他们的思想时，创新就会涌现。[①] 纵观硅谷，不同的公司尝试用不同的方式给予人们这种形式的自由。比如谷歌有著名的 20% 时间原则。理论上，任何人都可以花费日常工作时间的 20% 去思考新理念，但事实上真正运用这 20% 时间的人很少，所以这更多属于理想中的谷歌，而非现实中的谷歌。但理想也会影响现实——包括 Gmail

① http:// www . wsj . com / articles/ SB115015518018078348

（谷歌一款电子邮件应用）在内的大量重要产品确实属于 20% 时间的产品。

斯科特·福斯特尔是苹果公司 iOS 团队的创立者，他尝试了一种新方法，叫作“蓝天计划”。员工提出他们想从事并且适用于蓝天计划的项目，如果项目通过，那他们可以有两周时间脱离日常工作以集中精力进一步完善这个理念。同样，推特、Dropbox（一种网络文件同步工具）以及许多初创公司全年都有固定的黑客周，允许人们寻求新理念。

头脑风暴会议经常被用来展示以及阐明新理念，这些会议并不只是禁止提出反对意见的随机对话。当然，不好的理念有许多，它们需要尽可能被识别出来。为新理念挑毛病并不足以扼杀它们——这可以推动别人阐明他们的思想。同时，也有许多第一眼看上去就很棒的想法。好的头脑风暴能够区分这两者，同时，它也不会扼杀好的建议，或是在不好的想法上浪费太多时间。皮克斯公司有一个叫作“附加”（plussing）的方法。人们必须为他们指出的问题提供解决方案，而不是简单地说：“不，这不是个好主意。”

这种形式化的会议比每周一对一的会面更富戏剧性。（关于让一对一会议更为有效的具体建议，请参见第 8 章。）你的直接下属在这种会议上提出新理念并与你讨论的行为应该是安全的。在这种环境下，你不应判断这个理念，而应帮助直接下属阐明他们的思想。这就是一种形式的“附加”，如果你的目的是围绕这些问题找出解决方法而不是埋没这些想法，你就指出这些问题吧。

让别人清楚你的想法

使得想法和理念更易于理解

在商学院学习的时候，一位教授曾向我讲述美国总统富兰克林·德拉诺·罗斯福和经济学家约翰·梅纳德·凯恩斯一次会面的故事。罗斯福非常忙，但他与这位大学老师的会面时间远远超过了一个小时。有人认为如果罗斯福理解了凯恩斯经济学，大萧条可能就会早点儿结束，人们也能避免大量苦难。但在那次会面结束时，总统并没有被说服。

教授向我们提出了几个问题："这是谁的问题？究竟是罗斯福没有理解，还是凯恩斯没有好好解释？"这对我产生了很深的影响。我们总是习惯把责任归咎于倾听者，认为是他们的理解能力不够，而很少将责任归咎于讲解者。但现在我发现如果凯恩斯将想法紧紧锁在自己脑海中，那么想法存在与否并不重要了。让罗斯福理解对自己而言十分浅显的理念是凯恩斯的责任，但他失败了。我们经常认为如果有人不理解我们告诉他们的事情，是因为他们"愚昧无知"或是"闭目塞听"。这种情况其实很少发生。当我们认识到自己的观点很重要的时候，我们也许不知道应该对谁解释这个观点，也就无法让别人明白我们的观点。

如果投入时间去了解你将要与之对话的那个人，别人对你的理解就会更加准确。什么是他们已经了解的，什么是他们暂未了解的？为了便于他们理解，我们需要介绍哪些细节？更为重要的是，哪些细节你可以忽略不计？

在倾听团队成员的观点时，你要承担理解的责任，做到真正的倾听，而不是将沟通的重担压在他们身上。但当你帮助他们将自己的理念向他人——无论他们是同辈、跨部门的同事还是管理者——阐述时，推动直接下属和你自己做得比凯恩斯更好是你的职责所在。你需要推动他们去准确解释并且让他人能够清晰领会他们的观点。

乔治娅·奥基弗曾说：“只有通过选择、淘汰以及强调，我们才能了解事物的真正含义。”决定选择什么、淘汰什么、强调什么不只取决于理念，也取决于听众。如果你给你的祖母发邮件，讲述你在工作中遇到的挑战，你可能会强调这会如何影响你的爱情生活而完全避免牵扯收入。如果邮件收件人是你的老板，主题相同，那么你强调的事情可能就完全相反。让想法变清晰的关键不仅在于你对理念的深入理解，还在于你要深入了解你的听众。

下次当你再花两个小时帮助下属把邮件改到只剩两个句子的时候，不要感觉这是在浪费时间，因为你正在接近理念的本质，这会让接收者快速接受这个理念。同时，你正在传授给员工一种非常宝贵的技能。

讨论

磨石机

当你将所有时间都花在阐明理念上，也让自己和他人清晰理解了这个理念时，你是不是感觉自己的工作已经完成了？没有这么快！在阐明环节花费的所有时间都是在为讨论做准备。如果跳过了讨论环节，你往往会做出错误的决定，进而无法说服每一个需要去执行的人，最终 GSD 闭环就会减慢运行速度或是慢慢停止。再强调一遍，你不需要参与所有讨论，事实上，你也不应如此。但是你要确保讨论顺利进行以及团队中存在讨论的文化。

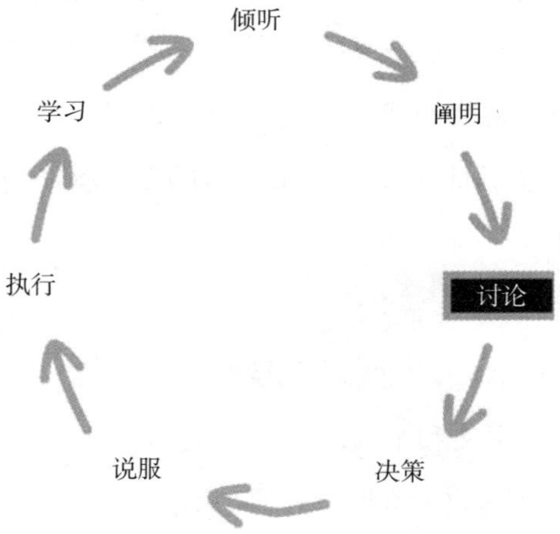

图 4–4 讨论

当史蒂夫·乔布斯还是个孩子时，一位邻居向他展示了磨石机——可以在马达上旋转的罐子。那个邻居让史蒂夫从院子里收集一些普通的石头。随后，他把石头扔进了罐子里，又往里面加了一些沙粒。在机器发出一阵杂响声后，他让史蒂夫两天后再回来。当史蒂夫回到那间声音嘈杂的车库后，邻居关上了那个古怪的装置。史蒂夫惊讶地看到普通的石头变成了漂亮的抛光石头。后来，史蒂夫在一次团队讨论中提到这一点，理念在和他人讨论过后都会变得更完美，对这样的结果来说，所有的冲突与争吵都是值得的。[①]

作为老板，你的工作是开启“磨石机”。许多老板认为他们的职责是将它关上，以避免简单做出决策所产生的摩擦以及持续讨论带给团队的痛苦。但事实并非如此。讨论确实需要花费时间以及投入感情，但从长远来看，缺乏讨论会消耗更多的时间并削弱情感能量。

当然，当你将磨石机打开时，罐子里只留下一些灰尘也是有可能发生的。以下是一些帮助你在不过多折磨所有人的基础上持续讨论的建议。

把讨论的重心放在想法上而非自我意识上

要确保自我主义和个人利益不要成为探索最佳答案的障碍。[②]没有什么比自我主义更能遮蔽人的看法。从更广泛的层面上看，当你感觉到别人有如下想法时，就要进行干涉——“在这轮讨论中我要赢”、“我的理念对抗你的理念”、“我的建议对抗你的建议”或是“我的团队感觉……”等，都属于这样的想法。此时，要指导他们专注于事实，禁止他们在理念中掺杂个人因素，不要被不在现场的人可能会有（或可能没有）的感觉绑架，提醒大家，我们的目标是追寻最佳答案。你是在促进伟大思想的融合，而非监督高中辩论比赛或是操纵总统大选。如果你一定要这么做，在会

---

① 资料来源 *The Lost Interview*。

② 刚开始，我用的是“真相”这个词，而不是“最佳答案”。因为“真相”这个词暗含着永恒的意思，这对学习来说是非常危险的，而且就像之前章节所描述的，真相会催生傲慢，这对绝对坦率来说也是极具破坏性的。

议开始前就要设立基本规则，或者将“自我意识检查”的道具放在门口——如果你的团队认为这很有趣并且有用的话。

另一个帮助人们寻找最佳答案、避免追求自我意识的方式是转换角色。如果一个人和团队正在讨论A，就让他们开始讨论B。如果这次讨论很可能要持续很长时间，那么提前通知他们你即将让他们转换角色。当知道自己将要论述另一个人的观点时，人们自然会更加专心地倾听。

提出不同意见的责任

我曾经在麦肯锡公司实习过，其激发富有成效讨论的能力令我印象深刻。它是如何做到的呢？麦肯锡公司在有意识地培养大家“提出不同意见的责任”。如果参与讨论的所有人都没有异议，那么这就会被视作危险信号，必须有人发出反对的声音。曾经在麦肯锡工作过的人经常将这一点带到他们后来的公司。一位麦肯锡公司的前管理者在他所在的苹果日本团队努力营造一种讨论的文化。他做了很多印有日文“提出不同意见责任”的小木槌。如果会议中没有产生足够强有力的讨论，他就会将木槌从桌子上滑到某人面前，作为开始论述对立观点的信号。这个简单的举动效果出乎意料。

考虑大家的情绪，适时暂停

很多时候人们只是太过疲惫、心力交瘁或是情绪狂躁，以至无法参与到富有成效的讨论中。意识到这些时刻至关重要，因为这些时刻很难收获良好的成果。你的工作是介入其中并且暂停这次讨论。如果你不这么做，人们就会为赶紧下班而做出决策，甚至更糟，由于纯粹情绪所引起的巨大争端就会爆发。如果你足够了解团队中的每个人，你就能完全掌握每个人的情绪和精力，这样你就会明白何时应该介入并且延迟讨论，直到人们处于更好的思维框架之中的时候再开始。

利用幽默，在愉悦的氛围下讨论

发起讨论时伴随的情绪通常会决定接下来的走向。我发现自己所引领的团队在很大程度上会影响我的心情，当我找到愉快参与讨论的方式时，其他人也会感到舒适。有时候，这可能只是以一个简单的幽默或是自我嘲讽的故事作为开头。你所说的话远远不及这种方式所传递的基调重要。

最后，你要明白不是所有人都享受讨论。有时，讨论会让有些人感到威胁或被侵犯。在苹果设计沟通课程的时候，我提出应该为讨论创造积极的空间，坐在我旁边的同事露出微笑，突然对我说："天哪！原来你是为了让课程更好才一直与我争论，我还以为你只是想让我发疯。"对我来说，通过彼此间的交流和碰撞使得某个想法得到磨炼和推进是非常令人兴奋的，但这对他人来说是巨大的折磨。现在我们要知道为讨论提供清晰的解释、营造积极的空间是十分重要的，清楚了解与你讨论的人也是非常重要的，这样你才能在并非出自本意而可能将其他人逼疯时，更好地把握进程！

清楚何时该结束讨论

人们之所以感到讨论富有压力、令人厌烦，一个原因是在会议结束时，有一半的人期待当场能够做出决策，而另外一半的人则希望在后续会议中继续讨论。避免这种紧张局面的一个方式是区分讨论会议和决策会议。为了缓解那些想知道何时做出决策的人的焦虑，另一个方式是在开展讨论之前，制定“决策截止日期”，这样他们至少会清楚何时会停止讨论并做出决策。

我建议每周都开展一次“重大讨论”会议。在员工会议中，我们每周都会识别出最重要的讨论，以及需要参与的人员（参见第8章“‘重大讨论’会议”）。

不要因为讨论令人不快就轻易做出决策

当讨论变成一件伤脑筋的事情时，人们总是倾向于快速结束讨论并做出决策。你也许会提到一个富有争议的项目，每当此时，人们经常期望老板能够结束这种不快并做出决策。我的本能是做一个和事佬或是快速做出一个决策。但是作为一个老板，正确的做法是让讨论持续进行，而非通过决策解决不快。工作中的讨论能够帮助人们成长，同时也能够帮助团队更好地合作以实现最佳成果。

我曾经做过的一个仓促决策，是关于座位表这样一件看起来微不足道的事，但结果很糟。当时我们甚至没有办公间，只有桌子。随着团队从10个人扩大到65个人，我们不得不重新设计办公空间并移动每个人的办公桌。所有人对于布局都有自己的看法，一个年轻的项目经理主动提出来管理这个乱局。但他们真的很难对付。谁应该坐在谁的旁边？他们应该与窗户相隔多远？这样的问题折磨了大家半个多星期。我十分沮丧，于是在一个周末，我一个人将所有人的办公桌都换了位置。然而周一早上的情形就像发生了暴乱一样。“我们已经快要解决这个问题了！”项目经理喊道，“但是你又让我们倒退回了一周之前。”他平时非常冷静理智，然而此时他的眼中充满了沮丧的泪光。

正确的做法本应是设定“决策截止日期”，这样所有人就会明白他们不能无限期地游说项目经理。如果讨论看起来是充满敌意的，那么我也应该询问他们需要我如何帮助。比如，在吃饭或散步时，我可以告诉那些有分歧的人项目经理正在艰难调解并努力做出决策；或是转换角色，讲述另一个人的立场。但是我自己制定的、没有与他们充分交流的仓促决策不仅十分专横，也没有起到任何作用。

决策

实事求是地做出决策，剔除自我意识

你已经将决策和现实梳理好，并且已经将所有的自我意识（尤其是你自己的）剔除在外。如同推特和 Square 公司（美国一家移动支付公司）联合创始人兼 CEO 杰克·多尔西所说，现在是时候“推动决策与事实相一致了”。我从这句话中学到的是：如何帮助团队做出最佳可行的决策，或是如何“永远做正确的事情”。

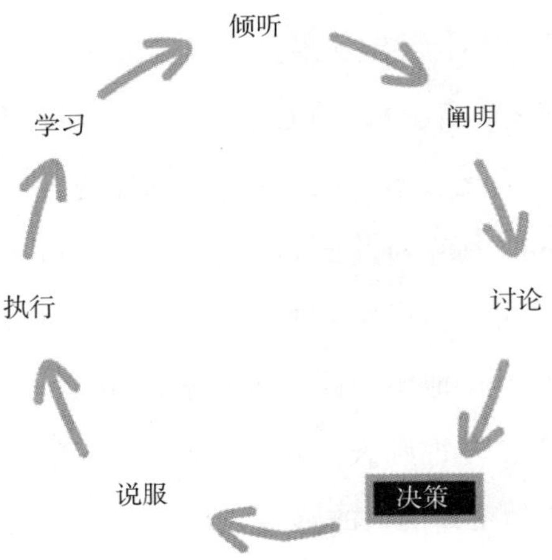

图 4–5 决策

你不是决策者（通常情况下）

我曾经与团队中的一位女士展开过一次即兴谈话。有一天在吃午饭的时候，我问她工作怎么样。她身体前后晃动，频频挠头。

“发生了什么？”我担忧地问道。

“我认为自己被聘用是由于我的头脑，但是自从来到这里，我还没有被允许用过它一次！但是马克……”在说出经理的名字时，她明显皱了一下眉头，“什么都是他说了算，而他有时候根本不了解状况。”

我参加了马克的下一次员工会议，在会议上，他回顾了团队的季度目标和关键成果。在他播放第一张幻灯片时，我很有信心。三周前，我刚刚接手这项工作，对于这项工作了解不多，但是他的计划看起来很棒。他对季度目标的解释拥有我期待的所有事情：目标清晰且富有雄心，关键成果具有可测量性。

然后我看到坐在我右边的人垂下了头。环顾四周，我发现大家交叉着手臂，面无表情，周围一片沉寂，这甚至影响到了马克充分准备的演讲。马克对此的回应是对目标和关键成果进行更为热情、有力的演讲。演讲结束时，他告诉我，他为“他的”团队感到骄傲。很明显，他想向团队成员表示敬意，但这番话听起来显得他居高临下、轻视别人。我已经开始起鸡皮疙瘩了，所以我完全能够想象为他工作的人的感受。

“还有什么问题吗？”马克最后问道。

所有人都放下了手臂，眼睛低垂。于是我问大家：“如果马克不参与目标和关键成果的决策，你们会如何进行下一季度的规划呢？”

所有人都不约而同发出了一声叹息。那个在跟我吃午饭时频频挠头的年轻女孩不情愿地进行了发言。尽管马克的愿景十分鼓舞人心，但她担心这不切实际。她计算了一下，如果要做完马克提议的事情，那么所有人每周都要工作 85 个小时。其他人也纷纷开始发言，他们认为马克严重低估了系统的滞后时间，因为工作并非那么有效率。他们尝试修复这个问题，但问题似乎没那么容易解决。

一场对话开始了。尽管马克刚刚提出的目标理论上具有可行性，但他的团队明白执行过程中会有许多障碍使其无法如期完成。马克将这些障碍看作“实施细节”不予考虑。然而在倾听过团队的建议后，我认为他明显跳过了“倾听”、“阐明”以及“讨论”等重要步骤，并将“决策”直接转换为“说服”环节。由此引发的问题十分明显：（1）他的决策没有以事实为依据；（2）即使他的决策是对的，也没有人愿意执行；（3）如果他目前没有失去自己的团队，那么他很可能即将失去团队。我提出会议桌旁在座的每一位共同完成这件事，马克要听取所有人的意见。第二天再重新整理团队计划。

这样常见的错误不只会发生在新的管理者身上。乔治·沃克·布什（George W. Bush）说过一句很经典的话，“我就是决策者”。这句话好笑的一个原因是他并非真正的决策者，并且他似乎是唯一不知道这件事的人。如果被选举为美国的总统都无法拥有决策权，那么经理或者初创公司的CEO这些职位就更无法赋予你“决策者”的地位了。

在《决策是如何产生的》（*A Primer on Decision Making*）这本书中，作者詹姆斯·马奇（James March）解释了为什么在组织中最“有资历”的人担任决策者是一件坏事。当会议桌旁的所有人碰巧都是决策者而非最佳信息持有人时，他称作“垃圾桶决策过程”的情况就会发生。遗憾的是，大多数的公司文化更喜欢最有资历的人或是在会议上能够坚持自己观点的人。由此导致的坏决策是招致组织平庸和员工不满的最重要因素。

这就是优秀的老板通常不会自己做决策的原因，他们更倾向于创造清晰的决策制定过程，让最接近事实的人制定更多决策。这不仅能够产生更好的决策，还会让员工充满斗志。

决策者应该追求事实，而不是建议

在为决策收集信息时，我们经常试图询问他人的建议："你认为我们应该怎么做呢？"但曾与我在苹果一起工作过的一名管理者告诉我，人们的建议中总是会掺杂一些自我主义，这会引发派别之争，因此会导致团队做出不好的决策。所以她建议"寻求事实而非建议"。当然从不同人的角度以及不同的观点出发，"事实"也会有所不同，但是这不会像建议一样成为一道底线。

去洞穴探险

作为老板，你有权深入研究那些看起来有趣或是很重要的细节，你不需要一直都位于"最高层级"。有时候你将会是决策者，甚至当你已经将关键决策委托给别人时，你依旧可以偶尔投入其他细节以及一些小规模的决策之中。你不能总是这样，但是可以偶尔为之。我把这叫作在组织中"洞穴探险"，这是个探明真实情况的好办法，也是使得老板和直接下属处于平等地位的好方式，因为这可以显示没有什么是"超出"或是"低于"每个人的关心范围的。

同样，如果你是决策者，对事实追本溯源十分重要。如果你是"管理者的管理者"，那么这句话尤为正确。你不希望"事实"通过管理的层层等级传达到你耳边。如果你小时候玩过"打电话"的游戏，那么你就会知道事实被传递很多次后会发生什么。

为了确保能够理解并且挑战呈现出的事实，苹果的领导者期望了解组织深层次的"层级"。如果史蒂夫·乔布斯正在制定一个重要决策，他想更深刻地了解某些方面，那么他就会直接去找致力于这方面研究的人。苹果有很多类似的故事，许多资历尚浅、年轻的工程师在吃过午饭回到自己的办公室时，发现史蒂夫正在那里等待自己，并迫不及待地向他们询问某个特定的工作细节。史蒂夫不会通过那个人的领导或是领导的推荐得到过滤的信息，他会直接找到信息源。你做这种事越频繁，整个组织就越有活力。

说服

情感、公信力、逻辑。

——亚里士多德，《修辞学》（*Rhetoric*）

你已经成功带领团队做出决策，但此时仍然会有人不同意，有可能还是那些负责执行决策的人。如果你的工作效率很高，那么不是团队中的所有人都会参与到倾听—阐明—讨论—决策的过程中，只有一部分相关人员会参与其中。现在决策已经达成，是时候让更多的人参与了。这并不简单，能否处理得当非常重要。

在这个阶段，说服似乎显得无关紧要，并且这还会使决策者承受团队中不完全同意这项决策成员的不满。决策者尽心尽力地完成了倾听、阐明以及讨论的环节，最终做出了决策。为什么其他人不明白我们做这些事情的原因，或者至少为什么他们不愿意遵守呢？

在没有说服别人这是一件正确的事情的情况下，期待他们能够执行这项决策会造成非常严重的后果。无论是你自己还是别人做出了决策，都不要认为你可以介入其中然后简单地让所有人都认同这项决策。解释这项决策甚至都是不够的，因为这只解决了逻辑问题；同时，你还需要尊重他们的情感，并且必须树立决策者的公信力，无论决策者是你自己还是团队中的其他人。

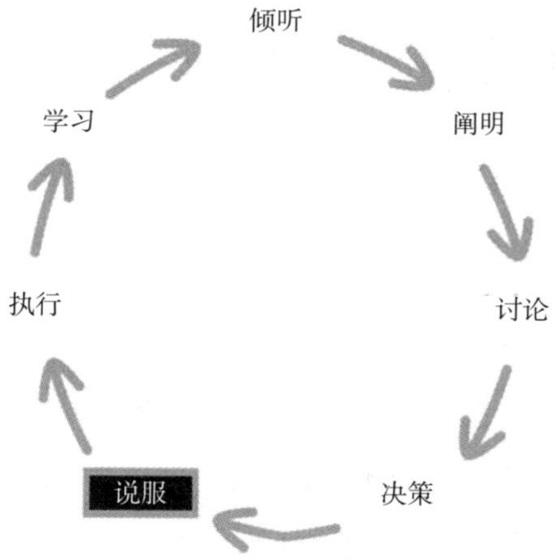

图 4–6　说服

专制的老板通常是个格外差劲的说服者；他们认为自己没有解释的必要，或者他们的逻辑是“只管去做，不要问我”。同时，由于他们通常不了解或是不关心更多成员的感觉，所以他们不会去解决情感问题。他们期望人们按他们说的做，只因为他们是老板，所以专制的老板无法建立公信力。

但即使是更民主、更开放的老板有时也会在解释决策的基本理由时感到一筹莫展，以至他们会忽略人们的想法，反之亦然。如果你已经完成了绝对坦率的基本工作，即从个人层面了解每一名下属以及与他们建立一种开诚布公的交流方式，那么事情就会变得简单一点。但即便如此，对许多人来说，他们仍无法做到自然而然地让人信服。

许多与我工作过的领导者都不是有说服力的人，因为他们不想给人留下花言巧语的印象。有说服力与花言巧语之间的界限只是一条线。太多的修辞和说服实质上是在操纵情感，亚里士多德为此感到很烦恼。他认为应该存在一种更好的方式，让大量没有时间和知识的人能听得懂。为了合理地说服别人，他强调，讲话者必须在解决听众的情感问题的同时建立公信力并阐明论据中的逻辑问题。由此，他解决了这个问题。这些基本的说服要素经过了时间的检验。

为了帮助你变得更有说服力，或者让你团队中的“决策者”更有说服力，接下来这部分内容将简短介绍亚里士多德修辞的基本要素——情感诉求、理性诉求和人品诉求，我将其简单地翻译为情感、公信力和信誉。[①]

情感

注意倾听者的情感，而不是讲话者的

你可能会对决策有很强的期望，并认为这个决策会引领一次

① 在有限的篇幅里，我涉足了这么多领域的内容，实在有些不安。尽管拿到了两所名校的学位，但直到我到苹果大学才了解这个模型，我认为这个模型真的很有用，所以我想和大家进行分享。很多书都介绍过亚里士多德的修辞学，如果想了解更多、更全的参考资料，可以参见斯坦福大学哲学百科全书 (http:// plato . stanford . edu / entries / aristotle-rhetoric /)，可能关于如何说服，被引用最多的书是罗伯特 · 西奥迪尼的《影响力》。简单地搜索将会发现其他丰富资源。

变革，能帮助许多人。但如果你没有考虑到倾听者的感受，你也不会变得有说服力。

我有一名同事叫作“詹森”，他的职责是让失聪者也能使用产品。他全身心投入到这项工作中，因为他的母亲失聪了，但他无法说服工程团队在产品设计时优先考虑某些特定的关键特征。当我向他展示亚里士多德的修辞体系时，他的情绪爆发了。

“我不知道如何在我的观点中投入更多情感。”他沮丧得说不出话来。他已经对团队说明过自己与这个项目的关系。他们看起来很感动，但仍然没有着手去做。

“工程团队感受如何？”我问。

“他们疲惫不堪。几周以来他们一直没日没夜地工作，这像是不可能完成的任务。”

“为了解决他们的感受问题，你做了什么呢？”

詹森拍了一下自己的额头，突然就明白自己哪里出现了问题。

2003年，当史蒂夫·乔布斯发布声明，宣称苹果将为Windows平台发布iTunes（一款数字媒体播放应用程序）时，他知道自己不仅仅是在发布一款新产品。对于苹果电脑的忠实粉丝来说，任何与微软的兼容无异于一种背叛。为Windows平台发布iTunes背后的逻辑是这样的：为了赢得音乐产业的竞争，苹果需要在超过90%市场份额的平台中站稳脚跟，而不能停步于市场份额低于5%的苹果电脑。但是这样的逻辑只会让苹果的忠实粉丝更加愤怒。所以，他用“地狱结冰”这个标题承认了他们的质疑，并且认真对待他们的情绪反应，乔布斯向他们保证，苹果将一如既往地对待核心产品。

在担任推特 CEO 的时候，迪克 · 科斯特罗十分善于与推特员工沟通情感。我曾经仔细查看过许多员工的敬业度调查表。我认为几乎不可能有人比史蒂夫 · 乔布斯做得更好。我为苹果工作时，超过 90% 的员工都对 CEO 表示认可。但是推特员工对迪克的认可度甚至更高。

迪克温暖的幽默感帮助他与人们进行情感联系，同时赢得大家的信任，这使他成为一个有说服力的领导者。迪克经常会召集所有人参与全体员工大会，其中有一半的会议都会以笑声结束，特别是当他对恶搞问题做出坦率地回应的时候。我问他是如何想到这些回应的，他露出招牌式的笑容说："它们只不过碰巧浮现在我脑海中罢了。"

如果你不是碰巧有过当单口喜剧演员的经历，那你可以把迪克的书找来看看。他为硅谷的其他领导者推荐了许多即兴演说的课程，这不是为了徒增他们的烦恼，而是为了帮助他们在全体员工大会中找到回答所有古怪问题的有趣方式。

公信力

展现专业技能以及谦逊态度

公信力很难用言语表达，但当你留意它时，你就会明白，它的一个要义在于你具备良好的专业能力并能够展现出你具有做出合理决策的丰富经验；另一个要义是谦逊，可有时我们做不到这一点。

史蒂夫·乔布斯不会被当作谦逊的模范，他总是会将“噢，呸”这些口头禅带入产品发布会中。比如，2010 年 iPad 发布会上，乔布斯以这段话作为开始：“我们于 1976 年创建了苹果公司。34 年过去了，我们仅是刚刚结束了假日销售季……取得了 156 亿美元的收入，我甚至无法相信，这意味着苹果是一家市值超过 150 亿美元的公司。但现在我想忘记这件事，因为这不是我们思考苹果的方式，尽管这真的很了不起。”[①] 他的身后是一张图片，图中两个电脑技术狂正举着一个笨重的箱子，这张图意味着苹果将更加谦逊，也表明推动苹果前进的是创造改变世界产品的热忱，而非对利润的渴望。由此，乔布斯指出，在不失去果粉的情况下，苹果有专业技能和资源打造一款全新的计算机。“现在我想忘记这件事，因为这不是我们思考苹果的方式。”要特别注意这句话中精心挑选的词语，这句话中，“我们”是为他本人以及整个公司奠定谦逊基础的重要部分。

但如果你不像史蒂夫·乔布斯那样，对所谓熊彼特式的创新有极其丰富的经验，或者你资历尚浅，完全没有那么多经验和记录，那么你应如何建立公信力呢？一是专注于你的专业技能和过去的成就；二是保持谦逊，在可能的条件下用“我们”而非“我”。记住，吹牛不起作用，虚假的谦卑也没有意义。如果是时候说服人们执行决策了，那么不要忘记建立自己的公信力或是帮助团队中的决策者建立他们的公信力。

---

① https:// www . youtube . com / watch ? v = jj6q z2Ni9M

逻辑

展示你的工作

大部分人认为“分享逻辑”是说服中最简单的环节，因为这不会像建立公信力一样让个人陷入尴尬的境地，也不需要使用处理集体情感时的心理手段，但这个环节也有自己的陷阱。有时，逻辑对你来说是不证自明的，所以你没有告诉其他人。当你完全了解某种事物时，你让自己明白别人不了解是很难的。

好消息是在高中数学课上，你就已经学习过分享逻辑的秘诀：展示你的运算过程。当史蒂夫·乔布斯有一个想法时，他不会只是描述这个想法，他会分享如何实现这个想法，会展示他的工作过程。这表明他想知道自己的推理中是否存在漏洞。展示工作过程能够强化他的逻辑，最终不仅使他更具说服力，还能确保他“永远做正确的事情”。

执行

将合作成本降至最低

作为老板，你的部分工作就是要自己承担大量“合作税”，这样团队就可以投入更多时间去执行。你的工作职责会占用大量时间。作为老板，最难的事情之一就是将这些职责与你需要亲自在专业领域内完成的工作平衡好。

以下是我学习到的能够实现平衡的三件事：不要浪费团队的时间；各司其职；为执行留出时间。

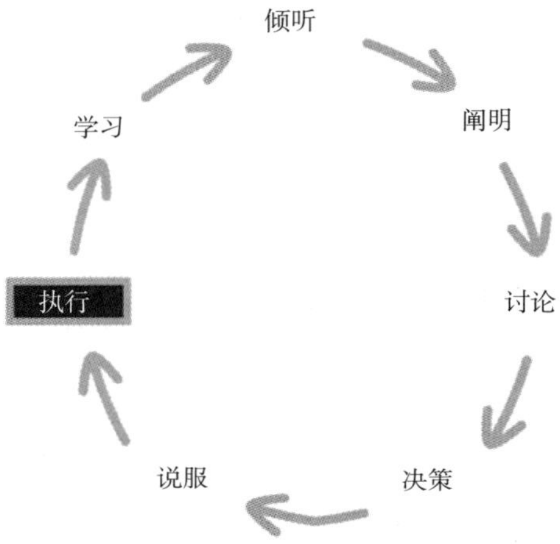

图 4–7　执行

不要浪费团队的时间

在为谢丽尔工作的 4 年中，我可以实事求是地说，她从没有浪费过我的一分一秒。事实上，她为每一个为她工作的人都节省了大量时间。在一对一会面时，她期望我们能够带来一系列她可以帮助解决的问题。她会倾听，并且确保自己理解，然后她就像一个工程兵、一个爆破专家。她平息了一些可能在我这里爆发的派系之争，摒弃了一些看起来难以逾越的障碍。在她那里没有多余的会议以及无谓的分析。与我会谈时，她永远不会迟到，同样她也无法容忍任何人在她的会议中迟到。她会让我们作为团队进行讨论，但在感到枯燥乏味之前，她会确定一名“决策者”，并会要求这个人在特定日期之前做出决策。她是我认识的最有说服力的管理者之一，她也让团队成员变得更有说服力。当一些可笑的浪费时间的指令传来时，她会想出一个方法来让我们摆脱。她为所有人提供的保护为执行留出了更多时间。同时，决策的结果也无法逃避谢丽尔的尖锐分析——不论成功或是失败，我们都能够从中学习。

谢丽尔团队如此富有成效的原因，是她不断推动我们在 GSD 齿轮上的步伐，同时她也会经常为我们清除障碍，这样我们就会有尽可能多的时间把事情做好。

各司其职

尽管合作税的重担会压在作为老板的你身上，但这不应完全由你一个人承担。为了成为团队成员的好伙伴，以及确保 GSD 齿轮高效运转，你需要与工作保持紧密的联系——不只是观察别人执行，还要自己执行。如果你是一个指挥家，你需要一直练习自己的乐器。如果你是销售经理，你也需要让自己的销售记录持续增长。如果你在管理水管工团队，那么你也要去修理一些水龙头。尽管你需要在倾听、讨论以及其他一些事情上投入时间，但你也需要在领导以及亲自执行中转换身份。不要为了第一点放弃第二点，要将两者结合。如果远离团队，远离工作，你就无法足够理解他们的想法，由此就无法帮助他们阐明观点并参与讨论，无法推动他们制定决策，无法教他们变得更有说服力。如果你不深入了解团队努力完成的事情，那么 GSD 齿轮就会慢慢停止。

为执行留出时间

执行通常是个孤独的任务。大多数情况下，我们使用日历为集体任务规划时间。作为管理者，你的一项工作就是确保集体任务不会消耗太多你自己以及团队的时间，以至没有时间执行已经决策好或被大家接受的计划。

学习

一致性是人类思想里的妖怪。

——拉尔夫·沃尔多·爱默生，《自力更生》（*Self-Reliance*）

到达这一环节的时候，你和你的团队已经做了大量工作，完成了一些事情并且希望越做越好。我们通常会对自己投入大量时间和精力的项目产生依赖，这是人性使然，但这是不合理的依赖。这几乎需要极高的自律，迫使自己退一步思考，承认结果不够好或本来可以更好，并且从经验当中学习。

德鲁·休斯敦（Drew Houston）是 Dropbox 的联合创始人以及 CEO，他是我遇到过的最坚定、最谦逊的学习者。Dropbox 之所以拥有数以亿计的用户，是因为德鲁领导的公司对于产品直观性和便捷性坚持不懈的追求。德鲁一直很乐意尝试新事物，也愿意承认它们没有达到自己的期待和标准。对于经常发布新产品的公司来说，这并不容易，如果老板亲自做这件事就更难了。但真正让我佩服的是，德鲁在重塑自己作为 CEO 的形象方面，比他对改善公司产品的要求更为严格。他也许已经把所有管理类书籍都翻烂了，因此他对自己想创建怎样的公司以及想成为怎样的领导者有非常深刻的思考。

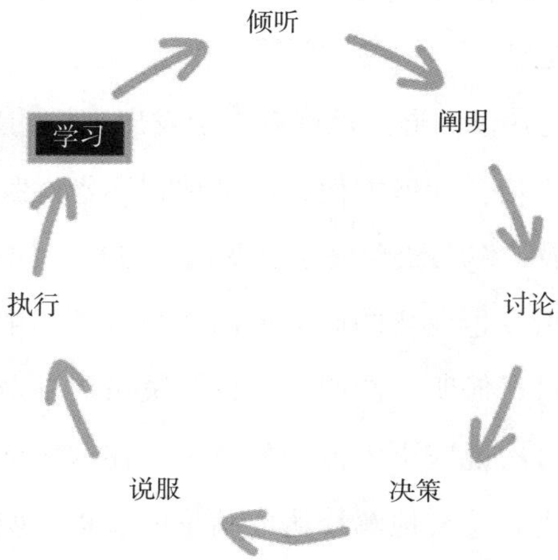

图 4–8 学习

理查德·特德洛（Richard Tedlow）在《否定》（*Denial*）一书中写道，如果成功的人拒绝看到并拒绝承认自己的错误，那么这会导致惨痛的失败。我的一位同事曾经组建了一支团队，结果一塌糊涂，但他就是不肯承认。这让我们这些为他指出错误的人感到十分困惑。当我们终于说服他时，他大喊道："当你有一个丑陋无比的孩子，承认这个事实真是件让人无比痛苦的事情！"

很明显，和成功一样，好的老板能够从错误中学到很多并且能做到精益求精。但事实上，对于不完美的执行，否认是更为常见的反应。为什么对经验的学习如此少见呢？在管理一支庞大团队时，我发现有两种大的压力会让人试图停止学习。

一致性压力

经常有人告诉我们，改变立场是“墙头草”、“反复无常”或是“缺乏原则”的表现。我喜欢约翰·梅纳德·凯恩斯的说法，“我会根据事实改变想法”。

当然，关键在于沟通。也许有人会发出这样的抱怨：“两个月前你让我确信事情会如何如何，但是现在你告诉我也许完全不是这样？”很明显，你无法轻松地改变这个过程，如果你想这么做，你就需要对事情发生变化的原因做出清晰合理的解释。我经常和核心团队重新进行倾听、阐明、讨论和决策等环节。在达成新共识之后，我会再次说服更大范围的员工。在这之前我会先做一个深呼吸，然后耐心反复地解释达成结论的过程，明确告知他们方向上的改变。

倦怠

有时我们会被工作和私人生活压得喘不过气，这时候，从结果中学习以及重新开始整个循环会非常艰难。这也是为什么当处于闭环的正中间时，你会被推着向前走。首先，你要照顾好自己。当然，这件事说起来比做起来容易得多。

迪克·科斯特罗展示了保持心无旁骛的非凡能力。在我当他的教练的那段时间，媒体的报道让他坐上了从英雄到笨蛋的过山车，我从未见过这种阵势。作为旁观者，我比他还要紧张，尽管他处在风暴的中心，而我在安全范围内。有一次，对推特的负面报道铺天盖地，当天晚上，我在半夜被噩梦惊醒：我梦到推特办公大楼在发射台上，我们被送入了太空却没有穿宇航服。我老公也被我的尖叫声吵醒，我们再也无法入睡。没想到，迪克却告诉我他那晚睡得很好。

当每个人都在歌颂迪克，好像他是耶稣再世一样时，他的反应是招牌式的自嘲。你所能想象到的所有名人都给迪克发了其他人梦寐以求的邀请函，但是迪克基本都拒绝了，他要确保自己既可以专注于公司运营，又可以和家人一起享用晚餐。当所有人都为他感到惋惜时，他会引用他女儿说过的一句话："爸爸，告诉你一个好消息和一个坏消息。坏消息是《雅虎金融》（*Yahoo! Finance*）评选的五名年度最差 CEO 的名单上有你，好消息是你排第五名。"

迪克也不会假装任何事情都没有错。这不仅对他来说是一段艰难的时光，对推特来说也是如此。在面对接二连三的负面报道时，他在公司发表关于"意志力"的讲话来给大家加油鼓劲。在听他讲话时，我哭了。当我正感到不好意思时，我发现大家都在抹眼泪。显然，迪克的意志力很大程度上源于他自己集中注意力的能力，以及他每天为自己留出的两个小时思考时间。

本书的下一章节，即第 5 章，会以你可以着手的具体事例为开端，确保你能够在工作和生活中都集中精力、心无旁骛。

第二部分

工具和技巧

我希望本书的第一部分已经减轻了可能会永远伴随老板的一些恐惧、焦虑和自我怀疑。第 1 章到第 4 章阐释了在 25 年领导团队的过程中我所学习到的核心理念，从莫斯科的钻石切割团队到谷歌、苹果，再到现在的 Candor 公司。我之所以写下这些，是由于太多本来很好的人变成了糟糕的老板，而糟糕的老板是导致我们生活不幸以及工作不顺畅的主要原因。我希望这些理念能够帮助你找到成为更好老板的有效方法，能够让你在工作中更加成功，让这个世界更加美好。

现在你能够理解与每一名直接下属建立绝对坦率的关系会如何帮助你指导团队并取得成果。也许你认为关系并不重要，但企业文化是十分重要的。你的关系和责任会相互强化，在这种相互作用下，你会越来越成功，企业文化也会变得越来越好。但是如何实施这些原则呢？当明天去工作的时候，你应该如何具体操作呢？

本书的第二部分将会介绍一些工具和技巧，你可以利用这些工具快速实践本书第一部分的理念。具体的章节安排将围绕本书的核心理念展开，而不是做事的顺序。现在，你只需要理解我想表达的意思就好。请放心，本书的最后一章会提供一种循序渐进的方法来让你做到绝对坦率。没有什么比与你关心的人一起工作并取得卓越成果更令人开心的了，这不是白日做梦。相信你能够营造这种环境，我将会具体描述如何去做。

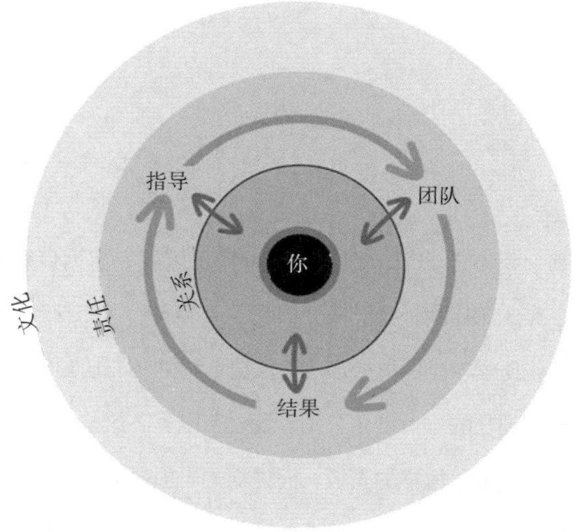

图 II–1　绝对坦率的循环示意图

5
关系

与直接下属建立信任的方法

你如何营造一种氛围，尽快与员工建立起绝对坦率的关系呢？在本章中，你会发现作为老板自己的形象比呆伯特的刻板形象有意思得多。商学院的课程告诉我，作为管理者的职责是“使股东价值最大化”，但在生活中，我发现过于重视股东价值不仅会损害价值，还会影响士气。相反，如果首先让自己保持处于中心的地位，我就能与每一位下属建立起真正的关系。只有当我身处中心并且拥有足够强大的关系时，我才可以履行作为管理者的职责，指导团队实现最佳结果。股东价值是结果，但这并不是最重要的。

就像我之前提到的，关系与责任间的互动，同鸡与蛋的关系一样。如果没有良好的关系，就无法履行责任，但如何履行责任也是建立关系必不可少的一部分。它们这种互动关系是先由外而内再由内而外地建立起来的。本章将会论述如何由内而外建立互动关系，第 6 章至第 8 章将会论述如何由外而内建立互动关系。本章我将会探讨关心自己、自由工作以及在工作中交往的艺术（和风险）。

关心自己

如果你不关心自己，就无法关心其他人

乍一看，你也许会感到奇怪，但当开始指导总裁建立绝对坦率的工作环境时，我总是会先观察这个人如何安排自己的生活、如何处理工作中的压力。因为我们能为工作带来的成果多少也取决于自己的健康和幸福程度。这种说法是否能被接受，是衡量社会进步的重要标志。可以说，能为自己打造坚实基础的管理者在建设团队方面总是会更有成效，在这样的团队中，大家都能做到人尽其才，这对企业来说也是好事。

回想一下，当工作处于低谷期时，我们的身体也会感到不堪重负，甚至无法入睡，这时工作和生活的困难会彼此交织。因此，当你的身体不在最佳状态时，很多事情处理起来就会难上加难。你对同事的“个体关怀”会变得异常艰难，更不用说对家人了。但“个体关怀”是建立信任关系必不可少的一部分。记住，领导的本质不是对外部环境感到压力重重。

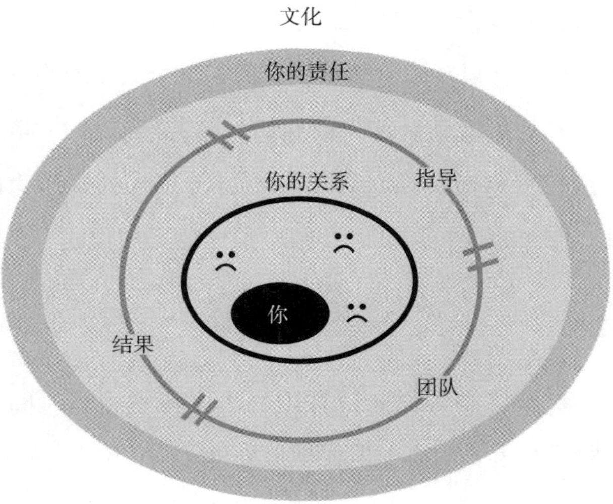

图 5–1 关系与责任之间的互动

如果不关心自己，你就无法关心他人；而当你不关心自己和身边人时，所有的事情都会变得非常糟糕。如果你已经知道这一点，接下来我会建议你做到以下几点。

工作与生活的良好融合

坚持将最好的自己全身心投入工作中，然后再将这种状态带回家。不要将这种状态看作是工作和生活的平衡，因为平衡是一种零和博弈，即工作和生活是相互影响的。你要把它看作工作和生活的良好融合。如果你需要 8 个小时的睡眠来保持精力充沛，这些时间不应以牺牲工作和团队为代价。你的工作和生活可以彼此相互促进。为工作的投入是你对美好生活的一种追求和表达方式，这是一笔巨大的财富，也是朋友和家庭的福音。

找到关心自己的“诀窍”并且坚持这样做

生活中总会有很多人给你建议，但对某个人很有意义的建议，对另一个人来说可能就是纯粹的屁话。我曾经看过一部电影，电影里一个纽约警察向莫斯科警察展示自己用来处理压力的方法，包括养鱼、特殊的灯光调节以及精心设计的冥想仪式等。“你怎样应对压力呢？”纽约警察问。莫斯科人只用了一个词就打发了他：“伏特加。”

记住，要做那些对你来说有用的事。特别是当时间有限时，你要优先做那些重要的事（但要把握好度）。在不堪重负时，找到关心自己的方法甚至比在内心平静时更为重要。我认识的一位成功企业家就喜欢在高强度工作的前后去体育馆锻炼。

以下是我关心自己的做法，可以供你参考：我会每天睡 8 个小时，锻炼 45 分钟，与家人一起吃早饭和晚饭，这是常态，但如果我在一两天内跳过一两件这样的事，也是完全可以的。另外，我偶尔需要读小说（理想状态为一周一本），和老公有一次浪漫的周末度假（理想状态是一年四次），和兄弟姐妹及父母度过两周假期（一年一次）。如果这些事都能做到，那么不论遇到多大的困难，我都能成功应对。但如果无法完成这些事情，那么即使周围风平浪静，我也会有一点抓狂。

日程表

将你需要为自己做的事情罗列到日程表里，就像那些重要会议一样。如果你无法及时离开办公室，赶回家吃晚饭，就将通勤时间也列到日程表，让他人以为你需要赶火车。

确保出席会议

如同你不能推掉老板的会议一样，不要推掉自己召开的会议，也不要让别人安排会议。

自由工作

现在你已经达到良好状态并且将最好的自己投入工作中。下一步就是思考如何给予团队归属感和认同感，让他们认识到自己的重要性并全身心投入工作中。如果你已经与每名下属都建立起了信任关系，那么你就可以带领团队完成目标，但是只有当人们在工作中感到自由的时候，真正的信任才会产生。如何建立起这类关系，让员工自由工作呢？首要原则是充分授权。如果你来自谷歌，这些权力已经下放了。如果你来自其他公司，你需要主动放弃一些权力，这需要很强的自制力。渴望控制和权力很正常，但这些都是虚幻的，无法为你带来结果。良好的关系更加富有成效，也更令人满足。

这里有一个基本前提：当团队中的所有人能够将自己心理、情感和身体的最佳状态投入工作中时，他们就能够完成更多的工作，并且工作得越来越好，团队也能取得更大的成绩。你无法在脱离员工的情况下，仅仅依靠自己的权力、权威或者控制就实现这些。推特和美国移动支付 Square 公司的 CEO 杰克 · 多尔西曾经解释过，为什么他向公司全体员工发邮件时从来都是就事论事："如果必须要用名字或是职权来使他人认同某一个观点，那这个观点没有任何价值（甚至你自己都可能不认同这个观点）。如果你相信某件事是对的，就想办法去证明它。权威来源于事物的本身价值，而不是其他。"

如果你能够与员工建立起信任关系，让他们感受到自由，他们就更有可能展示最好的自己。但是，你要做的不是直接去"激发他们的潜力"，而是要为他们自己激发潜力创造条件。

就像在第 1 章所探讨的，没有比权威和优越感更能损害信任关系的事。你对待别人的方式会决定他们究竟是尽力而为、得过且过还是暗中破坏。当你把他人看得无足轻重时，你得到的会很有限，并且为自己埋下了一颗定时炸弹。我永远无法忘记在商学院时，自己曾经为一个炼钢厂做的咨询项目。当时我设计了一个自以为很聪明的薪酬体系，这一体系对待员工就像对待"自动投币售货机"一样。后来工厂的领班对我说："这样的体系投入运营后，不会写自己名字的工人都会努力学习微积分以找到系统漏洞。"我意识到他是正确的。

当然，比专横更糟糕的是混乱，这就像霍布斯在《利维坦》（*Leviathan*）中所描述的，"肮脏，野蛮和短暂"。在无序状态下，恶霸会使狭隘的自身利益最大化并逃脱惩罚，公共福祉也会受到损害。俄罗斯有一则讲述独裁者和军阀的趣闻，对这句话进行了很好的诠释。一位军阀参观了独裁者的家，独裁者向他展示了自己窗外的美丽风景。"看到这条路了吗？"独裁者捶了捶他的胸口说，“百分之十都属于我。”独裁者去军阀家参观的时候，军阀为他展示了更为壮观的风景。“看到这条路了吗？”军阀捶了捶独裁者的胸口说，“百分之百都是我的，哈哈哈！”军阀在无政府状态下的权力甚至比极权体制下的独裁者更不受制约。

肖纳·布朗（Shona Brown）是《边缘竞争：结构性混乱的策略》（*Competing on the Edge: Strategy as Structured Chaos*）一书的作者。在加入谷歌行政管理团队并负责经营活动前，她想避免“独裁者”或是“军阀”的产生。她牢记这一点，仔细构建了招聘流程、晋升流程和绩效评价流程，所有流程都不是用来控制员工的，而是用来取代单边权力的，因为这种权力很容易被权宜之计或是狭隘的自我利益操纵。因此，这个制度的设计需要整个团队的投入。通过迫使管理者下放职权，谷歌鼓励他们与直接下属建立良好关系并确保所有人都能够自由工作，这显著地改善了谷歌的决策制定过程。

谷歌对不受抑制的管理权威的不信任，几乎在所有流程中都有所体现。管理者不能简单地雇用员工，候选人必须经历一套非常严格的面试流程，之后他的“面试数据包”会一直被送达到拉里·佩奇那里，由他来决定是否雇用这个人。晋升也不由管理者决定，而是由委员会来决定。绩效评级会受到员工全方位评价的影响，而不是只依赖管理者的主观意见，接下来评价标准会在团队间得到校正，以确保同一标准在不同团队间得到公平实施。这使得厚此薄彼变得十分困难，诸如此类。

不论谷歌的极端方法对你的公司是否有效，你都会发现，只要简单地减少员工被他人支配的机会，你就能够给予员工公平感和自治感。老板不能变得太过官僚。当拥有太大权力时，领导做事情不可避免地会损害信任、毁坏关系，使下属想要逃离他们的工作，就像想要越狱一样。有时哪怕是一点权力，也足以让员工表现不好。回想一下你上次去机动车驾驶管理处的经历，你就能明白为什么建立关系、让人们感到自由的首要原则，就是放下权力。

再重申一遍，我不是鼓励你辞职或是建立无序状态，我也不是说简单地放任你的下属，或是让他们随心所欲。你有自己的职责，你必须指导团队达成目标。为了做到这一点，你需要打破僵局并制定艰难的决策——通常是不受欢迎的决策。这也是为什么建立信任关系并让员工感到自由非常重要。

我建议你找一些职位，然后让自己放弃传统的控制方式，由此向下属传递一个信号：你希望他们的自主性更大。在接下来的三个章节中，你所阅读到的大部分建议都集中于鼓励你放弃权力，专注于建立以信任为基础的关系。

掌握在工作中交往的艺术

一些公司花了很大力气让员工集体走出办公室，或是组织欢乐时光，或是组织假日聚会，或是组织其他外出活动。如果团队成员需要休息放松的话，举办这些活动可能会奏效。但最好记住，大多数情况下，你需要通过每天的工作来了解员工，而不是通过活动。

在没有设定工作截止期限等压力的情况下，在更为放松的场合投入时间是建立信任关系的好办法，这种方法不一定要花很多钱。你可以和他们一起散步或是去野餐，组织家庭间的聚会活动。这些方式甚至比谷歌“带孩子来工作”这一奢侈的嘉年华更有纪念意义。在那天，谷歌工程部的高级副总裁艾伦·尤斯塔斯（Alan Eustace）会穿上一套粉色的兔子服。邀请你的团队成员和他们的家人，或是其他一些重要或不重要的人来你家共进晚餐，这也是敞开心扉、展现关心的好方法。

有时候如果这些活动是由管理层组织的，他们会感到这是被强迫或是义务的，这会间接地损害自由和自治的文化。每天的大部分时间里你都和同事以及下属一起度过，因此你一定要利用那些时间来建立信任关系。就绝大多数情况而言，你最好将下班后的时间用来关心自己，而不要用在和同事的交往上。

当在团队中组织社交活动的时候，请你牢记这两条警告：非强制性的活动也会让人感到被强迫；酒宴会将你置于危险境地。

非强制性的活动也会让人感到被强迫

有趣的活动可能是了解团队成员以及帮助他们了解彼此的好方法。但要记住，如果是你组织这个活动，社交压力会让一些人陷入他们想要避免的情形之中。我永远不会忘记自己与玛丽莎·梅耶尔（Marissa Mayer）的一次谈话。那时她的老板组织了一次观鲸之旅来促进团队融合。玛丽莎晕船，她知道如果自己参加这个活动，最后一定会在船上吐得一塌糊涂。但她的老板向她施压，告诉她作为团队的重要成员，她无论如何都应该参与这次活动。我想说的是，你不需要通过这种方式来证明自己是一个良好的团队成员。

当为了团队建设和士气提升所做出的努力实际上让事情变得更糟时，避免这些颇具讽刺意义的时刻会变得十分重要。我曾和一名领导者一起工作，他的团队一周工作 80 个小时。当他们外出活动时，工作、生活如何平衡的问题被列入日程，活动时间定在晚上 9 点，大家一起玩卡丁车。事实上，所有人都宁愿跳过这个环节，但是他们又认为必须要做一些“有趣”的事情来让团队“团结在一起”。我的建议是，有时候你能给予团队的最好礼物就是让他们回家。

酒宴会将你置于危险境地

一两次喝酒的宴会可能是社交润滑剂，但喝多了就可能事与愿违，使事情变糟。下面是一些我亲眼见到或是掌握的第一手案例，这些都是工作中大量饮酒导致的噩梦般的经历。

在一次宴请客户的晚宴上，有一位女士吐了自己一盘子。有位男士一拳挥向了警察，整个晚上都在监狱中度过。有个办公室的沙发不得不被移走，因为明显有人在上面发生了性关系。另一个办公室的沙发则被毁坏了，因为有人吐在了上面。一位女士喝得太多，在办公室晕倒了，保安部门在凌晨三点给她老板的老板打了电话。有人遭受了情感上的痛苦，婚姻遭到破坏，这些都是酒后乱性引发的，还有强奸指控，自杀未遂，等等。不用说，这些都不是建立关系的有效方式。

尊重边界

建立绝对坦率的关系一方面要求你尊重他人的边界，另一方面你需要鼓励他们全身心工作，在这之间你需要小心行事。这些界限没有“合适的”位置，也没有推动它们更开阔的方式。你需要与每名员工有针对性地商讨界限。在尊重这些界限的同时，为了建立职业生涯中的最佳关系，你也要不断地了解与你一起工作的人。以下是我认为如何小心行事的有效建议，希望会对你在与团队进行沟通方面有所帮助。

建立信任

在任何关系中，建立信任都需要时间，因为信任的建立需要持之以恒真诚行事。在较短时间内设想建立起牢固信任关系是一个严重的错误（比如，你刚刚认识一个人就打听他的私人问题）。同时，你也需要找到合适的切入点。如果你从来不过问一个人的生活，那么你很难在“个体关怀”的坐标轴上移动。你能为建立信任做得最重要的事大概就是定期为每一位直接下属投入一点时间，比如一对一沟通。在这种沟通中，由下属制定议程，然后你来提问，这是建立信任的良好方式（关于一对一谈话的讨论参见第 8 章）。记住，征求批评建议和反馈的方式对建立长期信任大有益处（关于如何征求即时指导意见参见第 6 章）。举办年度“职业生涯谈话”也是与下属强化关系的有效方法（见第 7 章）。

分享价值观

在我和团队一起开发苹果管理课程时，很多人强烈主张在课程开始时，让管理者写下他们的“个人价值观”并与大家分享。他们的初衷没问题。价值观可以让你保持自我，但我会特别小心这类测验。第一，了解一个人的价值观是长期的工作，通过 45 分钟的测验去了解未免太廉价了。第二，尽管有些人认为清晰地表明自己的价值观是有意义的，但也有一些人并不这么认为。第三，也是最为重要的一点，许多人认为个人价值观是极为隐私的，不愿与同事分享。还有人会将这种测验看作一种引诱，他们谈论自己价值观的方式会着重强调那些与实际工作能力无关的差异。因此，要求人们公开谈论自己的价值观可能会造成关系的疏远，而不会帮助人们发现共同的特质。

既然我提倡“全身心投入工作”（将自己的全部能力、情感以及身体投入工作后所感受到的自由），为什么我还会反对让人们写下他们的价值观呢？我班里的一名学生曾简要地解释了原因。他是来自美国中西部的一名同性恋，他很确定如果自己在之前的工作中出柜，就会遭到很多同事的排斥。因此，在那家公司进行价值观测验可能会让他撒谎。

你真正需要做的，是使行为与价值观保持一致，并展示出你如何运用你的价值观管理团队，不要只是在纸上写下类似“努力”、“诚实”以及“创新”的话。要践行你的价值观，而不是像电视剧《办公室》(*The Office*)里的人力资源测试一样把它们一一列出来。

展现包容

绝对坦率最核心的准则就是包容。在工作中，你不需要通过分享个人价值观来建立良好关系；试图说服别人你的价值观是“对的”而他的是“错的”，是一件糟糕的事。但是当别人向你分享时，你必须要尊重。

你也许会认为我工作所在的旧金山或者纽约是个很自由的地方，人们乐于接受差异。但是在旧金山，我有许多同事抱怨他们不得不隐藏自己保守的政治立场以免受到排斥。当有人发表评论时，人们理所当然地认为所有保守党都愚不可及或唯利是图，这时我的那些同事不得不保持缄默。想象一下，无论是同性恋者被迫面对反同性恋，还是保守党人士被迫面对反保守党，结果都是一样的：他们的某个观点被否定了，他们不禁会感到自己受到孤立，在工作中也不自由。

这就是为什么提醒大家注意这一点：建立绝对坦率关系中最重要的一部分就是敞开自己，与拥有不同世界观或是以你所不理解的方式生活的人，甚至与你的核心信仰相冲突的人联系。即使有人在堕胎、枪支管制或是宗教信仰方面不同意你的观点，你也可以对他进行真诚的关怀。在建立关系前坚持让所有人都持有相同的世界观，这是在工作中建立虚假关系并让组织走向平庸的最快途径。绝对坦率的关系始于每个人都应该做到的基本尊重和礼貌，而不是相同的世界观。再重申一遍，工作是团队中所有人真正连接的纽带，强化这条纽带最富有成效的方法就是学习如何以团队中每个人都能受益的方式一起工作。

迪克·科斯特罗为思考如何使推特拥有更为包容和开放的环境投入了大量时间和精力。当他利用内隐联结测验（IAT）来测量无意识偏见时，分数显示他根本没有无意识偏见。根据内隐联结测验来看，他的性别偏见比我还要少，我一直认为自己是真正的女性冠军。

关于迪克和多样性，我最喜欢的一个故事是他努力在自己的词典中消除“你们这些家伙”（you guys）这个语句。我给他讲述了我家孩子的故事。我有一对双胞胎，一个男孩和一个女孩。当时他们正在读幼儿园，他们的老师一直在思考：为什么男孩比女孩举手要更加频繁。接下来我参与了一堂课，听到了这样的问题：“好，你们这些家伙，谁知道四加一等于几？”难怪女孩不愿举手！孩子只知道语句的字面意思，女孩不是伙计（guy）。我告诉了迪克这个故事，并且坦白自己有点咬文嚼字，当听到有人说出这种混合语句比如“伙计们”或是“你们这些伙计”时，我就会生气。当我对“你们这些伙计”进行抨击时，大多数人只是用复杂的眼神看着我，但是迪克拍了一下他的脑门。“当然！没有什么比被忽视更糟了。我不敢相信自己居然从来没有注意到这一点！没有什么比语言的轻视更能让他们感到自己被排斥了。”

“是的，就像《隐形人》（*Invisible Man*）一样。”我说。我和迪克最近正在探讨拉尔夫·埃里森（Ralph Ellison）的一篇关于非洲裔美国人的小说，小说中的主人公的黑皮肤让他成为隐形人。

“没错！好，你说服了我，我以后要开始说‘你们所有人了’！”

改变自己的口头禅并不容易，但是迪克为此投入了大量的时间和精力训练自己用“你们所有人”代替“你们这些家伙”。

身体空间

触摸同事是一个好主意吗？很多人会说除了非常专业的握手之外，工作中任何形式的肢体接触都是不合适或是危险的。我认为这样的说法有点以偏概全。当一个同事的配偶在交通事故中去世或者一个员工宣布订婚时，专业的握手没有任何作用，一个真正的拥抱也许是展现个体关怀最有效的方式。

斯泰西·布朗–菲尔波特（Stacy Brown-Philpot）是TaskRabbit公司（一家运用竞价模式网站，允许用户雇用需要额外收入的人做临时工作）的CEO，她从受到许多人爱戴的硅谷教练比尔·坎贝尔（Bill Campbell）那里学到了许多关于拥抱以及应用身体空间的知识。斯泰西第一次与比尔见面是在一次演讲后，比尔过去告诉斯泰西，如果她讲话时不在脸前挥手，她就会让人觉得更值得信任。斯泰西说这是她得到的最有用的演讲建议。

“一个之前从未见过的人直接来批评你，你会感到有点生气吗？”我问她。

斯泰西想了一会儿说：“不，不会的。因为在和我说话之前，他给了我一个大大的拥抱并且在脸颊上给了我一个吻。所以我知道他一定是怀抱善意而来的。很明显他很关心我，只是想说一些能够帮助我的话。”

“一个陌生人拥抱并且亲吻你，你会感到不自在吗？”

“不会，他做这件事看起来十分自然。我希望有更多人能够这样拥抱我。”

我丈夫在比尔儿子所在的少年棒球联合会执教，有一次他告诉我：“比尔的儿子拥抱了所有教练、家长和孩子。他拥抱了所有人！应该有更多的人这样做。”

就像斯泰西和我丈夫一样，我希望更多的人能够这样给予他人拥抱。不是简单的单臂环绕的拥抱，而是格雷琴·鲁宾（Gretchen Rubin）在《幸福计划》（*The Happiness Project*）中描写的6秒钟的拥抱。格雷琴对所有事情进行了研究，解释了为什么长时间的拥抱比短时间的拥抱效果更好。

> 一个有趣的事实是：保持至少6秒的拥抱能够最有效地优化化学物质催产素和血清素的流动（它们能够改善情绪并增进关系）。

当然，拥抱和触碰也可能会出问题。在我的职业生涯早期，有一个老板因为我对某事感到不安给了我一个大大的拥抱，但随后他开始以挑逗的方式以及我不喜欢的方式抚摸我，我对此感到不安。之前我一直把他当作导师，但是这之后我只能把他当作小人。如果拥抱与性有关，或拥抱是轻视的或多余的，那么这就是恶意侵犯。如果你所给予的只有拥抱并且从来没有挑战过别人，那么你的拥抱也许就是过分同情。相反，如果其他人不想被拥抱，那么你也不要沮丧。如果你对拥抱感到不适，也是可以的。当拉斯·拉拉维看到这一页时，他立即告诉我不要拥抱他。

为了用拥抱展现“个体关怀”，你必须遵守“白金法则”。“黄金法则”是己所不欲勿施于人。“白金法则”是发现让别人感到舒适的事情，然后这样去做。如果团队中大多数人对拥抱感到舒服，但是有几个人不喜欢拥抱，你就需要找到有效的方式让他们感到不受排斥。此时，语言沟通是最好的方式。

但是如果你可以做到比尔·坎贝尔对斯泰西所做的事情，给别人一个拥抱，让他们能够用开放的思想和包容的心态去学习新事物或者以某种方式成长，那么你就会为这个世界留下一点幸福。

自信一点，勇敢地去尝试吧。推动自己离开舒适圈是件好事，但让他人不舒服就不太好了，所以对想得到拥抱的人勇敢尝试吧！

识别自己的情绪

“在我感受到你开门走进来时的心情后，我就知道自己会度过怎样的一天。”我们一起在谷歌工作时，一天早晨拉里对我说了这样的话。我为此感到十分羞愧，这是十分少见的。我认为自己已经调整得够好了，即使在困难时期，我也能做到喜怒不形于色。拉里看出了我的不安，但他没有收回他的判断，而是给了我一些建议：“你尝试不把气出在我们身上，但我们还是会注意你的心情，员工也都会注意到自己老板的心情。我们必须注意控制自己的情绪，这是一种适应能力。”

有时团队度过糟糕的一天，仅仅是由于老板心情不佳，应该怎样做来避免这种情况呢？全身心投入工作至关重要，这能够缓解一些消极影响。克制这些情绪通常是没有用的。在亲密工作的人面前，你无法成功隐藏自己的感觉。你不希望自己糟糕的一天在团队中重演，你也无法掩盖自己状态不佳。你所能做的最好的事情就是承认自己的感觉，坦白生活中发生的事情，这样其他人就不会认为是自己影响到了你的心情。

我经常试着说出类似这样的话：“嗨，我今天过得很差劲，我在努力让自己消气，但可能控制不住，这不是由于你或者你的工作，而是因为我今天和朋友大吵了一架（或其他原因）。”

如果在生活中，你的情绪确实非常糟糕，那么在家歇一天吧。你不希望这种情绪扩散，就像你不希望讨厌的病毒在办公室传播一样，情绪就像病毒一样会传染。心理健康日不应该形同虚设。

控制自己对待别人情绪的反应

很多人变为老板后会越过危险的情绪边界。他们试图管理别人的情绪，这是严重的越界行为。所有人，包括你的下属，都会为自己的情绪负责。想象自己可以控制或者操控别人的情绪反应很容易导致虚情假意。为了建立绝对坦率的关系，请你不要试着去预防、控制或者管理人们的情绪。当情绪高涨时，你要承认这种情绪并做出同情的反应。同时，你要控制自己对待别人情绪的反应。

你已经知道如何共情地对情绪做出反应。在私人生活中，你一直在做这件事。然而，在工作中我们总是会忘记这些基本原则。下面我会告诉你如何共情地做出反应：在其他关系中这可能是本能反应，但在工作中你也许不会这么做。

承认情绪。情绪反应能够提供重要线索，帮助你更好地理解团队中的成员正在经历的事情。它们可以很快让你找到问题症结。所以当面对情绪爆发或者一片沉寂时，你不要假装什么都没有发生，也不要试图说这样的话来缓解他们的情绪，“这不是针对你的”或者“让我们职业一点”。相反，要说出这样的话，“我明白你在生气 / 沮丧 / 开心”。

提出问题。当某些人对工作感到沮丧、生气或是不安时，他们会做出情绪化的反应。此时，你要不断提出问题，直到你明白真正的问题出在哪里。但是你不要过分引导对话，只要耐心倾听，事情就会变得明朗。

在对待别人困难的情绪时，表现愧疚并不能让他们好受一些。我所管理以及指导的人在给予引导时总会把别人弄哭。在这之后，他们经常来找我讨论。“我应该怎么做才能让对方不难受呢？”他们问。其实他们也许已经完美地处理了局面，有人哭泣或者大声喊叫，这不意味着你做错了，而意味着他们的不安。如果你对于他们的不安感到愧疚，你更有可能采取防卫反应而不是表现共情。人们为工作投入了大量时间，通常情况下他们会很关心自己的工作。当出现问题时，他们当然会感到不安。如果有人感到不安，不一定是你的过错。他们的不安也许跟你没有任何关系。记住，把注意力放在他们身上，而不是自己身上。

告诉人们怎样做往往会导致事与愿违。以下是一些你可能会说出的适得其反的话："别伤心""别生气""无意冒犯，但是"。如果你试图使用这样的短语，想一想密特·劳弗（Meat loaf）的歌："我想要你，我需要你，我总有办法会爱上你，现在别伤心。"这只会让人更加伤心！如果你是一个无法忍受情绪的人，不要把负担压在别人身上，不要阻止他们哭泣、喊叫或者采取防卫措施。如果你告诉别人他们不能有某种特定的情绪反应，他们不可避免地会做出那样的反应；你的禁令很可能会引起你最害怕的某种情绪。这就像托尔斯泰的哥哥告诉他的，只有停止想象白色的熊，它才能离开房间的角落，结果那只白色的熊在托尔斯泰的大脑中盘旋了好几个小时。我曾有过一个老板，他告诉我不要在他面前落泪，结果我与他见面时一直在哭，这对我们两个来说都很糟糕。

你如果真的不能处理情绪爆发，就原谅自己吧。如果你真的无法忍受坐在那里看着别人哭泣或叫喊，那么你不用非要做些什么。如果有人开始拥有你无法处理的情绪反应，你说出这样的话是可以被接受的："我对你的不安表示歉意，我要离开一会儿，给你取一杯水，我很快就会回来。"然后当你回去时，你可以说："我想换个话题，我们一会儿再讨论这个，我保证一定会重新探讨这个问题，因为我明白这很重要，但是我现在有些困难。"

让面巾纸距离办公桌稍微远一点。过去，为了防止员工哭泣，我会在办公桌上放一盒面巾纸。后来，与我共同工作的一个人形成了习惯，每周五下午他都要来我的办公室哭。这让每周的结束都很难受。我向一个非常害怕见到眼泪的同事寻求建议。他告诉我在刚要流泪的时候提供纸巾会导致泪如泉涌。如果看到有人抽泣，他就会找借口离开办公室，去拿一盒纸巾。这个微小的停顿通常足以让哭泣的人重回冷静。在接下来的周五我尝试了这个方法，确实奏效！

在办公桌上放几瓶密封的瓶装水。我从人力资源商业伙伴那里听到的另一个好建议就是在手边放几瓶未开封的瓶装水。如果你发现有人感到不安，你就递给他们一瓶水。通常情况下，拧开瓶盖喝一口水这个简单的停顿足以帮助这个人重回平静。你如果正在哭，也可以打开这瓶水！

走动起来，不要坐着。在开始一个艰难的对话时，你要试着走起来而不是坐着说话。当你走来走去时，情绪会更少地展现，也不太可能以破坏性的方式进行互动。同时，你的步伐和目光都在同一个方向，这比坐在桌子后面盯着彼此要协调得多。

与直接下属建立关系需要时间和精力。有时候，特别是事情进展不顺利的时候，建立关系将会非常耗费你的精力。记住，专注工作会帮助你渡过难关。如果你能够战胜这些挑战，你也许会像我一样，发现良好关系带给工作的意义远比共同实现目标带来的意义多。

6
指导

得到 / 给予 / 鼓励赞美 & 批评的理念

第 2 章中，我描述了绝对坦率的关系会如何建立信任，以帮助你更好地指导他人；反过来，更好的指导也会巩固绝对坦率的关系。指导是管理的核心要义，但它让大多数人感到极为不舒服。接下来是一些特定的工具和技巧，它们能够让你更轻松地在团队中营造指导的文化。

指导 =	赞美	批评
得到		
给予		
鼓励		

表 6–1　指导平衡表

为了营造绝对坦率的指导文化，你需要得到、给予并鼓励赞美及批评。右面我设计的这个表格能够帮助你保持平衡。

寻求即时指导

接受不舒适

旁观拉里·佩奇与马特·卡茨的争论（即我在序言中所描述的）时，我明白了营造指导文化的关键所在。在对马特的提议提出批评之前，拉里以鼓励性的微笑激励马特带着热情去挑战他。拉里从来不会说，“不要情绪化”。马特的批评越激烈，拉里的笑容就越灿烂。怎样才能营造以此为常态的环境呢？我们需要做些什么才能从团队中获得批评呢？

指导 =	赞美	批评
得到	✔	✔
给予		
鼓励		

表 6–2　得到赞美与批评

这并非易事，因为在你成为老板后，人们确实不想批评你或者告诉你真实想法。伴随老板这个职位而来的更多是传统假设，但这些假设可能跟你本人没有任何关系。这个角色经常会改变人们对你的印象，这会让你感到困惑。比如，我有 5 英尺[1]高，有一头金发，说话一口南方口音，我一直都在为打破“金发花瓶”的偏见而抗争。在刚成为管理者时，有人对我说，我会让人感到紧张，我还以为她

① 1 英尺 = 0.304 8 米。——编者注

在开玩笑。后来，我无意中听到其他人在说我是个高个子，对此我感到很委屈，因为团队中有个人比我高 17 英寸[①]。

即使你是一个好人，或者你每天与员工一起吃午饭，也千万不要认为在当老板时，人们会以平常心看待你，或是认为他们会主动信任你。看一看对老板丰富多彩的定义吧，比如城市词典中的定义，"老板就像是尿布：盖住你的屁股，上面全是脏东西""老板：傲慢的浑蛋经常使用的虚伪称呼形式，尽管表面谦恭，实际对你根本不屑一顾"。从某种程度上来说，从成为老板的那一刻起，你就要与先入为主的观念做抗争。然而，伴随着这个角色而来的权力实际上也很可能让你展现出本性中最糟糕的部分，所以这也许不只是一种偏见！

这就是为什么当你成为老板时，赢得团队信任如此重要。你也许会担心他们不尊重你，这很正常，但遗憾的是，过于注重尊重也许会事与愿违，因为这会让你在面对批评时摆出多余的防备姿态。从另一方面来说，如果你能够倾听批评并对此做出良好的反应，那么信任和尊重就会随之而来。

以下是我认为能够使对话顺利进行的一些建议或技巧。

可以不遵循"私下批评"这个经验法则。米歇尔·佩卢索（Michelle Peluso）是吉尔特集团的 CEO，她阐述了公开批评自己的好处。在接受《纽约时报》（*The New York Times*）采访时，她说道："在对管理团队进行全方位评价时，我会采取一种特殊方式，

① 1 英寸 =0.025 4 米。——编者注

即让管理团队彼此分享评价。这件事会由我开始，实在地讲‘哪些地方我做得还不错，哪些地方我做得不太好’。我甚至还会告诉整个公司，‘这是我需要大家帮助的地方’。这会让别人做相同的事时感觉更加安全，并且有利于建立信任。”

了解团队中哪些人敢于批评我之后，我就会让他们在全体员工面前批评我。最初，他们都不愿做这件事，提出：“是不是‘私下批评更好’？”但记住，在你成为老板后，这个规则不再适用于你。当鼓励人们对你进行公开批评时，你就会得到机会，表明自己正在真心诚意地向团队寻求批评。同时，你也会为团队树立榜样：每个人都应该乐于接受批评，这有助于更好地完成工作。团队越大，公开批评的杠杆效应就越明显。

同样，团队越大，就越难从日程表中找出私人时间。如果有超过 60 个人为你工作，那么你可能永远都没有时间去倾听每个人的意见。公开批评的另一个好处是：帮你节省时间，不需要一遍又一遍地倾听重复性意见。

不计其数的管理者害怕公开挑战会削弱他们的权威。压制异议的想法很正常，但是对公开批评的良好反应能够建立信誉，让你成为强有力的领导者，也会帮助你营造指导文化。

善于提问。成为老板后，直接问下属对你的意见会有点难为情，下属甚至可能比你还尴尬。为了避免这个问题，我采取了《清醒的企业》（*Conscious Business*）作者弗雷德·科夫曼（Fred Kofman）以及我在谷歌的教练所建议的方法——善于提问：“有没有我需要做或不需要做的事，能让你们感到和我一起工作更加简单？”如果你无法轻易说出这句话，那么找到能够表达同样意思的话也可以。当然，你并非真要找到这样的答案，这句开场白只是为了推动对话展开而已。

接受不舒适。大多数人对你所提问题的第一反应会是“一切都很好，谢谢您的关心”，然后希望马上结束这段对话。他们不知道你接下来的问题，所以会非常警惕。这样的不安会让你感到不适，然后你为了让他们安心，会点头说道：“这么说我很高兴。”千万不要这样做。要让自己提前预备好这种情况，然后将对话进行下去，直到你得到真诚的回应。

一个小技巧是在提问之后你从 1 数到 6，并强迫他们忍受这种安静。你的目的不是成为恶霸，而是坚持坦率的讨论。这种方法会让人有这样的感觉：不说话比说出自己的想法更难以忍受。如果他们无法立刻说出想法，你可以再安排一场会议。如果从 1 数到 6 也无法达到目的，你就再问一遍，有必要的话再问第三遍。一个负责脸书股票首次公开发行（IPO）的银行家告诉我，有一次在和潜在投资商开完会后，谢丽尔问他：“有什么我可以做得更好的事情吗？”他没有想到任何事情。那次演讲确实非常成功。但谢丽尔没有让他脱身。“我知道会议中一定有什么事情是我可以做得更好的。”他还是想不出什么。这时，他变得紧张了。“你一向善于为别人提出好的建议，”谢丽尔鼓励他，“我知道如果再思考一下的话，你一定能说出一些事情我可以做得更好。”此时，他冒汗了，但谢丽尔仍然不肯让他脱身。她满怀期待地保持微笑，不露声色。最后，他终于想到了一些建议并且告诉了她。“谢谢你！”

谢丽尔高兴地说，“我下次会做得更好！”

另外一种接纳不适的方法是当人们的肢体语言与口头语言不一致时你需要指出这一点。想象一下你正在和一名同事开会，你刚刚与他分享了一个可能不切实际的庞大计划。他回应说，“好主意”，但你发现他此时正躬身坐着并且防御性地抱着双臂。忽略这种非语言性的暗示会让你失去机会。为了不表达恶意，尝试说一些这样的话：“那你为什么这样坐着呢？来吧，告诉我你的真实想法！”

倾听是为了理解，而不是回应。如果你最终找到批评你的人，记住，必须控制态度。无论怎样，你都不要批评他，特别是批评他不够坦率！相反，你要试着复述他的话，确保自己已经理解，不要抗拒听到的建议。倾听并且理解批评意见，但不要争论。试着说“所以我听到你的意思是……”如果你认为我的语言太过程式化，找到另外一种表达方式也可以。

如果你不属于天生就欢迎批评并且把批评视作一种提升机会的人，你当然会有一种强烈的欲望去进行自我防护，或者至少为自己辩解。这是自然反应，但这几乎会毁掉再次得到这个人对你绝对坦率的机会。所以不要为你正常的反应感到难过。控制你的情绪，不要让你的情绪控制你。时刻提醒自己，无论这个批评多么不客观、不公正，你的首要职责是带着理解去倾听，而不是自我防御。

奖励批评以得到更多批评。在提出问题、接纳不适感并理解批评后，你必须证明自己真的欢迎这个批评，以强化这种效果。

如果想要得到更多批评，你就必须奖励这份坦率。如果同意这个批评，你就要尽快做出改变。如果必要的改变需要时间，那就做一些证明你正在改变的举动。比如，联合创始人拉斯有一次对我抱怨，说我打断了他说话。没错，我有打断别人说话的毛病。我曾经尝试不要这样，但我知道只有他一个人提出这一点，无法帮助我根除这个坏习惯。但告诉拉斯我控制不了自己，并非奖励坦率的好方法。于是我说："明白，这的确是个问题，你能帮我控制自己吗？"我从抽屉里翻出一条蓝色的宽橡皮筋，把它戴在手腕上。我告诉拉斯，如果他再发现我打断他，就拉住这条橡皮筋。拉斯认为这很有趣，同意试试看。于是我戴着这条橡皮筋参加了员工会议，现在我把这条橡皮筋看作"紧箍咒"。通过拉住橡皮筋，我让在场所有人都帮我改变这个习惯，其他人也开始学着这样做。后来，我在全体员工大会上也讲了这个事。这个小动作确实帮助我改变了打断别人说话的习惯。同样重要的是，这释放了强烈的信号：我虚心接受批评，正在付诸行动，并且我想听到更多批评。

在某些情况下，你也许会不同意批评。在这种情况下，绝对坦率的技巧变得十分重要。简单认同别人的情感是不够的，这会让人感到虚情假意，也是一种消极应付。正确的做法是，首先找出这个批评中你认同的部分，显示出你乐意接受批评。然后，确认自己是否理解，向批评者重复他的意见，确保你已经理解，然后安排时间进行讨论。记住，向批评者复述批评内容这一点至关重要。接下来的关键在于，你要解释清楚你不同意批评的原因。

如果无法做出改变，那么你就要给予员工详尽、礼貌的解释，这是你能为他们的坦率给予的最好礼物。有时他们会转而接受，有时不会，有时他们会指出你论证中的漏洞，让你重新考虑。不管怎样，告诉他们你不同意的理由，请他们指出你逻辑中的更多漏洞，让他们明白何时停止讨论并开始执行决策，就是对他们坦率的奖励。

评估你得到的指导。试着持续记录以下内容：下属一周会批评你多少次？多长时间会赞美你一次？如果你收到的全都是表扬，没有批评，那就要当心了！这说明你的工作出问题了。为了得到他们的批评，你需要更加努力工作，试着让团队中的人明白绝对坦率的理念。解释你不愿让他们对你过分同情或是虚情假意的原因。让他们知道，你欢迎绝对坦率，但是对于沉默，你会选择恶意侵犯。打印出绝对坦率的框架，当与员工对话时，你发现有人对批评手下留情，那么你就指向绝对坦率并让他们以此为方向。如果你认为记录或者打印绝对坦率的框架太过枯燥，那么你也可以尝试我们构建的测量方式。

橙色箱子

不只要让批评变得安全，还要让它变得自然

强生公司原本有一条十分有意思的理念：“员工应该有提出建议和投诉的正式渠道。”但当这条理念被修订后，它被淡化处理为一条模糊不清且毫无意义的陈述：“员工必须有提出建议和投诉的自由。”如果你是强生的老板，那么你应该解释清楚如何让员工“必须”感觉自由。如果你对建议和投诉没有具体的保障措施，对此也不抱有任何期望，员工就不会感到自由。你必须设计出一个体系，这个体系也不用太复杂。

指导＝	赞美	批评
得到		✔
给予		
鼓励		

表 6–3 用橙色箱子得到批评

迈克尔·迪林（Michael Dearing）曾经在 2002 年重新定义了易贝网（eBay）的产品营销策略，他现在是哈里森金属资本的 CEO，这是一家成功的投资公司。为了能够得到别人的批评，他使用了一个简单但是十分有效的方法：准备一个橙色箱子，箱子上面有一个投放口。他将这个箱子放在人流密集的区域，这样人们就可以把问题或是反馈投到箱子里。在员工大会上，他会从箱子里抽出问题，即兴回答。安·波莱蒂（Ann Poletti）是我的好朋友，她曾经在迈克尔的团队中工作。她说，不论问题有多么平常，迈克尔都“会尊重每一个问题并对其做出非常周详的解答”。

安是这样描述的：“当时业务十分混乱，尤其正处于管理层更替之时，对 200 多人的团队采取问答形式……这一定让他极度疲惫，而且他是个内向的人。我知道他不喜欢做这件事，但他从来不会表现出恼怒或是不耐烦，而是看起来很喜欢这些问题。”当人们指出问题时，迈克尔会着力解决问题而不是迁怒于问题提出者。

由于向团队证明了这一点，他成功营造了一种人们能够直接挑战他的文化。橙色箱子渐渐被移除了，有问题时，人们会站出来直接提问，或是去办公室找他。

管理问题解决周

工程部门经常会做类似大扫除的事，所有人会花一周时间停止研发，专注于消除当前产品存在的故障。工程团队会持续追踪并评估故障，所以在所谓的“解决周”到来时，他们会通过优先顺序表来解决问题。故障修复周与黑客周相反，它不是让人们致力于思考平时没时间想的新理念，而是让人们修复困扰已久的老问题。这就像是彻底清理放满厨具的抽屉一样，三个月前你不小心在抽屉里洒了一点蜂蜜，但是你一直没有时间把刀叉都拿出来，把抽屉从里到外全部洗净。解决周能够以一种与黑客周完全不同的形式完全解决这个问题。

指导 =	赞美	批评
得到		✔
给予		
鼓励		

表 6–4　用解决周的方式得到批评

一次，谷歌的一支团队决定建立固定的管理问题解决周，他们认为这样做会使公司更健康。（后来，另外的团队做了类似的尝试，但是叫作“官僚主义克星周”。）它的工作方式是这样的：先建立一个系统，人们可以在系统中记录令人困扰的管理问题。比如，费用报销如果长时间得不到审批，员工就可以提交管理“故障”。此外，如果绩效评估的时间点十分糟糕，或是员工调查问卷填写时间过长，或是晋升系统看起来不公平，员工就可以提交管理问题。

管理问题追踪系统是公开的，大家可以对优先解决事项进行投票。有人会负责阅读所有建议并将重复事项剔除。管理问题解决周到来时，管理者会为每个人指派任务。他们会取消所有（或大部分）日常活动，专注于解决最让组织头疼的管理问题。

给予即时指导

到目前为止，我们一直在探讨如何让团队成员给予反馈。我将其放在第一位，是因为我想强调这是一条双行道。但事实上，这应该由作为老板的你开始。如果你没有勇气给予绝对坦率的指导，那么下属就不会相信你希望得到绝对坦率的指导。你无法了解团队对你的真实想法，比如他们是否认为你正在偏离正轨。同时，如果你没有以身作则，团队中的人也许就无法相互指导。

指导 =	赞美	批评
得到		
给予	✔	✔
鼓励		

表 6–5 给予赞美与批评

学会谦逊

我之所以从学会谦逊入手，是因为在表达批评和赞美时，这一点非常重要。面对批评时，我们会自然而然地防卫。但如果你谦逊地表达批评，就会减少人们对批评的防备。表达赞美时，保持谦逊同样重要。否则，你就会显得高人一等或是忸怩作态。对于给予反馈，另一个普遍的担忧是“如果我错了怎么办”。事实上，你很有可能会犯错。如果你犯了错，告诉别人你的想法，这能够让他们指出你的错误。给予指导之所以如此有价值，很大程度上是因为这能够消除双方的误解。

以下是一些很有用的小技巧，它们能够让我在给予赞美和批评时保持谦逊。

情境、行为、影响。创新领导力中心是一家教育执行公司，这家公司研发出一种方法，叫作“情境行为影响”。这种方法可以帮助领导者更为精确严谨，因此能够减少人们在给予反馈时所表现出的自大傲慢。给予反馈时，这个简单的技巧会提醒你记住三件事：（1）当时的情境；（2）行为（比如，那个人的做法是好还是坏）；（3）你所观察到的影响。这会帮助你避免对人们的才能、常识、良知或是其他个人特质做出主观评价。如果你没有客观全面地了解情况，你的指导就会高人一等。

举一个日常生活中的简单例子：当有人抢了你的停车位时，不要大喊“你这个浑蛋”，试着这样说：“我已经在这里等了5分钟，但你忽然从前面插队，占下这个停车位。现在我要迟到了。”如果这样说，你就给了这个人道歉的机会，“对不起，我没有意识到这件事，我马上离开”。当然，这个人也许会对你竖中指，然后说“去你的”！这样接下来你就会有正当理由喊道：“你这个浑蛋！”

情境、行为和影响对于赞美和批评同样适用。赞美和批评一样，也会让人感觉高人一等。当有人说，“你是个天才”，这句话会引发一个问题：“你依据什么来判断我的智商？”当有人说，“我为你自豪”，你很自然就会有这样的想法：“什么让你为我感到自豪？”更合理的说法是：“在今天晨会上，我听了你的演讲（情境），你论述的决策多样化方式（行为）十分具有说服力，因为你向所有人展示出你听取了其他人的观点（影响）。”

出于对妄自尊大和高人一等的担忧，有时我会犹豫对别人进行赞美。把握以上三件事会对你有所帮助。

左首栏。哈佛大学商学院教授克里斯·阿吉里斯（Chris Argyris）和哲学与城市规划教授唐纳德·熊恩（Donald Schon）开发了一种名为“左首栏”的训练方法。这个方法也能够帮助领导者避免在指导中掺杂高人一等的草率判断。

左手栏的方法是这样的：回想上一次令人沮丧的对话，然后拿出一张干净的白纸，在中间画一道竖线。在右首栏写下你真正说出的话，在左首栏写下你的想法。现在想一想如果对话反过来会怎样，你所说的话是否表达了你的想法？问题不只在于说出左首栏中的内容，还在于你要带着谦逊的态度质疑自己的想法：“究竟是萨拉真的隐匿了信息，还是她只是忘了告诉我？”“究竟是萨姆不可靠，还是我没有将指令传达得足够清晰？”

“本体的谦逊”。弗雷德·科夫曼呼吁反思自己工作中的核心价值观。他写了一本书，名为《清醒的企业》(*Conscious Business*)，其中有一章叫作“本体的谦逊”，这一章告诉我们不要将客观现实与主观经验弄混。他引用自己女儿的话来解释这件事：“西蓝花很难吃，这就是我不喜欢它的原因。”三岁小孩说出的这句话很有趣，但是如果成人将主观感觉与客观事实弄混，就是傲慢。“他是个傻瓜，这就是他做错事的原因。”你的主观经验并非客观事实，记住这一点能帮助你在挑战别人的同时，使自己也受到挑战。

乐于助人

很明显，帮助别人是展现个体关怀的良好方式，并且“直接挑战”的目的就是给予帮助。

这做起来很难。你工作很忙，也不知道所有事情的答案——如果谦虚地说。但乐于助人并不意味着你无所不知或是一定要帮大家完成工作，它只意味着你要帮助他们弄清楚自己面临的挑战，这是一份能够带给他们进步的礼物。下面是我给出的一些建议和提示。

说明你的意图是乐于助人能够帮助人们卸下防备。告诉别人你并非想要给他们找麻烦，而是真的想帮忙，这样他们会乐于接受你所说的话。试着使用开场白。比如，用自己的话表达这样的意思，“我要描述一个我发现的问题；也许我是错的，如果我说错了，希望你能告诉我；如果我没说错，希望我说的能帮你解决这件事”。

展示细节。这是我学到的关于如何讲好故事的有效建议，但它同样适用于指导。明确告知对方好与坏的标准，标准越清晰，指导就越有帮助。通常你会避免描述细节，认为这太伤人了。你不希望一番话为别人带来痛苦，为自己带来尴尬，但只进行抽象地描述是过分同情的表现。此外，这还会为别人带来下意识的感觉：他们有问题的行为太过糟糕或者令人羞耻，你甚至都不愿提及。因此，这很难让人进步。我曾经不得不说出这样的话，“在会议中你给凯瑟琳传了一张小纸条，上面写着‘看，埃利奥特在挖鼻子，我觉得他是在挖脑子’，而这张纸条不幸被埃利奥特看到了。这不仅引起了他不必要的愤怒，让你和他的合作更为艰难，也直接导致了我们在该项目上的延期”。当时情况很滑稽，你很有可能会说，“你在会议中的做法很幼稚”。但这种说法不够清晰也不够有益。

再次重申，同样的原则也适用于赞美。不要说“她真的很聪明”，而要说“对于用户不喜欢那一样功能的原因，她给予了我迄今最为清晰的解释”。明确描述良好和糟糕的标准，能够帮助一个人做得更好并减少糟糕的表现，然后看看这会带来什么样的变化吧。

寻求他人帮助比自己直接提供帮助更好。当谢丽尔·桑德伯格主动提出为我找演讲教练时，她必须将这笔花销列入预算，但她不需要花费很长时间坐在那里看我练习演讲。找教练虽然会花费她一点时间，但不会太多。

你可能不会像谢丽尔那样在谷歌有一笔教练经费。但通常情况下你有同事和熟人可以求助，你需要做的就是引荐并且帮助下属安排他们交流。

指导是份礼物，它不是鞭子或胡萝卜。我花了很长时间才想明白，有时唯一需要我提供的帮助就是对话本身。即使你无法提供实质帮助、想出解决方法或是介绍可以帮忙的人，但只要你明白指导本身就是一份礼物，也会对对方有所帮助。就算你无法提供解决方法，也不要因此退缩。回想一下你接受过的帮助，把这种精神发扬下去。

立即给予反馈

尽可能快速、不拘小节地进行反馈是绝对坦率的核心要义，但做到这一点并不容易。这其中有两点原因：一是我们的天性就会推迟/避免冲突，二是我们已经足够忙碌。但对立即给予反馈这件事来说，如果你不能及时做出反应，就会造成深远的影响，而最终承担后果的是你。

如果你过了很长时间才给予指导，那么事情会变得更难。如果你过一段时间之后再解决问题，那么就会发生这样的事：你注意到了一个问题并且意识到问题需要解决，但是你没有及时将它记下。当你突然想起时，你就需要坐下来想半天，然后你需要安排会议，并列出一张议程清单，清单上面是你想说却没有说的事情。在会议前，你还需要找时间记住清单上一些自己原本想说但没有被草草记下的随机事项。清单上的事不会与你想说的完全一致，因为你无法清晰地回忆起当时的情形，也无法利用“情境、行为、影响”的模型，最终这样的会议会让你的同事感到迷惑和沮丧。你到底想要批评什么？推迟批评只会让人感到气馁、精疲力竭。直接说出来会更有效率，也会减轻你的负担。

当然，有时你应该等一等再去赞美或者批评别人。通常情况下，如果你或者要接受反馈的人正处于饥饿、生气、疲倦或是由于其他原因状态不佳时，那么你最好等一等。然而，这些情况是例外，有太多时候我们把例外当作借口，并因此没有做我们知道自己应该做的事。当然，如果真是鸡毛蒜皮的事，你就不要马上说出来，甚至不说都可以。

用 2~3 分钟的时间说出来。你要尽快把自己想要表达的东西说出来，能用一两分钟说清楚最好，最多三分钟。这会比之后安排会议节省很多时间，也会避免让你被这件事困扰太久，或是在空闲时间忧心忡忡。在教授绝对坦率这门课时，我最常被人们问的问题就是："我应该怎样安排时间呢？"起初，我认为这是因为他们不相信指导的重要性。但与他们交流过后，我发现大家实际上不相信指导可以是快速进行的。他们认为自己应该安排一个小时的会议对员工进行指导才是正确的，在他们看来给予良好的指导需要每周召开几个小时的会议，因此他们眼中的指导就像是牙齿根管治疗。不要这样想，试着把指导想象成日常刷牙吧。不要将其写进你的日程表，你只需要一如既往地坚持，也许你会发现自己根本就不需要牙齿根管治疗。

所以让我再重申一遍：你可以在会议期间挤出三分钟甚至更短的时间来对员工进行即时指导。如果在会议期间你能立即给予指导，那么这不仅能让你从随后的会议中脱身，而且能让你在更短的时间内给予员工指导，且不用再另行安排会议。这样一来，指导也会更有质量。我在生活中得到的最好的指导都发生在忙碌状态下的快速对话中，比如我与谢丽尔的交流。如果你有 5 位直接下属，如果你每周想给予团队中每个人三次批评和一次赞美，那么你对员工的指导就比大部分管理者做得好。这些指导每周最多只会占用你一个小时的时间，而这一个小时本来只是你在每个会场间转场所需的时间。但这样做确实需要你耗费精力并自觉进行。

在日程表中留出宽裕时间，否则宁愿在接下来的会议中迟到。优先考虑某件事通常意味着你要在日程表中为其留出时间。但是如何为“突发”事件留出时间呢？显然不能。最好的办法是立即找那个人谈话。为了保证这种情况顺利发生，你必须做到以下两点中的一点：第一，在日程表中留出宽裕时间，不要安排背靠背的会议，或是举办 25~50 分钟、30~60 分钟这种有停顿的会议；第二，很简单，愿意在接下来的会议中迟到。

不要等到一对一会面或者绩效评价时再对员工进行指导。很多人在成为老板之后忘记了如何与人相处，这是作为老板最有趣的地方之一。在生活中，如果你与别人产生了矛盾，那么你一定不会等到正式会面时再告诉他们。然而，官僚化的管理让我们摒弃了日常沟通的有效策略。不要让正式流程（一对一会面、年度或半年度绩效评价、员工幸福感调查）取代有效沟通。它们的存在是为了强化日常事务，而非替代日常事务。你永远不会让一年几次的洗牙替代日常刷牙，对不对？所以，不要让绩效评价阻碍即时反馈。

指导有短暂的半衰期。如果你要等待一个星期或者一个季度后才对他们进行指导，那么时间就过于久远了，他们无法解决问题或是无法在已经解决问题的基础上再接再厉。

未说出口的批评会像核弹一样爆炸。就像在生活中一样，如果你对于工作中愤怒或沮丧的事情保持长时间沉默，那么最终你很有可能会以一种不理智或是伤害与他人关系的方式爆发，或是两种方式合二为一，不要让这种情况发生。除非你感觉自己怒气冲天，否则请你立刻把想法说出来！

避免黑洞。一定要让别人知道他们的工作效果。如果你让某人帮你准备会议或者报告，但这个人并没有到场参与，那么你一定要让他知道大家对于他工作的反应。如果你没有这样做，承担工作的人就会感觉自己的努力好像掉进了黑洞。对他人做出的贡献给予反馈是至关重要的。当然，如果可能的话，最好让人们亲自演示他们的工作，这样他们就能够得到直接反馈。对我的下属来说，即使在等级制度不那么森严的谷歌，我老板的赞美也会比我的指导重要得多。

当面指导（如果可能的话）

记住，指导是否清晰明确要由听众来判断，而非表达者。因此，你最好当面给予指导。如果看不到对方的反应，你就无法真正了解对方是否理解你的话。如果你不知道自己表达的对下属来说是否清晰，那么你的话就和没说一样。同时，大部分交流是非语言的。当看到一个人的肢体语言和面部表情时，你就会调整表达信息的方式，以更好地吸引他们。通过注视别人的眼睛、观察他们是否手足无措或是环抱手臂等，你就能更简单地判断别人是否清晰地理解自己的意图。

人们不愿亲自给予指导的常见原因是，他们大都害怕见到别人的情感反应，这很正常。但是如果你能在场，指导就会更有质量。如果某人表现出不安，这就会给你展示同情的机会，让你进入绝对坦率框架中“个体关怀”的维度。他人的情绪反应能帮助你更好地了解自己所表达的信息是如何被接受的，这能让你及时做出调整。当有人表现出不在乎时（就像谢丽尔第一次告诉我“呃”太多时，我对她所做的），你就明白自己需要在绝对坦率框架中“直接挑战”的维度上更进一步。当他们表现出不安或是愤怒时，你就需要展示自己的个体关怀，不要让情绪击败直接挑战的良好意图。

遗憾的是，你也许无法每次都亲自给予指导。当这种情况发生时，请你牢记以下建议。

立即行动 VS. 当面指导。如果这个人在其他城市，你亲自给予指导需要的等待时间远远不止几天，那么立即行动是更好的选择，除非你将要表达的事情很重要（千万不要通过短信解雇别人）。如果那个人就在大厅的另一侧，当面指导只需要走几步路，那么就挪动一下屁股吧！

方式层级。如果你有高速网络，那么视频通话是第二选择。如果网络连接时好时坏，那么请你将电脑静音，把手机作为第三选择，用它与他人进行语音和视频通话。如果可能的话，请你避免使用邮件和短信。利用邮件和短信发出消息的确会更加快捷，但我每次都不得不花好几个小时澄清邮件当中的误会，我发现直接去找那个人实际上是更快捷的方式。如果那个人离得远，那么就打电话吧。

多重模式。我发现在全体会议上赞美员工是分享成就的绝佳方式。如果你能在接下来的一对一谈话中亲自上阵，那么这对于培养情感会产生更大影响。如果谈话结束后，你再向整个团队发送邮件那么这将会产生更加深远持久的影响。

“回复所有人”的注意事项。如果你必须通过邮件来批评或纠正别人的错误，那么请注意不要回复所有人，永远不要这样做。即使是一个大家都知道的错误，也请只回复犯错的那个人，然后让他回复所有人。然而，我发现回复所有人对赞美小事十分有效。这种赞美只需花费你一点时间，但这会向大家传递你注意并且感激身边美好事物的信息。如果你在走廊碰到这个人，或是经过他办公桌，那么当面提一下就更好了。但记住，不要过于追求完美。

远程办公很艰难。如果你在外部办公室，或者你管理的人在外部办公室，那么进行快速频繁的互动十分重要。这会让你注意到员工最细微的情绪表现。我从莫里斯·坦普斯曼（Maurice Tempelsman）那里学到了这一点，他是我在俄罗斯工作时的老板。他坚持每天都从纽约给我打一个电话，即使有时通话时长只有 3 分钟。20 世纪 70 年代，他在非洲有业务，那时他认识到与远程办公人员频繁沟通、注意情绪暗示的重要性。他声称即使不与员工通电话，自己通过电传也能够感受到另一个人的心情——前提是他养成了每天都会与之电传的习惯。（电传是在电报机与传真机之间应用的一种通信方式。）

公开赞美，私下批评

对指导来说，一条好的经验法则是公开赞美，私下批评。公开批评会引发防卫反应，人们很难在被公开批评后承认自己的错误，更不要说从错误中反思自身。公开赞美则会让赞美产生更深远的影响，你要鼓励其他人效仿这样的行为。然而，这只是一条经验法则，并非硬性规定。以下是需要思考的一些事情。

纠正、客观描述、意见不合以及讨论都与批评不同。公开纠正他人的工作、做出客观描述以及讨论至关重要，但批评别人应该在私下完成。“在幻灯片第六页有个拼写错误”、“这次演讲中有许多拼写错误，我们的工作要求百分之百精确”、“虽然有许多拼写错误，但是在这个阶段，它们没有那么重要”、“你的数字中缺失了 5%”或“我不同意你所说的”这种类型的纠正可以通过邮件或是在公开会议上完成。这些与下面批评别人的例子完全不同：“你刚才演讲的时候，里面充斥了大量拼写错误，这些错误通过拼写检查程序就能够识别。我想知道究竟是怎么回事，你能解释一下吗？”这类批评需要私下交流。

适应个人喜好。尽管大多数人喜欢公开赞美，但对有些人来说，任何形式的公开提及都是残忍的惩罚。当赞美别人时，你要知道其目的是希望让他们知道自己的工作进展顺利，并希望他们感觉良好，而不是让你自己感觉良好。当你对每名下属都做到个体关怀并投入时间了解每一个人时，你很自然就会了解他们的喜好。

小组学习。我很少遇到承认自己喜欢被当众赞美的人。所以每次公开表扬员工时，我都会解释自己这样做不是因为那个人想得到赞美，而是希望每个人都能从中学习。比如："我不是想让简难堪，而是希望你们都能从她的做法中学到一些什么。下面我说说她取得的成绩以及她是如何做到的。"当我想鼓励公开批评，以使大家从彼此的错误中学习时，我会让员工本人做报告。（参见本章中后面的部分"哎呀，猴子"。）

不要将问题个人化

个体关怀与个人化的赞美批评有很大区别。个体关怀很好，但是将问题个人化是件糟糕的事情。以下是一些小建议，它们能让员工愉快地接受意见并避免让员工认为你是在针对他们。

"基本归因错误"会有损指导的有效性。这一术语由斯坦福大学社会心理学家李·罗斯（Lee Rose）提出。我们之前已经接触过这个术语，但在这里有必要再强调一遍，因为这对于健康的人际关系十分重要，无论是对配偶、孩子、朋友还是你的下属。基本归因错误是从个人特质角度来解释行为，即"你很蠢、懒、贪婪、虚伪，你是个浑蛋等"，而不会考虑他人行为以及环境因素也可能是导致这个做法的真正原因。这是个问题，因为：（1）通常情况下这是不准确的；（2）改变个人核心特质十分困难耗时，因此这会使得原本能够解决的问题变得难以解决。我在第 2 章所讲述的 AdSense 政策讨论出现问题不是因为拉里贪婪，而是我没有理解他的意图。但在那时，对我来说指责拉里贪婪更加简单且看起来更有效果。当你想说“你很__ ”时，请你不要继续。利用情境、行为、影响或者左首栏的技巧来保持谦逊并避免将问题个人化。

用“这是错的”替代“你错了”。我曾经与一个非常坦率的人一起工作，我们姑且叫他吉姆。虽然吉姆工作做得很好，但他没有得到公正的评价——人们觉得他很讨厌。在足够了解他之后，人们就会发现他并非如此，他只是有时候热情过度而已。事实上，他对同事的关心一如他对团队工作的关心。他的工作十分出色，短期印象并没有阻止他的成功。但他总是以错误的方式惹怒别人，这也为他和团队带来了不必要的压力。后来，我从纽约搬到了加利福尼亚，与他失去了联系。几年后，我偶然遇到刚刚加入吉姆团队的一个朋友。我正准备善意地提醒这位朋友如何与吉姆相处，却从他那里听到了这样的评价：“吉姆是个特别出色的人！我喜欢和他一起工作，他因为乐于助人而享有良好的口碑。在公司，他给予我的帮助最大。”我打电话给吉姆，告诉他这份赞美，并且询问他是如何做到的。吉姆告诉我，一个小建议帮他做到了这一点。是什么呢？他不再说“你错了”，而试着说“我认为这是错的”。“我认为”这个表述更加谦逊，用“这”来代替“你”也不会将问题个人化。最终结果就是，人们更愿意倾听他的批评。

很多情况下，围绕一件小事的争论经常会演变为以自我为中心的争吵，比如“我们应该向左走还是向右走，我们应该将按钮放在顶部还是放在底部”这种小问题，往往会演化为“你这个傻瓜，你这个目中无人的浑蛋”这种恶性争吵。如果争论是围绕某一问题展开的，就不要脱离这个问题。将问题个人化只会让它更加难以解决。

“这不是针对你”这种表述比无能更糟糕。我已经提示过不要将问题个人化，但即使采取了上述步骤，对接收者来说，反馈仍然是很隐私的事。比起生活中的其他事，大多数人对工作都投入了更多时间和精力。工作是我们自身的一部分，因此它是件个性化的事情。当你试图缓解员工受到的打击时，你说出“这不是针对你”实际上是在否定员工的这些情绪。这就像是说“不要伤心”或者“不要生气”。作为老板（以及作为一个人），我们的部分工作就是承认并且应对这些情绪反应，而非否定或者逃避它们。

即使是很隐私的事，也要做到不让问题个人化。当在谈论一个人的工作时，你会十分容易理解如何避免个人化的指导。但是当你与他人谈论更为隐私的事情时，这件事就会变得十分困难。我曾经有一位女同事，她的体味很重，这一点已经影响到了她的工作。但我该如何提起这个话题呢？我试图与她探讨同事的鼻子，而非她的腋窝。她不是美国人，但那时我们在美国工作，所以我还对美国文化进行了一番嘲笑。我试图不直接提出解决办法，因为她也许对除臭剂有过敏反应或是她担心除臭剂会导致健康问题，但是我需要让她明白目前的状况会影响她原本优异的工作表现。虽然有些尴尬，但她最终还是解决了这个问题。5 年后，她给我写了一封感谢信。因为她也已经成长为一名管理者，正面临类似的处境。此时她终于明白提出这个问题对我来说一定很难。但她也意识到，在解决完体味问题后，人们更愿意和她一起工作。从此，她明白了克服不情愿并找到帮助下属的有效方式有多么重要。

评估即时指导，找到基准线，记录进步

我已经强调过，绝对坦率要以对方的感受为标准来衡量，而非你的感受。但是谈话者如何知道别人的感受呢？你真的需要他人对自己的指导给予评价吗？答案是肯定的，但这不是一件复杂的事，你只需要15秒。

指导＝	赞美	批评
得到	✔	✔
给予	✔	✔
鼓励		

表 6–6　得到与给予

利用视觉化的提示弄清楚自己是在向绝对坦率迈进还是后退非常重要。向团队解释绝对坦率的框架，并且让他们评估你的指导，这是让绝对坦率更有效率的方法之一。不断记录取得的进展，就能随时掌握自己究竟是在向绝对坦率前进还是越走越远。

一个简单的方法是复印一份绝对坦率的框架，把它贴在办公桌上。在框架中贴上贴画——一种颜色表示你给出的赞美，另一种颜色表示你给出的批评。根据最近与员工的互动，让大家在他们认为最适合描述你的象限中贴上贴画。如果有人认为你的批评中含有不必要的苛刻，那么他们就可以在恶意侵犯的象限中贴上

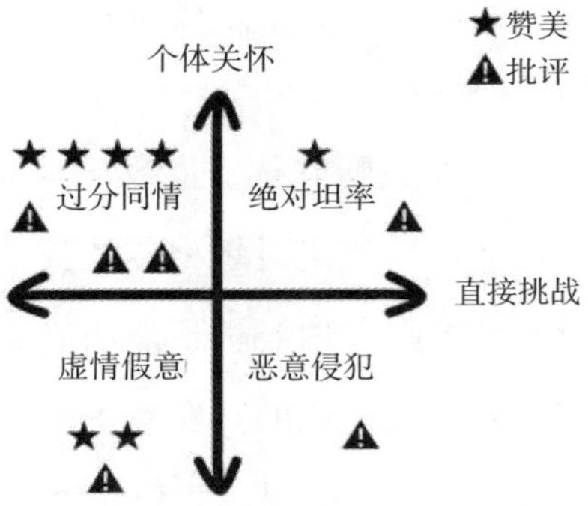

图 6-1 利用绝对坦率框架评价赞美与批评

批评的贴画。如果有人感觉你故意手下留情，那么他们就会在过分同情的象限中贴上批评的贴画。如果有人认为你的赞美中带有类似“好小子”、“干得不错”或者“我为你感到自豪”等故意讨好他们的评价，那么他们就会在过分同情的象限中贴一张赞美的贴画。如果他们认为你当面赞美他们做得不错，却同其他人抱怨他们的工作，那么他们就会在虚情假意的象限中贴一张赞美的贴画。

这个方法存在一个问题：当一个人看到他人对你的评价时，他很可能会受到其他人的影响，这时就会出现人云亦云的情况。另外，让大家走进你的办公室或者走到你的办公桌旁做这件事会有点小尴尬。此外，脱落的贴画很快会让人失去新鲜感。人们不会一直走到你的办公桌旁，在一张纸上贴贴画。

不管你是利用纸条、贴画还是应用软件，让团队进行评估都会使得绝对坦率的指导更加自然。（这在苹果公司十分有效，我们在漂亮的卡片纸上打印了绝对坦率的框架，许多管理者都将其放在自己的办公桌旁。）

第一，这让人们每天都能接触到绝对坦率的概念和框架。当你在挑战他们时，这能帮助他们更好地理解你这么做是出于对他们的关心，而不是因为你是个想让他们痛苦的浑蛋。第二，当你们拥有共同的理念时，同事很可能会主动要求你绝对坦率，这会让你轻松克服“如果没有什么好话要说，就什么也别说”综合征。第三，当你头脑发热，向反方向移动时，可视信号作为提示器，能够帮助你转为绝对坦率。在我的经验中，大多数老板害怕变成浑蛋，员工则害怕老板不能明确表达自己的意思。当老板了解到员工想要听明白他的真实意图时，将意图直截了当说出口这件事会变得更容易。第四，如果你要求他们做这件事，他们却没有做，或者他们在软件中提交了匿名评分，那么你就得到了一个信号：他们不相信你会做出良好反应。这时，你需要向团队证明，就算他们批评你，你也不会因此惩罚他们。你需要从头再来，致力于寻求绝对坦率的指导。

比如，如果你看到很多人将批评和赞美都贴到过分同情的象限，那么你就会知道自己利用赞美和批评挑战别人的力度还不够。你需要努力给予更为真诚具体的赞美，在批评别人时，你就“不妨直说吧”。第一次尝试时，你可能会感到不安，但是第一次尝试过后我指导的绝大多数人都对结果感到惊喜。他们直接说出来，以为自己将面对最糟糕的情绪反应，没想到对方却很感谢他们。这件事过后，绝对坦率就会变得更加简单。

从过分同情到绝对坦率的转变也许是一条直接路径，并且相对轻松。当人们直接移动到绝对坦率时，情况会立刻发生很好的转变。但有时，为了让路径正确，人们必须要进行过度矫正。在实现绝对坦率之前，他们必须从过分同情移动到自己最害怕的象限——恶意侵犯。人们最先位于过分同情象限的主要原因是他们不希望自己像个浑蛋，这可能会让他们对转变感到恐惧。如果你恰好这样，不要绝望。事实上你正在朝正确的方向前进。但记住不要停在那里，你要努力进入绝对坦率的象限！

从过分同情转变为绝对坦率需要改变自身行为，这从来都不容易，但这就像刷牙一样。如果你从小没有学会刷牙，那么形成刷牙的习惯就需要你付出很大努力，即使这一行为每天只有两次，每次只需几分钟的时间。一旦形成习惯，不刷牙就会让你感觉恶心，晚上睡觉或者早起离家时你就会感到不舒服。

当给予指导时，你也会有表现良好和糟糕的时候。当为家里的事情焦头烂额、困扰分心时，你就会进入过分同情/恶意侵犯的象限。没有人能做到百分之百真诚。指导是一件很难的事情，你也可能因为害怕做不到绝对坦率，进而感受到压力。我们不可能一劳永逸地“调整”好自己，这需要我们每天进行自我管理。从别人那里得到信号，明确自己是在向绝对坦率迈进还是后退，会给我们很大帮助。

对得到虚情假意和恶意侵犯评价的管理者来说，看到评估结果可能会让他感觉很痛苦。但这也是一种动力，因为没有人希望自己虚情假意或是粗暴无礼。

得到“过分同情”的评价也会令人感到不快，但这实际上对你很有帮助，它能帮助你快速改变行为。对批评“直接说出来”并且对赞美“具体化”，并没有那么难。尽管大多数管理者都会犯下过分同情象限中的错误，但是评估指导能够快速提高指导的质量和数量，从而帮助你和团队营造绝对坦率的文化。如果我们能够经常从过分同情移动到绝对坦率象限，那么整个社会不仅会更有效率，幸福指数也会不断提升。恶意侵犯会比过分同情带来更多成功，但同时它也会让人感到不愉快。

最重要的事情是了解别人对指导的体验，倾听他们对指导的感受。当挑战他们时，你要帮助他们理解你这样做的原因：不仅因为你关心他们的职业发展，更因为你关心他们的生活。一个普通的可视信号能够让你站在他人的角度看待自己的指导，这会对你大有帮助。

和你的老板绝对坦率

在最近一次演讲中，我提到了这样一句话：当你是老板时，绝对坦率不只是你的本职工作，也是你应尽的义务。几天后，一位当时的听众发消息告诉我："我对我的老板绝对坦率，却被解雇了。"我感到十分难过，并告诉他我会帮他寻找其他工作。他说一切都很好，已经有了一些工作选择。

这里，我要澄清一下。如果你没有一定职权，那么你可以尝试绝对坦率，但要小心行事。如果代价是丢掉工作，那么批评老板就不再是你的基本义务。如果你发现自己无法与老板绝对坦率，我会建议你考虑找一份新的工作。这需要你自己做出决定，不要被老板解雇，要保护好自己。

应该如何练习与老板进行安全的绝对坦率呢？我们需要得到许可再尝试这件事吗？我认为不用，因为我相信单向度的权力是无效的。你要自己掌握主动权。在和团队绝对坦率并取得成效后，你再向老板解释做法和原因，给老板一个怀揣善意挑战你的机会。如果你得到积极的反馈，那么试着给予或者接受一些指导。

如果幸运，你可以用同样的方法对老板绝对坦率，先从寻求指导开始。在开始批评或赞美前，你要确保自己理解别人的观点，不论这个人是老板、员工、同辈还是其他人。得到指导后，不要对批评给予批判性的评价，也不要盲目接受赞美。如果你得到了指导，奖励这份坦率，如果暂时还没有，努力让自己适应。但如果老板正在对你绝对坦率，并且明确要求你去评估他们的反馈，那么你就不要受“不要评判批评”这个经验法则的限制。如果老板处于过分同情的象限，并且他希望被评估，那么你就怀揣一份坦率去评估吧。

同时，记住要获得许可再给予指导。如果你在与老板而不是员工谈话，那么这里有一点小小的变化。你可以尝试说一些这样的话：“如果告诉你我对某某事的看法，会对你有所帮助吗？”如果老板说不用，或者说这不是你的工作，你就放过这个问题，抓紧修改你的简历另谋高就吧！如果老板同意你这样做，那么你可以先说一些温和的话，试探一下他的反应。如果他反应很好并且奖励了你的坦率，你就继续说下去。如果他没有这样做，想要中断并认为你不怀好意，那么你可以谨慎地再尝试一次。如果还是得到了同样的反应，那么你也需要考虑跳槽了，这样的老板配不上你。

为老板提供指导时，你可以使用之前提到过的小技巧：给予帮助，谦逊，立即着手并亲自上阵，公开赞美（如果不像是溜须拍马），私下批评以及不要将问题个人化。

与老板绝对坦率的能力对你的成功至关重要。对中层管理者来说，最困难的一件事就是他们经常要执行自己不认可的决定。由于大多数 CEO 要向董事会报告，因此几乎所有管理者都是中层管理者。这就像是第 22 条军规一样互相矛盾。如果告诉团队你同意这个即将执行的决策，你就像是骗子——至少不真实。如果告诉团队你不同意这个决策却不得不执行，那么这会显得你软弱无力或者一意孤行，也可能二者兼有。

绝对坦率是摆脱这种困境的方法。如果你能够告诉老板自己不同意这个决策，那么你就能够同老板展开对话，至少这会让你更好地理解决策背后的缘由。一旦你深刻理解了决策的背景，你就能向自己的团队进行解释，即使你不同意这个决策。当团队成员问道："为什么要这么做？这不合理，你争辩了吗？"你可以回答说："我理解你的观点，是的，我进行了争辩，我是这样说的……并且这是我了解到这样决策的理由……"如果他们坚持要知道你本人的观点，你可以毫无隐瞒地告诉他们，你已经对决策进行了挑战，老板也认真做了倾听，但现在是时候执行这个决策了。安迪·格罗夫在英特尔有一句口头禅：倾听，挑战，执行。后来这句话被我们借用来描述苹果的领导力。一个强有力的领导者会谦逊地倾听，自信地挑战，有智慧地在适宜的时间退出争论、融入大家。

性别和指导

性别差异使得人们在职场中对男性和女性进行指导都很艰难，因为不同性别需要采取的指导方式完全不同。偏见和所谓的“性别政治”会妨碍异性之间绝对坦率。在这里我以性别为重点，是因为这本书来自我的亲身经历——我是个白种女人。不同人种间有着很重要的相似之处，并且在任何情况下，关系都会超越种族界限。

为什么绝对坦率对管理女性的男性领导者更难

大多数男性从小就被教育，对待女性要比对待男性“更加温柔”，但这种方式可能也会对他们的女下属不利。我以前的一位男上司，是我工作中认识的性别歧视最严重的人。相较于其他男同事，他尤其不愿意批评我，因为他非常害怕把我弄哭，虽然他把许多男下属都弄哭过却从未将其放在心上。我打赌，在工作中，女性哭的次数一定比男性少。虽然我没有看过这方面的数据，但是根据我的经验，男性和女性一样会哭。老板害怕批评团队中的女性，因为他认为女性更爱哭。这让我感觉他是带着怜悯和傲慢在轻视我们。

在这里，我不想过于苛刻。相比男下属，大多数男性不愿意批评女下属，当然他们并非厌恶女人。如果你发现自己也不愿这样做，那么不要捶胸顿足。只要记住，如果你是老板，管理好对眼泪的恐惧就是你的职责所在。同时，批评女人时不要手下留情，这也是你的职责。批评是一份礼物，你需要一碗水端平，送出这份礼物。

另外一个让男性难以用绝对坦率的方式对待女性的因素是性别政治。我最近和一个物理教授聊天，他的一名学生不了解二次方程的知识，他很震惊，于是询问这位学生她的知识体系为什么会有如此大的缺口，并提醒她立即补上这方面的知识。没想到这名女学生对教授的批评感到十分气愤，并在教师评价中给了这名教授很低的分数。

这并非由性别问题引起，关键的问题是这名年轻人像很多人一样，还不习惯批评。《大西洋》（*Atlantic*）杂志一篇名为《美国精神的娇惯》（The Coddling of the American Mind）的文章对这一现象进行了研究。但这名教授的一些同事让这种嫌隙变为性别问题，他们可能出于好意，但是有些太过敏感。于是，突然间对这个院校的教授来说，告诉物理专业的女学生需要学习二次方程变成了一件很冒险的事。

这种情况不仅对那个抗拒学习必要知识的女生不利，对她之后的女生都会产生不好的影响。可以预见的是，从此该院校的教授变成了最不愿批评女生作业的人。然而，和男性一样，年轻的女性想要在自己的专业领域取得进步，老师的批评必不可少，这名教授显然也不希望看到这种情况出现。

这个场景描绘了高等教育中一阵反指导之风，这阵风也吹到了目前千禧一代工作的公司。如果因为害怕报复，老师或老板就不愿让学生或员工接触看起来“危险”或是“不安”的事，那么学校和公司都会蒙受损失。如果再与性别政治结合起来，女学生的学习就会受到很大影响。当前“校园对话”（或缺少校园对话）的基调是否会减少女学生的导师辅导以及学习机会呢？

这个二次方程的故事是极端的，但是稍微温和一些的故事每天都在发生。这种事情不只会发生在大学校园，在中年人所在的互联网公司也会发生。

最近，我与一位关系很好的男性朋友探讨女性在科技领域的发展问题。他是一位工程师领导，我建议他询问团队中一位女性对这一问题的想法，这位女性是他培养多年的一名下属，她在事业上给了他很大支持。当我提出这项建议时，他感到非常惊讶，马上说：“我不能这么说！”

他是一个公正客观、对偏见极其敏感且希望消灭偏见的人，他甚至可以做到一些我做不到的事。然而，面对我的建议他还是会说出这样的话。如果连他都无法与自己足够了解的女性展开一场关于性别问题的坦率对话，那么职场的现实情况会更让人沮丧。问题不在于他，也不在于为他工作的那个女性。我了解他们两个，我很确定这场对话能够顺利开展。问题在于围绕性别问题的整个社会环境令人焦虑不安，使得每个人都如履薄冰，逃避事实。

一位男性同事由于最近在工作场所围绕性别问题提出了一个重要且合理的观点，而卷入一场风暴。他所使用的词语被媒体断章取义，经过大肆渲染后，传遍了社交网络。这位同事致力于公平对待所有人，他会为女同事的职业生涯投入很多精力。但在这次混乱过后，他决定不再公开讨论性别问题。我不能责怪他。这是对绝对坦率以及职场内民众言论的又一次打击，在我看来，他的立场是正确的。

我们必须停止性别政治。

为什么对女性来说，性别偏见会使绝对坦率更难

不论是男性还是女性，性别偏见都会使绝对坦率更加艰难。

一个女性深受其害的常见偏见是“伤人感情的陷阱”。

以下是关于“伤人感情的陷阱”我的个人经历。一天，我的老板把我叫到办公室，他询问我最近是否读过有关能力和亲和力的书。我确实没有。然后他直截了当地告诉我，一个女人越有能力，同事就越不喜欢她。和我一起工作的几个人不太喜欢我，可能是因为性别偏见。他没有让这些人重新思考自己的态度，而是试图让我变得更加亲和。

我认为他应该指出性别偏见的问题，而不是让我为妒忌我能力的人烘烤饼干去表示我有胜任工作的能力。但是我热爱自己的工作，我与坐在身边的男性同事都是好朋友。同时，在内心深处，我明白自己有时也会恶意侵犯他人，但我认为每个处于领导岗位的人都会不自觉地处于这个象限。另外，我自己也知道哪些同事不喜欢我，也知道为什么这会让老板抓狂，所以我尽我所能与他们言归于好（除了为他们做饼干）。

当老板又一次把我叫到办公室时，我十分确定自己已经解决了这个问题。他说情况有所好转，但是他有一个能完全解决问题的方法。我全神贯注地倾听，想知道他的建议是什么。建议是降

职。他解释道，这样一来同事就不会再嫉妒我的职位了，他们也会因此觉得我更有亲和力。不到三周，我找到另一份更好的工作，辞职了。

我很幸运。这件事并非发生在我职业生涯的早期，所以我有很多选择。如果这件事早一点发生，也许我会接受降职及其带来的痛苦。或者也许我会在没有其他工作选择的情况下辞职，中断自己的职业生涯。

Textio 公司（一家文本分析初创公司）的联合创始人基兰·斯奈德（Kieran Snyder）对绩效评价做了语言分析，她发现当女性对他人发起直接挑战时（这是成功必经之路），就会有人批评她们“伤人”（这个词出现了很多次）。这些女性则会被其他女性和男性贴上“伤人”的标签。

斯奈德将自己的发现发表在《财富》（*Fortune*）杂志上，这引发了我所见过的几家公司最长、最富有激情的电子邮件对话。为什么这篇文章能够触动大家呢？我认识的许多职业女性都有过无数被称作“伤人”的经历，或者因为她们太有能力而受到排挤，并在情感和职业上都付出了代价。

让我们来看一个具体的例子，来理解为什么“伤人”这个标签阻止了女性的进步，即使在性别比例完全平衡的组织中也是如此。斯奈德的两个同事处于同一层级，以下是下属给他们的反馈：

- 杰西卡很有才能，但我希望她可以不要那么伤人，她太强大了。

• 史蒂夫很聪明，和他一起工作很棒。他需要再多一点耐心，不过谁不是呢？

这些评价会被转化为绩效评分，评分会影响晋升。由于杰西卡被称作“伤人感情的人”，我们假定杰西卡的评分会比史蒂夫低一点。从一个季度来看，这也许不是什么大问题，但是一系列较低的评分最终会让杰西卡失去晋升的可能。即使评分不低，晋升选拔和成为领导者也在很大程度上依赖亲和力。

当偏见在整个组织盛行时，女性领导者会受到很大影响。当偏见对每次绩效评分只会产生一点影响时，几年之后会发生什么呢？研究者针对这个假设做了模拟实验。如果性别偏见只会影响绩效评分的 5%，且最初组织的初级职位中 58% 都为女性，最终的结果却是只有 29% 的领导职位被女性占据。①

当然，这只是故事的一部分。我们来看看这对杰西卡个人的职业生涯会有什么影响。如果在职业生涯早期，尽管被贴上了“伤人感情”的标签，她最终还是会得到晋升，但是她会“落后”于史蒂夫一年。我们再快进 5~7 年，看看会发生什么。现在史蒂夫比杰西卡高两级。由于薪酬会随着晋升急剧增长，他现在的薪水也许比杰西卡高很多。如果史蒂夫和杰西卡结婚并且有了小孩，那么让我们猜猜谁的收入对家庭更重要？当小孩生病时，谁更有可能选择在家工作？

---

① Martell, R.F., D.M. Lane, C. Emrich. “Male- female differences: A computer simulation.” *American Psychologist* 51, 2 (Feb. 1996).

这对杰西卡来说甚至不是最糟糕的。我们来想象一下，如果她把“伤人感情”的反馈放在心上，并决定不再直接挑战她的下属。她对自己的行为进行了调整，以使自己更加亲和，代价是降低工作效率。她的行为原本是绝对坦率，却被不公正地控诉为恶意侵犯。在此之后，她的反馈会倾向于过分同情或是虚情假意。作为领导者，这会导致工作效率降低。所以现在，除去性别偏见，她还需要处理绩效问题。在这个例子中，杰西卡永远不会获得成功。对于这种评价方式，她感到十分沮丧，她必须从受人欢迎和获得成功中做出选择，她认为这并不值得，所以辞职了。

这种形式的相互作用在我认识的每位女性身上都有所体现。尽管有些人斗争成功了，但这一过程中我们都很痛苦。我们必须停止这种愚蠢的行为。

你能做什么

性别偏见这个问题是烫手山芋。许多男性，即使是真正想解决该问题的男性，也会做出这种可以被理解的决定：拒绝谈论任何与性别沾边的事，因为这不值得冒险。风险不一定来自同他们一起工作的女性，有时来自爱惹事、想借此发展自己的男性；有时来自过分热心的人力资源部门；有时来自法规制度，它在具体情况下可能是荒谬的；有时来自社交网站的压力，或者媒体的片面报道——这经常是记者期望能引起轰动的唾手可得的故事。

事情不一定会这样发展。在工作场所，人们如何采取措施给事情降温呢？以下是我的想法。

男性：不要对女性“手下留情”

如果你是男性，由于担心性别政治或者害怕面对哭泣，你正在犹豫自己是否应该对女员工手下留情，那么此时，了解女性对指导的看法会很有帮助，直接去问她吧。你可以尝试对她们解释绝对坦率的框架，在给予指导时，你可以告诉她们，“我要进行绝对坦率的对话了，并且我希望知道你是如何看待我的反馈的”。然后让她评估你的赞美和批评。（即使你不担心性别政治，弄清楚这一点也是个好主意！）这件事对某些人来说很简单，对另外一些人则很难。

女性：要求批评

同样，如果你是女性，并且担心你的男性老板会犹豫是否应该批评自己，那么让他知道你需要更多反馈会非常好。

试着说出这样的话，“我该怎样做，才能让您更轻松地对我绝对坦率”或者“我担心您过于注重我的感觉，而不愿提供能够让我进步的反馈”或者“我最希望从您那里得到的就是您的真实想法”。然后，停下来，默数 6 个数。习惯这种不适，尽你所能从男性同事或者老板那里得到绝对坦率的评价。回顾本书中寻求指导的章节，然后加倍努力！

男性和女性：当感到一个女人“太有侵略性”时，你应该考虑的事情。

在给予这样的反馈之前，请你尝试这些策略，确保自己不要落入能力 / 亲和力的陷阱。不要认为你是女人就不会落入这样的陷阱！遗憾的是，我发现男性和女性会犯同样的错误。

转换性别。如果是男性做了一件与女性完全一样的事情，那么“你太有侵略性”的批评会不会变为“你真的清楚如何把事做好吗”。想象一下团队中某位男性做了和这个女性一样的事情，你会如何反应？如果反应不同，那么你就落入了陷阱。

我认识两位即兴表演的演员，他们通过角色扮演来帮助硅谷中一些公司的员工练习如何给予良好的指导：在角色扮演中，他们都会对“老板”使用“该死的”这个词。参与者有男性和女性。当女性演员说出这个词时，他们会表现出自己受到极度冒犯的样子；当男性演员说出这个词时，他们却对此感觉毫不惊奇。在表演过程中，一位女性参与者，根本没有注意到男性演员使用了这个词语，但是当女性演员说出这个词时，她大喊：“我要炒了这个女人！”

更具体。类似“你太有侵略性”这样的反馈太过抽象，因此这会让你落入伤人感情的陷阱。如果你对这件事本身的描述可以更为具体，那么你就会清楚究竟是事件本身真的存在问题，还是你工作中存在无意识的偏见。

不要使用带有性别色彩的语言。注意你的用词，你会不会对女性使用那些很少应用于男性的词汇？比如“伤人”、“无理取闹”、“厉声厉气”或者“飞扬跋扈”。如果你经常使用这些词汇，那么你很有可能会落入陷阱。在与迪克·科斯特罗一起工作时，我最感激他的一件事就是他会质疑“伤人”这类词的使用，尤其是在绩效评价中。他经常会注意到我都会忽略的细微差别，当他听到不适宜的性别化词语时，他总是会说出来。

永远不要说“更亲和一些”。确保问题的解决方式是给予这位女性具体的建议，让她改变行为并且变得更富有成效。记住，即使性别偏见是生活中的事实，作为老板，你也不能建议女性应该如何在偏见中生存，你的工作是帮助整个团队识别并消灭性别偏见，以创造公平的工作环境。在这种环境之中，不公正的偏见不会影响任何人的职业生涯。

如果你是女人，当有人说“你太伤人了”时，你应该考虑的事情。

在回应你太有侵略性 / 太伤人等言论时，请你考虑以下 5 条经验法则。

永远不要停止直接挑战。很多情况下，被认为太伤人（或是更糟）的女性得到的建议是停止直接挑战，这几乎永远是错误的答案。你必须直接挑战，才能取得成功。

个体关怀——但要杀掉办公室里的天使。很多情况下，为了在工作中向“个体关怀”这个维度前进，女性会花费很多精力，或者致力于成为办公室的天使，成为弗吉尼亚 · 伍尔夫（Virginia Woolf）的具体化范例。然而，自我牺牲绝对不是展现关怀的有效方式。如果你不想，那么你完全不需要烘焙饼干、买咖啡、复印或是为自己的衣着投入大量时间和金钱，因为与此同时，旁边的男性正穿着牛仔裤和公司 T 恤！

能力 / 亲和力的研究不能得出你受到欢迎的结论。记住：有时，你可能确实粗暴无礼。不要成为办公室里的天使，但是你确实也有可能不小心伤害了别人。

溜须拍马和阿谀奉承是错误的行为，但这不意味着对立的事情就是正确的。我指导过的许多女人都犯过和我一样的错误，即我在第2章中所犯下的错误：给拉里发送了一封“乱七八糟”的邮件。她们对团队绝对坦率，却对老板恶意侵犯。我没有研究什么能够证明这种情况对女性来说更为常见，但我在生活中见过许多这样的事。

不要看不起男性。我告诉我的父亲，作为避免能力/亲和力陷阱的方式，老板让我降职。父亲问我这是什么意思，我便向他讲述了现在臭名昭著的海蒂/霍华德·罗伊森的例子。一位商学院的教授对不同的两个班级进行了同样的案例研究课程，案例展示了现实生活中企业家海蒂·罗伊森的真实行为。但是他在其中一个班级改变了主要人物的性别。当他对学生进行调查时，学生向他表示他们认为海蒂和霍华德都很有能力，但是海蒂是个恶人，而霍华德是个很棒的人。这真是让人崩溃。

父亲告诉我：“我明白你的意思了，我和许多很有侵略性的女性一起工作过，她们原本不需如此。”父亲是我见过的最聪明的人之一，他理解我的抱负，支持我职业生涯的每一步。我10岁那年想成为一名宇航员，得知这件事后，父亲每晚都带我到外面用望远镜看星星。但是他的智慧和爱，以及他对我成功的渴望并没有消除他的无意识偏见。他仍然掉进了能力/亲和力的陷阱。我又向他解释了一遍能力/亲和力的陷阱，这次我们笑得特别开心。幸运的是，他是我的父亲，我明白他对我关怀备至。但如果是另一个人，我也许就会犯下基本归因错误：将他归为无可救药的人、厌恶女人者、性别歧视的浑蛋或者给他一些其他绰号。不要这样做，这不会帮助你解决问题。你要做的是保持直接挑战并且展现你的个体关怀，直到他们明白这些。

正式绩效评价

可以毫不夸张地说，绩效评价就像根管治疗。尽管在这一类比中，医生和病人都感到痛苦，但从某种程度上讲，绩效评价和根管治疗一样是不可避免的。如果你和我一样，本能地怀疑绩效评价的过程太过程序化、虚假且毫无人性，那么你就会对它感到失望。

指导 =	赞美	批评
得到	✔	✔
给予	✔	✔
鼓励		

表 6–7　指导框架与绩效评价关系图

这就是通用电气（也是最早应用绩效评价的公司）和许多其他公司废除绩效评价的原因。只要这些公司采取具体措施去创造指导的文化，只要它们能够找到其他方法对加薪、奖金以及透明晋升做出科学决策，废除绩效评价就是有效的。如果你的公司没有应用正式的绩效评价，那么注重即时的指导非常重要。

如果你的公司已经应用了正式绩效评价，就不要立即否定这一举措。我屡次发现正式的带有分数的绩效评价有时会以一种不同于即兴反馈的方式让大家了解情况。想象一下，你告诉一名下属，他的消极情绪已经影响到其与其他部门合作的能力。他也许听到了，但是不理解其重要性，直到他得到较低的绩效评分。有时，绩效评分反映出来的沟通问题让我感到震惊。如果处理得当，绩效评分就会为你提供一个提升指导能力的重要机会。

“如果处理得当”的前提是让绩效评价有效运转。如果你所在的公司有正式的绩效评价流程，那么以下是我对于如何进行绩效评价给出的一些建议。

没有意外。正式绩效评价不应有任何意外。如果你经常给予员工即时指导，那么意外发生的概率就会大大降低。

不要依赖自己的片面判断。即使你的公司不要求全方位评价，你也可以从其他人那里得到对你下属的评价，这样你依然可以进行全面检查。我认识的一位管理者要求团队中的每个人互相做出“√ –”、“√”、“√ +”的评价。大部分人得到了“√”，并且如果得到这个评价，他就不会继续谈话。如果有人给别人打了“√ –”或“√ +”，他就会多问几个问题。这件事他一年做两次，每次绩效评价之前，他都会给大家 5 分钟的时间进行一对一沟通。这种全方位的检查能够确保公正，也能让团队成员从更广泛的角度看待问题。在理想状态下，评分应该透明并与每个人的表现相关，但这位管理者没有时间去构建这个系统。同时，因为所有人都知道他做这件事的原因，所以给予别人“√ –”的评价并不会让人感觉是在“恶意挑起事端”。

首先寻求关于自己的反馈。在给予反馈之前，让每一名下属都对自己做出绩效评价是十分有益的，其优势在于让绩效评价更像是对话交流，而不是居高临下的单向审视。此外，当我们在给予之前得到反馈时，我们就能了解每一名下属得到绩效评价之前的想法。有时，这会让我们重新组织语言或考虑转换说话方式。

写下来。书写是一项辛苦费时的工作，所以很多公司对书写绩效评价不做要求。但是我发现如果把评价写下来，评价的表述就会发生变化。我们通常以为自己知道在评价时应该说什么，但如果将这些话写下来，我们就会发现经过反复思考后，情况会变得更加微妙。花些时间将自己的想法清楚地写在纸上，这能够让我们避免出现在评价时或是给予评价后出现出尔反尔的尴尬情况。

此外，我发现将事情写下来后，自己就不会在评价过程中放弃说出某些观点。在绩效评价中，有时情绪压力会达到顶点，人们很容易变得过分同情。如果我们事先明确写下重要的批评，就会距离绝对坦率更近一步。

最后，在之后的会议上，一份写好的评价会帮助人们更好地阐明观点。绩效评价时需要考虑很多因素，在得到评价之后有一份可以回顾的文件会非常有帮助。在我得到绩效评价后，几个月以来我一直把谢丽尔为我写的评价放在包里，以提醒我不断改进问题。

对于何时给予文字评价做出理智决定。这件事没有正确的时间节点。如果大家明白评价的实质，就能够开展更加富有成效的对话。通常情况下，有些人喜欢事先有所准备，不喜欢突然袭击，那么你最好在前一天晚上就将评价表发给他们。然而，另一些人会对文字过分解读，所以对这些人来说，你最好在他们阅读评价的时候在场进行解释。如果你写道："你上次在最后一刻取消员工会议，这让团队的士气受到很大影响。"他们会这样理解："我的团队讨厌我，也许我明天就要被解雇。"对于容易有这样反应的员工，在给予文字评价前，你需要先跟他口头沟通一下，再三确认他们理解了你的意思。在给予他们文字评价后，你最好趁他们阅读的时间去喝一杯茶，然后再进行对话。无论你如何给出评价，都要绝对坦率，确保别人能够完全理解你所表达的东西。

至少为每人安排 15 分钟时间，不要进行连续评价。之前我总是连续进行多次评价，每人 30 分钟，这样很快就能完成所有评价。但每次这样安排时，评价都不是很顺利。对话时间通常要比预计时间更长，所以，我的办公室外总会有人排队等待。这不仅浪费了大家时间（这是老板最应该避免的），而且让大家更紧张。即使延长每次的对话时间，连续对话也不是好主意。这些对话通常会消耗情绪，因此在每次对话之间最好休息 10 分钟。

利用一半时间回顾（诊断），另一半时间展望（计划）。在写绩效评价时，我非常关注每个人在上一个季度 / 半年 / 全年都做了什么事。但是在对话时，我试图利用较少时间谈论过去，因为让人们着手未来是更为重要的。我要求他们自己提出计划，比如，如何让自己的成功更有价值？如何转化出更多的成果？如何解决不良表现？对未来的展望能够避免工作优秀的人满足于既得成就，不求上进，也能够防止表现不佳的人在绝望中沉沦。评价的结果要专注于每个人对未来的设想，这也便于判断人们对绩效评价的理解。我经常认为自己已经表达得很清楚了，但当听到他们正在构想的计划时，我才意识到他们并没有真正理解。

安排定期检查来评估计划的进展情况。在绩效评价后，我曾经帮别人做出计划。通过安排定期检查并将检查列入日程表以使计划落实，这非常重要。这就好比一项议题，大家可以通过这个议题向我汇报工作进展，但是以某种形式进行跟进是十分关键的。

在绩效评价后发布评分/奖金信息。如果你的公司给予员工正式评分或者在评分的基础上给予奖金，那么你需要考虑好告知员工信息的顺序。许多人太过关注评分对奖金的影响，所以在绩效评价中与他们进行沟通十分困难。因此，将二者分开会很有帮助。同时，你要在沟通后再发布评分/奖金信息。如果我一开始就公布评分，很多人就不会注意我说的话，所以有时我会在对话结束后再告诉大家评分/奖金信息。有时我会延迟一两天，让员工先提出自己的想法和对未来的规划。很多公司有“发展性对话”和“评分性对话”，并且二者间隔一个季度或更久，这很好。但“发展性对话”不要替代通常需要一周一次的即时指导。

防止暗箭伤人

你是老板，不是外交官，穿梭外交对你没有任何帮助。

不要让团队中的任何人在背后向你议论别人，这是击败办公室政治的重要方式。听别人咬耳朵似乎是在体恤别人的感受，实际上是在搅浑水。相反，你要坚持要求他们在你不在场的情况下，当面谈论这个问题。如果能够和解是最好的，如果无法解决，你

指导 =	赞美	批评
得到		
给予		
鼓励		✔

表 6–8 鼓励批评

要提供三方对话的机会，最好是面对面沟通，如果无法做到面对面沟通至少也要打电话沟通这件事。这必须是一场即时对话（不要通过邮件和短信谈论这件事）。沟通时，你要帮助他们制定双方都能理解并可以接受的解决方式。我曾读过一篇文章，由于两名员工无法解决问题，一位 CEO 为他们提出了可能是最糟的解决方法。他之所以这样做，是因为他不喜欢调解矛盾，但这样的方式只会带来更多分歧，不会缓解分歧。当人们带着他们无法解决的争端来找你时，你的工作是施以援手，而不是进行惩罚。公开、公正、快速的解决方式是你应该提供给下属的一项服务。

同辈指导

记住，良好的指导应该是老板亲自上阵并且通过对话开展的。现在，很多声称能够替代反馈的工具涌现出来，它们让用户写下简单的文字片段，然后工具将这些文字片段分发出去并进行记录，同时将分析图层置于顶端。这些方法看起来十分灵活，但其最终会让你向错误的方向迈进，这有点像通过短信分手。作为领导者，鼓励你的团队投入时间与别人对话十分重要。

“哎呀，猴子。”丹 · 伍兹（Dan Woods）是我在 20 世纪 90 年

指导 =	赞美	批评
得到		
给予		
鼓励	✔	✔

表 6–9 鼓励赞美与批评

代工作的那家初创公司的首席技术官。为了鼓励团队赞美和批评，他发明了我所见过的技术要求最低、最便宜、最有效的方法。这一方法需要两只毛绒玩具：一只鲸和一只猴子。每次全员大会时，他会鼓励人们提名本周的“杀人鲸”。这个理念鼓励团队中的人站出来谈论本周他人做出的卓越工作，上一周鲸的获得者会决定本周的赢家。接下来，人们提名自己为“哎呀，猴子”。如果有人在本周表现不好，他们可以站出来讲述这件事，争取大家的原谅，这也能帮别人避免犯同样的错误。当我们第一次在果汁软件和谷歌公司运用这个方法时，现场一片安静，可以听到针掉在地上的声音。我不知道接下来该做什么，于是在猴子的脑袋上放了 20 美元。一旦人们假装自己对毛绒玩具不感兴趣，却想要 20 美元时，故事就开始了。这个方法使犯错变得安全，也能够鼓励创新。同时，它会让问题得以加速解决。有一次，我得知团队中有人严重冒犯了一位经理，需要我控制一下事态。还有一次，我发现团队激怒了一位客户，这名客户要求团队做出让步。我运用这个方法解决了问题。这几乎成了我在员工大会上最喜欢的环节。这 15 分钟让所有人都受益。

当然，这个方法不是万能的。比如，苹果的理念是“两次测量，一次剪裁”，这与谷歌的信条“做好被推倒重来的准备”完全不同。“哎呀，猴子”这种做法会给出错误的指导，并且毛绒玩具完全不符合苹果的设计理念！

在一些行业中，比如航空业，分享错误至关重要，“哎呀，猴子”这样的玩笑明显不合时宜。飞行员犯下一个错误会付出上百条生命的代价。然而，飞行员也是普通人，他们也会犯错误。他们从别人的错误中学到的越多，空中飞行就会变得越安全。美国联邦航空局一直在寻找一种方法，使飞行员能够在飞机侥幸脱险或侥幸避免坠落后无阻碍地分享信息。但是由于联邦航空局有权收回飞行员许可证，飞行员也不太可能对自己即将犯下的错误未卜先知。所以，美国联邦航空局资助了美国国家航空航天局（NASA）的执行项目：航空安全报告系统。退休的飞行员与发生安全事故中的飞行员谈话，来明确发生的情况。只要飞行员不粗心鲁莽，他们的错误就会被免除。这使得信息分享更为安全，这件事的结果就是我们乘坐飞机变得更加安全。

想象一下，如果存在相似的药物安全报告系统，假设我们不再控诉犯下无心之过的医生，而是给予他们豁免权，搜集并分享信息，并且找到避免医生犯下相同错误的方法，那么事情会怎样呢？如果医生的互相指导能够更加安全，并且能够从彼此的错误当中学习，那么这将会产生十分深远的影响。

同辈评估。对团队解释绝对坦率的框架，这是另一个让人们能够对话的好方式。向团队解释你如何让他们评估自己给予的指导，这样你的指导就会取得进步。鼓励他们进行同辈评估。拥有共同语言能帮你向绝对坦率更近一步。

向“权威”说真话

罗克珊·威尔士（Roxane Wales）最初在美国国家航空航天局工作，之后她来到谷歌的学习与发展部门。她告诉我，为了营造指导的文化，管理者的领导能够做的最重要的事情之一就是召开所谓的“越级会议”。为了使会议富有效率，这些会议一年仅有一次，你在会上能看到下属的下属，但你的直接下属不在场。你可以询问他们，他们的老板需要在哪些方面改进。

指导 =	赞美	批评
得到		
给予		
鼓励	✔	✔

表 6–10 向“权威”说真话也需要赞美与批评

这听起来过于等级化，但让我们面对这件事吧：“扁平化”组织是个神话。等级制度是生活中不可避免的。承认等级制度的存在，并且在此基础上，找到一种方式，使得每个人都能以同样的步伐前进，这是减少我们层级之间阻碍的最好方式。要确保所有人能够向“权威”说真话！

越级会议的基本原理是，大多数人不愿意批评自己的老板。另外，管理者，尤其是资历尚浅的管理者，会有意或无意地压制批评，而不是鼓励批评。当这种情况发生时，指出并杜绝这种情况，就能保护绝对坦率的文化并让下属的下属避免为这样的老板工作的不幸。

在越级会议中，你必须非常小心。这可能会演变为抱怨大会，但你绝不能想当然地认为他们的老板，也就是你的下属，是有过错的。召开这些会议的意图是支持你的下属，而不是打倒他们。对下属给予支持的重要体现，就是在他们表现不佳的时候，帮他们解决问题。另外，这些会议不能鼓励人们遇事都来找你，从而取代他们与老板间的沟通，这对老板本人以及维系绝对坦率的文化都十分重要。

解释，展示，再解释。向每名下属解释你的两个目标：（1）帮助他们成为好老板；（2）确保他的部下乐于给予直接反馈。

描述你刚才表述的意思。这开始于让你的老板或是其他有时间的人展开一场关于你的越级会议。如果你是CEO，那就让你的教练或是董事会成员来做这件事。

在事先没有征得直接下属同意的情况下，不要召开越级会议。相反，让你的直接下属提前向他的团队解释这件事。确保所有人都理解你参与这场会议的原因：想施以援手，而不是想攻击他们的老板。然后，在这场会议开始时，你要重申这次会议的目的是帮助他们的老板变得更好，是创造一种文化，使得所有人都乐于直接对他们的老板给予指导，特别是批评。要告诉人们，这次会议是要朝这个方向前进一步，而不是抱有什么其他的目的。

更重要的是，如果有些下属只向你汇报并没有自己的直接下属，那么你绝不能针对这些员工召开越级会议。你必须要清楚，这是为有直接下属的员工进行的例行程序。如果你只在一个团队出现问题的时候，才召开越级会议，那么越级会议就会变成一种惩罚，而不是用来提升管理技能、受人欢迎的方式。

确保这是“不具名”会议。确保所有人都能理解，尽管会议目标是让每个人都乐于对老板给予直接反馈，但这是一场“不具名”会议。换句话说，他们的老板可以知道会议中的所有言论，但不会知道是谁说的。

做记录并完善它们。完善你在会议上写下的记录，让人们知道你会与他们的老板分享。如果他们认为记录不准确，那么你需要鼓励大家说些什么。当发言时，人们要确保能够对记录做出改正并且在继续进行前二次检查。自己做记录，不要让别人记录，这很重要。第一，这能够显示你在倾听，并且很感兴趣。第二，当你误解某事时，这是学习的好方式。

启动对话。第一次开展这样的会议往往十分尴尬。你必须努力赢得在场员工的信任。通常情况下，用赞美让人们开口是最简单的方式。“你们的管理者哪里做得比较好？”然后，“你认为他们哪里需要做得更好？”接下来，“他们哪里做得不好？”问题出现后，试着指导人们思考如何解决它们，所以这不一定会沦为抱怨大会。但如果你听到了很多抱怨，就提醒自己，这是一件好事。如果没人发表批评，现场气氛其乐融融，那才是你真正的失败。

确定优先项。一旦事情走上正轨，就提醒人们，涌现的问题通常会比能够解决的问题更多。我们的目标是让事情变得更好，但让它们完美是不切实际的。推动在场的人决定最重要的事并确定优先顺序。

会议后立即分享记录。在会议还有 8 分钟结束时，你要让每个人看下这份记录，并提醒他们，你几分钟后就会把这份文件与他们的老板分享。这是一种集中对话的方式，其能够让人们对自己的建议负起责任。8 分钟之后你就要把这件事告诉你们一直在讨论的人了！这种紧迫感使得这次对话不像是在某人背后发生的事情。同时，在与直接下属分享前，你不需要把记录分发给每一名参与者，不用再次确认他们对记录是否感到舒适。会议中以上所有事情，以及为自己留下不必要的“后续步骤”常常会让你的大脑十分混乱。及时的反馈同样也会减轻被评估的那个人的压力。他们想立即知道会议上说了些什么！

确保你的直接下属能够做出改变并将改变传播出去。在你的直接下属阅读你所收集到的记录后，他们要在团队中彼此协作找到一两件具体的事并立即做出改变。这一定不是某些大而无当的事，像是“改善我的关系”，最好是某些微小而具体的事，比如“我会当面提出反对，不会再通过邮件这样做”。鼓励你的每名直接下属给团队发送邮件，告诉团队他们学到了什么以及未来自己会如何改变，同时抄送给你。接下来，鼓励他们在后面的员工会议中继续回应这个问题，以了解人们是否认为他已经做出足够改变。改变越明显越好。在后续的越级会议中你要让团队评价这些改变，并鼓励团队告诉你这些改变是否会产生影响。如果团队认为没有任何改变，或是会议没有带来变化，那么你必须严肃对待这件事。在极端情况下，你也许应该免除这名管理者在团队中的职务，让他要么回到个人贡献者的角色，要么管理不同的团队，要么被解雇。

对每名直接下属每年开展一次这样的会议。当越级会议进展顺利时，所有人都希望不停开展这类会议，越级会议的数量就会激增，这就是越级会议存在的最大问题。在谷歌时，我一度觉得自己每隔一天就有一次越级会议。太多次这样的会议会浪费许多精力并让你焦头烂额。我推荐每年对每名直接下属开展一次越级会议，如果你是管理者的管理者，让他们也这样做。如果有 5 名直接下属，你每年只需在这方面投入 7~8 个小时（一个小时越级会议，半个小时越级会议追踪）。

越级会议常见问题

我与很多初次当管理者的同事一起工作过，对他们而言，越级会议是兴奋和不安的来源。以下是人们经常询问我的一些问题。

如果团队明显对他们的管理者失去了信心，那么他们应该怎么办？

这样的情况很少发生。在我进行越级会议的几年时光里，这种情况只发生过三次。在每种情况中，我会深入研究出现的问题，最终发现，有问题的管理者绝对不应该再管理别人了。

如果人们都不说话怎么办？

你要试着打破僵局，主动说“一切都还好吧”。同时，提供一些你听说这名管理者存在的问题，问他们：“如果你能够改变一件事……”然后在房间中四处走动，让每个人立即回答。接纳这种不适感！

如果有人说话停不下来怎么办?

如果一个人一直在说话，那么你要认真观察每个人的表情。如果有人看起来强烈赞同或反对，就让他说出自己的想法。如果有人看起来很疲倦，就向他提问：“所以，看来这个问题无法引发你的共鸣，你有其他想法吗？”如果会议上提出的问题已经超出了你的处理范围，那么让对话集中于确定优先事项。提醒人们，人格是无法改变的。

你如何在对老板施以援手与接纳团队思想间保持平衡?

小心不要对你正在寻求反馈的管理者进行判断或者辩护。如果这次会议感觉像是你在为惩罚有问题的管理者寻找理由，那么他们就会拒不开口，或者接下来会议就会成为抱怨大会。要明确你的角色不是判断，而是传递反馈。如果遇到了重大问题，那么你一定要深入调查。不要当场做出任何判断。不要维护，也不要中伤你所听到的这位管理者。但这并不意味着你不能体恤别人的感觉。“我明白这会让你很有压力，对于这件事我感到非常遗憾，我们先来看看能做些什么吧”或者“哇，你的老板是个微观管理者，别担心，我会让这件事停下来的”，这两种说法之间的差别很大。

***

成功执行这些建议的关键在于牢记核心原则，而不是遵循逐步的指导。记住：如果你正在同团队进行绝对坦率，那么你就是在告诉大家，你每天都在观察团队中的成员以及他们的工作。即使你批评他们，这种关心也是值得称赞的。如果你展示出对员工的个体关怀，他们就会认真对待你的坦率，甚至接纳它们。当感觉到迷茫时，你要简单问自己两个问题：“我是在对团队展现个体关怀吗”以及“我是在对每个人进行直接挑战吗”。如果两个问题的答案都是肯定的，那么说明你做得很好。

7
团队

避免枯燥无聊和倦怠的技巧

本书第 3 章（“了解团队中每个人的动机”）探讨了充分了解直接下属的重要性，这会帮助你将合适的人安排在合适的职位上，避免让他们感到枯燥无聊或是倦怠。最理想的情况是，团队中所有人都有优异的表现，但你不希望所有人都去追求晋升，也不想让所有人都止步于当前的角色。你希望得到一种平衡：团队中既有人推动变革，也有人保持稳定。为了了解团队成员不同的动机，你需要与团队中每个人建立绝对坦率的关系。

当然，理想很丰满，现实却很骨感。通常情况下，团队中会有一些人只能完成一般工作，还有一些人工作十分糟糕，将时间投入到工作最出色的员工身上是最有价值的。但是，你仍然需要找到管理其他人的方法，以下是一些具体建议。

职业生涯谈话

理解每个人的动机和理想，这会帮助他们向自己的梦想更进一步

正如第 3 章描述的那样，每个人都有自己的成长轨迹，你不能推动所有人都成为超级明星或是岩石明星。你需要平衡团队内部的成长性和稳定性。为了了解每个人的成长轨迹，你需要开展职业生涯谈话。这十分重要，它能够帮助你对直接下属进行深入了解，获悉他们的理想抱负，并且帮助他们实现梦想。你应该与每个直接下属都进行此类谈话，无论他们位于第 3 章描述的团队框架的哪个位置。

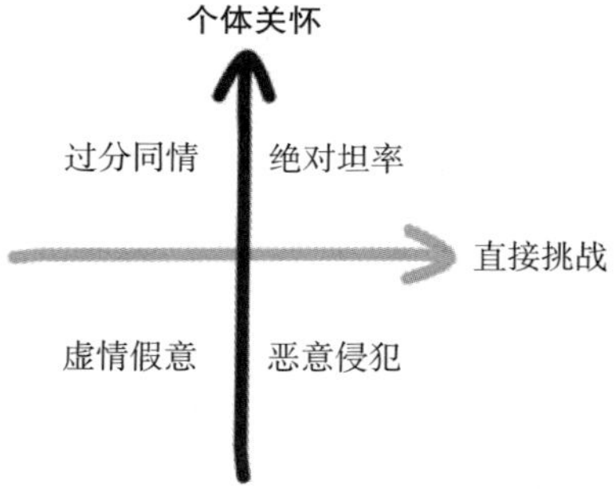

图 7–1　反馈框架 – 个体关怀

一旦掌握了这些方法，你就会对他们有所期待。这是你向“个体关怀”坐标轴上前进的最佳机会。事实上，这应该是在与团队进行绝对坦率时，你首先应该做的事。这件事的确耗费时间，但这可以在一对一会面时进行，这会给作为老板的你带来快乐。

拉斯 · 拉拉维是 Candor 公司的联合创始人，他是我职业生涯中遇到过的最好的管理者。在谷歌的困难时期，他发明了一种特别有效的方式。那时，拉斯是销售部主管，他负责管理一支因收

购而并入的团队。这些员工初来乍到，情绪十分低落，他们认为管理者不重视自己，对于自己在谷歌的未来也抱有非常悲观的态度。他们当中没有人认为自己会在谷歌工作超过三年。但是谷歌收购他们公司花费了 10 亿美元，如果希望投资有所回报，就必须保证团队稳定。拉斯意识到，如果自己无法快速解决这个问题，事情就会变得很糟糕。他明白，首先要做的应该是传递公司对他们的关怀，但这是老板应该重视的事情。在个体关怀方面，公司并不比政府或其他机构做得更好。

拉斯明白，不论是他团队的成员还是整个公司的员工，他们最大的担忧都是自己在谷歌的职业前景：有一部分缘于金钱，硅谷的房价高得出奇，即使在谷歌工作，也很少有人能买得起房子；同时，也有年龄的原因，谷歌公司有着庞大的年轻员工群体，大部分员工不满 30 岁，而这一团队中的许多人即将面临中年危机。那时，谢丽尔和她的团队正在外面召开静思会，她决定解决公司对这个所谓“职业成长”问题的广泛担忧。“你需要描述长期愿景并做出 18 个月的计划。”谢丽尔建议道。

拉斯很震惊，他该如何帮助下属清晰阐述自己的长期愿景并做出 18 个月的计划呢？他如何指导他们去帮助自己的直接下属，并把这样的愿景传递到 700 个人的团队呢？现有的解决方式被称作“个人发展计划”，但它并没有解决问题。领导将这些计划告诉员工，让他们明白自己的职业生涯应由自己负责。还有一些计划专注于解释晋升的详细步骤。这些计划不是空头支票就是空中楼阁。然而，现在员工需要的是教育，即教育的字面意义（在拉丁

语词根中 *educo* 的含义是“引领”）。人们知道自己究竟想要什么，拉斯认为老板的工作是帮助他们阐述清楚自己的愿景，然后实现理想。

拉斯尝试让“托德”描述他的长期职业愿景，托德说了他认为拉斯希望听到的——以后他想成为拉斯这样的人。拉斯笑了：“这不算什么！我都不确定自己是否满意这个工作。你需要更远大的理想，你值得拥有更好的工作！”但是托德依旧没有改变态度。拉斯尝试了另一种方式：“好吧，这算是一个愿景，但没有人真正知道自己以后究竟想做什么，告诉我另一个愿景吧。”这次，托德承认，相比成为拉斯这样的人，他更想成为小杰克·韦尔奇（即成为一名 CEO，但也许不在世界 500 强企业中）。拉斯意识到自己已经取得了一些进展。

当他对另一名员工尝试做同样的事情时，出现了类似情况。萨拉起初说自己想成为像拉斯一样的人，但后来她又描绘了更为宏大的愿景。“另一个愿景是什么？”拉斯问道。“是个疯狂的白日梦。”萨拉解释道。她的真正梦想是拥有一家螺旋藻农场。那是什么呢？原来螺旋藻是一种超级食品，它的蛋白质和铁元素的含量丰富。

拉斯感到十分困惑。他们的工作本来是说服用户为自己的广告产品选择双击（DoubleClick）服务，这会如何帮助托德成为小杰克·韦尔奇或是帮助萨拉经营螺旋藻农场呢？拉斯决定先将这个问题放下，他尝试更深入地了解每一名直接下属。拉斯之前以为自己已经足够了解他们，但显然还没有。第二次与员工聊天时，拉斯询问了他们更多生活上的事。

当萨拉谈到自己之前做出的转变，比如放弃一种运动并开始尝试另一种运动时，拉斯会问她更多问题。这样当对话结束后，他就能更好地了解萨拉的工作动机，然后记录下来（比如“财务独立”“环保主义者”“努力”“领导力”），并向她解释自己选择这些词的原因。这是对了解的重要检查方式。比如，拉斯选择“领导力”作为萨拉的主要动机，这是因为萨拉讲述了自己为保护加利福尼亚的开放保护区所做的志愿服务。但是萨拉不喜欢这个词语，她更喜欢“管理能力”。拉斯意识到这次谈话的价值。于是，他决定在询问每个人的未来规划之前，自己先了解他们的过去。

现在，拉斯已经准备好将萨拉现在做的事情和她希望在事业巅峰所做的事情联系起来。拉斯非常善于分析，他会将萨拉的想法进行归类。然后，他会询问萨拉认为哪种技能对于自己的梦想最为重要。最后，他会问萨拉感觉自己哪方面能力最强。

这种分析帮助拉斯和萨拉找到萨拉最需要提高和改善的能力。比如，对萨拉来说，最重要的事情是获得更多的管理经验。她之前以为自己需要提高分析能力和演讲能力。如果她的目标是成为谷歌的负责人，那么这些技能就会变得非常重要。但对经营螺旋藻农场来说，管理技能比演讲技能重要得多。此外，萨拉不喜欢演讲，也不想提高自己的分析能力，但是她对获得实际的管理经验十分感兴趣。现在萨拉和拉斯都清楚了这背后的原因。

此外，萨拉和拉斯还制订了一份计划，来确保萨拉能够承担更大的管理责任，拉斯还让萨拉与谷歌其他的卓越领导者建立导师关系。制订计划时，萨拉明白，相比较于跳槽，自己留在谷歌会得到更多管理经验。此外，她的直接领导拉斯是公司最好的管理者之一。萨拉决定在谷歌多待几年，这会让她成为很有效率的领导者。她不仅得到了自己需要的技能，而且也为经营螺旋菌农场积累下了资金。她现在所从事的工作似乎与自己理想中的生活相去甚远，但对她来说，现在这份工作更有意义。

拉斯意识到这是个开展职业生涯谈话的好方法，他举行了一次集体学习，告诉团队中的管理者在与自己的直接下属谈话时，不要只谈论职业目标与晋升方式，也要关注下属的梦想和生活中的故事。他教导团队中的每一名管理者在三到六周之内与每一名直接下属连续开展三次 45 分钟的对话。

拉斯的方法非常成功，一项内部员工满意度调查显示，他的团队成员对于自己未来在谷歌的发展前景以及对管理者的满意度都得到了显著提高，人力资源部门从未见过如此高的员工满意度。

对话一：生活故事

第一次对话能让你了解每一名直接下属的动机。拉斯建议使用这样一个简单的开场白：“告诉我你的生活经历吧，从幼儿园开始。”然后，他建议每一名管理者注意人们做出的改变并且理解他们所做选择背后的原因。改变通常会揭示价值观。“在华尔街工作两年后，你放弃了在研究生院的学习，请详细描述一下这个决定。”你可能会得到这样的答案：“研究生奖学金无法支付得起橙汁的花费，我只是想赚更多钱”或者“我对于理论知识，以及正在研究的没有实际意义和实质结果的理论感到十分厌烦”。这样的答案能够让你解决一部分难题。在第一种回答中，你也许会写下“财务独立”，并将其作为员工做出改变的主要动机；在第二种回答中，你得出的结论则是“希望看到有形结果”。如果有人说，他们放弃了跑步，加入了足球队，你也许会写下“渴望集体运动”作为其动机。如果相反，有人退出了啦啦队而选择了游泳，原因是他们“对于闲聊感到厌烦，更希望刷新个人最好成绩”，那么你也许会写下“个人成长”作为其改变的动机。

记住，你不是在追寻明确的答案，你是在努力深入地了解他人，并且了解他们关心的事。

很多管理者最初对这种以深入了解为目的的对话感到十分不适，他们认为询问别人工作以外的私人生活似乎有点越界。对此，拉斯解释了两点。第一，只要以信任和尊重为前提，大部分人愿意开展此类对话。如果你工作的一部分是个体关怀，你必须要了解别人。第二，也许有时你会触碰到太过私人的东西。如果有人对你的问题感到不适，你必须要尊重这一点。有一次，一名员工对自己童年的一些问题感到不舒服，在察觉到这一点之后，拉斯不再过问这类问题。当继续描述研究生以后的生活时，这位女士变得十分自信。随着对她的逐步了解，拉斯知道了她在成长过程中曾经受到过严重创伤。但是在深入了解谈话中，她不愿意告诉拉斯这件事情，拉斯也没有强迫她。

为了让团队中的管理者熟悉如何深入了解谈话并对越界的私人问题保持敏锐的嗅觉，拉斯让他们彼此进行练习。同时，练习谈话也能够让每个人记住团队的目标，那就是了解每个人的工作动机。

我们之所以要从生活故事中提炼出这些动机，是因为抽象的讨论很容易被误解。比如，如果有一名员工告诉你，财务独立对她来说非常重要，那么你也许会认为她是个物质的人。但如果她告诉了你这样一个故事，你也许就会对她产生完全不同的印象：12 岁的时候，她的母亲重新回到了工作岗位，每天忙忙碌碌。一次，他们决定一起去新奥尔良旅行。在波旁街闲逛时，这名员工瞥见了脱衣舞夜总会，里面一个近乎全裸的女人在绕着钢管跳舞。她感到毛骨悚然。此时，她喝了几杯饮料酒的父亲也注意到了这个场景，对她说："看到了吧？这个舞女一天挣的钱比你妈妈一年挣的钱都多。"这名员工感到很生气，为了那个脱衣舞女郎和她拿低工资的母亲，也为了她父亲暗指的全世界的女性。因此，当她说财务独立对自己至关重要时，这些才是她想表达的真正含义，而不是自私的物质主义。

三次对话中的第一次会产生很大影响。首先，在 45 分钟内了解直接下属远远比其他方式更为有效。你已经展示了对员工的关心，并且在这次对话后，你一定会做得更多。接下来，你就会掌握每个人适合怎样的发展机会。最终，当准备下一次谈话时，你就会更加用心。一旦了解了每个人的动机及其背后的原因，你就能更好地理解他们的梦想。

对话二：梦想

第二次谈话会从了解每个人的动机升级到了解他们的梦想，

即当处在自己职业生涯巅峰时，他们想得到什么，他们梦想的最好的生活是怎样的。拉斯有意识地选择了“梦想”这个词语。老板通常会问起“长期目标”、“职业抱负”或是“5 年计划”，但是当老板用到这些词语时，他们会得到一种标准化的答案，而不是人性化的答案。这也会引发这样一种反应：员工会说出他们认为老板希望得到的答案，而不会表达自己的真实想法。他们会试图表现出理想抱负（“我希望能够和你一样”），却又不会让自己的意图昭然若揭（“但我不希望得到你的工作”），这是一种微妙的平衡。“你的职业抱负是什么？”这样的问题不会让员工说出与现在的职业生涯完全不同的梦想，比如螺旋藻农场。此外，与“职业生涯”有关的词语通常与晋升有关，这样的对话永远不会得到令人满意的结果。当问及员工职业生涯抱负的时候，希望得到晋升的员工永远不会感觉自己的步伐过快，不想晋升的员工也不会认为自己缺乏雄心壮志。

如果一个人过于狭隘地关注晋升的步骤，那么在谈话时，人们就会担心自己是否流露出对当前工作不够认真的意思，管理者也会担心自己是在鼓励别人离开。有些人或许不希望得到晋升，但对话展开的方式让他们无法说出自己的真实想法。有些人也许希望得到晋升，但是出于种种原因，他们没有说出自己的想法。

给予人们谈论梦想的空间，会让老板找到机会去帮助员工，让他们向自己的梦想进发。这会让他们的工作更令人满意、更有意义，并最终降低员工流失率。但员工稳定率只是副产品，满意度、富有意义的工作以及与老板富有成效的关系，这些才是拉斯展开“职业生涯对话”的主要目的。

所以，你应该用什么问题来替代标准化的问题呢？拉斯推荐以这样的问题作为谈话的开始：“你希望自己职业生涯的顶峰是什么样子？”由于大多数人不知道自己“成长”后确切想要什么，拉斯建议鼓励他们说出 3~5 个未来的梦想。这既会让员工阐述他们认为你想听到的梦想，又会让他们说出内心的真实想法。

让每一名直接下属创建一份有 3~5 列的文档，并将每一列命名为他们在最近一次谈话中提到的梦想。接下来，让他们在每一行写下完成梦想所需的技能。这些文字将会展现出每个技能对每个梦想的重要程度，以及完成梦想所需的技能水平。通常情况下，一个人需要掌握何种新技能会变得显而易见。此时，作为老板，你的工作是帮助他们思考怎样才能掌握这些技能：你能够让他们参与什么项目，你可以将他们介绍给谁认识，你是否需要为他们提供培训机会？

第二次对话的最后一部分是确保每个人的梦想与他们所展现的价值观相匹配。比如：“如果‘努力工作’是你的核心价值观，那么为什么你数个梦想中的其中一个是提前退休呢？”请每个人描述他们的梦想，这能够推动坦率而富有意义的谈话。有一次，拉斯的问题发现了这样一种情况：在谷歌，一名员工的孩子有特殊需求。在孩子十几岁时，其身体情况很有可能会恶化。这名父亲希望在孩子最需要他的时候，自己能够全身心投入。这让他提前退休的计划看起来有着完全不同的意义。

你也许不会从大多数员工那里听到激动人心的“螺旋藻农场”

的故事。我曾经和一个人一起工作，他的孩子有严重的健康问题。那段时间，他所关心的唯一事情就是按时回家，利用半个小时的时间与妻子一起在白天散步。考虑到他正在经历的事情，这个理想其实十分伟大，我做了力所能及的一切，让他能够按时回家陪妻子散步。

对话三：18 个月计划

最后，拉斯教导管理者让员工叩问自己的内心："为了向梦想前进，我应该做些什么？我应该怎样确定学习事项的优先顺序？我可以从谁身上学习？我应该怎样转换角色进行学习？"一旦人们明确下一步想学习什么，管理者就能轻松识别出工作中的机会，这会在接下来的 6~8 个月中帮助他们提高技能，至少离其中一个梦想更近一步。这个从当前工作到未来梦想的转换比"在梯子上前进一级的做法"更能鼓舞人心。

以下是具体做法。首先，明确人们的角色应该如何转换才能提高他们完成梦想所需的技能。列出一份清单，让他们知道能够向谁学习，他们可以参与什么课程以及他们应该读什么样的书。接下来，在每一项之后，你要对谁在何时做了什么事情进行记录，确保你能采取行动。

帮助人们阐明价值观和梦想，接下来尽可能将其与他们当前的工作相联系，这一定会帮助你的团队变得更加强大，团队中的每个人也会变得更加成功，更加幸福，并且能够和你一起获得"平常意想不到的成功"。梭罗在《瓦尔登湖》中说过：

> 一个人如果充满信心地向梦想的方向前进，并努力实践他所想象的生活，就一定会迎来意想不到的成功。他会把陈规旧俗抛到脑后，他会跨过一条隐形的界限……如果你已把阁楼建在空中，你的辛苦不会白费，因为这正是阁楼应该待的地方。现在要做的，是打好坚实的基础。

充满信心地向梦想前进是一件需要克服恐惧的事情。作为老板，你的一部分职责就是帮助人们鼓起勇气去做这件事。如果你能做好，这将是非常有意义的事情。

以上是对三次谈话的高度概括，表面看来，它们十分简单。其实，做好这件事情很大程度上取决于你的能力：与直接下属建立信任关系的能力，找到每个人最适合的岗位以使团队获得成功的能力。

成长管理

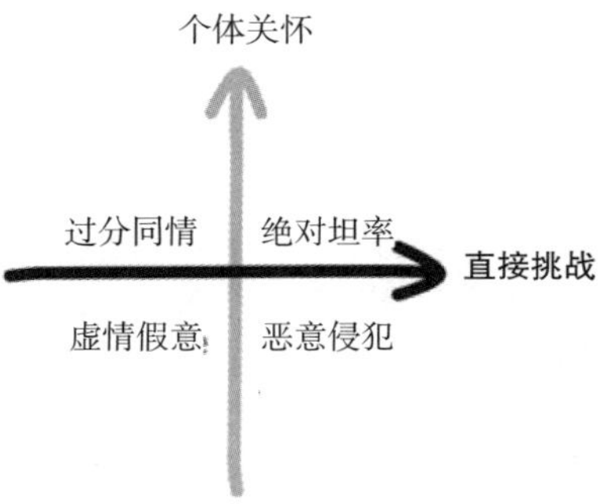

图 7–2　反馈框架 – 直接挑战

找到适合每个人的机会，知道如何帮助他们

你已经完成了这三次对话，并且已经开始为团队中的每个人提供机会去实现他们的梦想。这些努力会让你向绝对坦率中“个体关怀”的维度更近一步。

现在是时候向“直接挑战”这个维度推进了。

你每年都需要为团队中的每个人制订一次成长－管理计划。回顾整个团队，确保你理解每个人的理想、成长轨迹与团队需求相匹配的方式。接下来，除非团队中的所有人都位于他们所期望的位置上，同时这个位置恰巧也是团队需要的，否则，你需要进行一些极具挑战性的对话。

在方格中填下名字（暂时！）

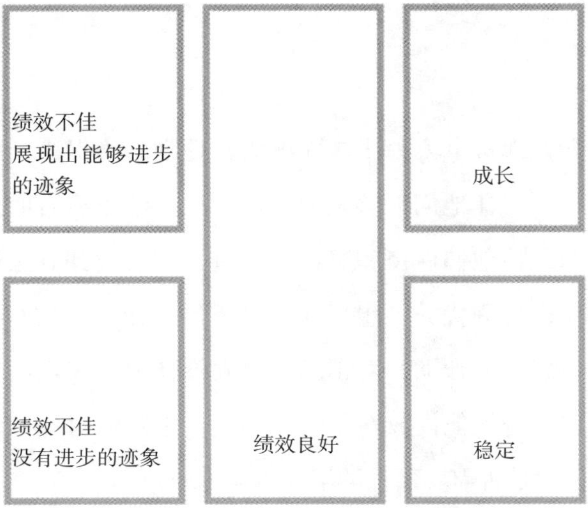

图 7–3 绩效－人名图

第一步是辨别团队的岩石明星和超级明星。在正确的格子中写下他们的名字。接下来，识别团队中能够做出较好但不是优异工作的人，这个比重可能很大。然后，确定表现不好但你认为他们应该做得更好的人，不管这是由于他们展现出了能够进步的信号还是由于他们的技能和抱负使得进步成为可能。最后，通常也是最难的部分，确定表现不好且不会有任何进步的员工。不要犹豫，最多花 20 分钟的时间做这件事。要快速思考。

接下来，为了保证公正，你需要借助外部视角。找到熟悉你团队工作的人，但是要保证他们不会像你一样同员工有情感牵连，这个人可能是你的老板、同僚或是人力资源部门的人。如果他们将员工放在了与你不同的方格中，即使你不同意，也要理解背后的原因。在不同意的时候你一定要特别注意这一点。

写下成长计划

接下来，为每个人写出 3~5 项成长计划。确保为超级明星提供项目和机会，让他们能够全力以赴；确保给予岩石明星他们所需要的东西，让他们保持积极性。并且，你要找到方法推动绩效良好的人变得更为优秀。想想你能给予他们什么样的新项目、培训机会或是怎样的帮助？对于那些绩效不佳但是表现出进步可能性的人，你是否把他们放在了错误的岗位上？你对他们的期望是否明确？他们是否需要额外的培训机会？

让我们来考虑一下那些绩效不佳也没有任何进步的员工。从某一时刻起，你必须开始推进解雇他们的流程，可以理解，大多数老板为此等待了太长时间。如果你在一个大型公司，那么你也许需要和人力资源部门探讨一个正式的绩效改进计划。你解雇他人的方式不仅会影响被解雇员工的未来，而且会影响团队对你和公司的看法。同时，这对你自己也会产生很大影响。就在几天以前，我和拉斯进行了一次电话营销会议。电话另一端是谁呢？是拉斯 5 年前解雇的一名员工。我们三个人都为拉斯当时的正确处理感到高兴。

如果你正在定期考虑员工的个人成长计划，那么这当然是你的责任，但你要记住，你不应该为每一名直接下属的成长计划花费超过 15 分钟。这更应该像是例行工作，而不是艰难费力的任务。这样你就能了解整个团队的成长轨迹。

保持尺度的一致性

如果你的许多同僚也在进行成长–管理计划，那么进行对比记录是一个很好的方式。如果你们同在一个大团队，那么对卓越工作、良好工作以及糟糕工作的标准达成共识十分重要。比如，如果你的团队中一半的成员都位于岩石明星的方格中，其他团队却没有人处于这个位置，那么你的团队很有可能与其他团队步调不一致，而不是拥有最佳团队。

如果你是管理者的管理者，那么你就要找到一个简单的方式来确保所有人达成共识。比如，你可以分享一个文件，让所有直接下属将他们团队成员的名字写在合适的方格中，然后你们一起讨论这件事。如果爆发争吵，那么就让他们在单独的会议中解决这个问题。如果他们还是无法达成一致，那么就由你来做出决策。这是很艰难的对话，但会很有意义，因为这能够鼓励管理者试图去达成更多一致性。确保所有管理者对不同类型的高绩效员工同等对待，会让所有人感受到体系的公平性。同时，这也会帮助团队拥有合适比例的陡峭的成长轨迹的员工与平稳的成长轨迹的员工。

确保不同层级的公平

出于对直接下属的关心，你希望他们能够做到最好，这是好事。但在一个庞大的团队中，这可能会变为一种无意识的偏见。如果你领导的团队有 500 人，那么你就会自然而然地对自己的直接下属十分看重。你的直接下属又会看重他们的直接下属。因此，如果处理不够谨慎，就会有相当一部分员工将职级最高的人评选为岩石明星或是超级明星，即使这样夸张的票数可能无法反映真实情况。

确保不同层级的公平既能够在组织中培养成长性，又能避免组织内不必要的愤恨。很多情况下，组织中职级最高的人往往会被给予最高的评分，尽管事实上他们的成绩很大程度上取决于下属的工作表现。不要让这种情况发生！通常情况下，人们可能会认为拥有卓越绩效的人会在组织中均匀分布：较高比例的职级较高的员工会拥有平稳的成长轨迹，较高比例的年轻员工则会拥有陡峭的成长轨迹。事实上，很多管理团队的情况恰恰相反：在超级明星的方格中，资历较老的员工要比年轻员工多得多。如果有这种情况发生，你就要提出一些尖锐的问题，确保这么做有恰当、合理的理由。

招聘：你的心态和流程

招聘新人时，很明显你在寻找能够将工作出色完成的人。那么，你应该招聘岩石明星还是超级明星呢？答案是：视情况而定。有些工作需要岩石明星，还有一些工作则需要超级明星。同时，你也需要确保这两类员工在整个团队的比例适当。如果团队中有太多超级明星，那么接下来就为团队雇用一些岩石明星吧。

流程

招聘流程十分重要，这是建立卓越团队至关重要的一部分。当你负责的业务快速发展时，你会为招聘投入大量时间。在谷歌工作的一段时间里，我在招聘上差不多投入了 1/4 的时间。

以下是我在谷歌、苹果以及其他地方见到的有效（或无效）的关键因素。这些是招聘流程的基本元素，它们需要严格遵守，但它们执行起来不至于让人感到繁重。所有的招聘都是有瑕疵的，都是主观的，同时它们的瑕疵无法被修复，只能被有效管理。以下是为了招聘到合适的员工，你能做的一些简单事项。

职位描述：为了减少偏见，像定义“技能”一样严格定义“适配度”。人力资源部门（不是招聘人员）应该根据角色写一份职位描述，包括这个角色所要求的技能以及团队“适配度”的标准。定义团队适配度很难，所以这一点很容易被忽略。努力用 3~4 个词描述你的团队文化，它们可以是“细节导向”、“奇特的”或者“直率的”，也可以是“宏伟蓝图”、“严格的”以及“礼貌的”。

不管你选择什么样的词，在面试衡量这些标准时，团队都要约法三章。否则，人们可能会根据直觉做出决策，这通常是由偏见导致的。同时，如果你投入时间为该角色确定成长轨迹，那么你会帮助面试官避免一种招聘偏见：招聘和你拥有一样理想的人。但这也许不是这个职位所需要的。所有的面试官都应该有一份职位描述，这样他们就能够明确了解自己应该寻找怎样的人。

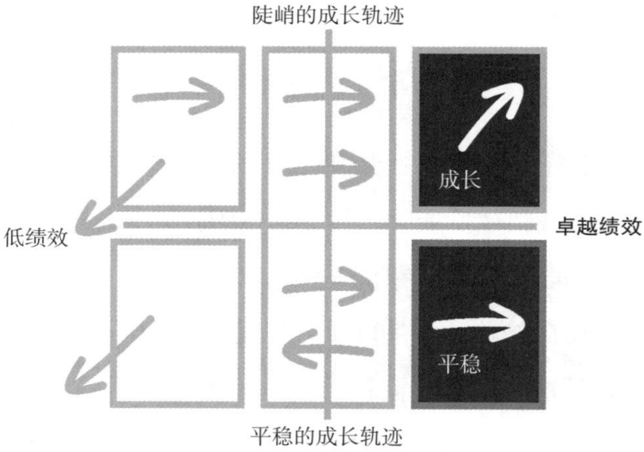

图 7–4　流程

盲测技能评价也能够减少偏见。面试需要花费时间，填写面试反馈报告也需要花费时间，所以对参加面试的人进行仔细挑选十分重要。良好的预先筛选能够消除大量错误印象。技能评价就是一个良好的预先筛选方式：让潜在候选人完成一个项目或解决一个与工作相关的问题。这能够淘汰不少只会纸上谈兵的候选人。同时，这也会给那些精明能干但是履历不佳的人一个面试机会。

理想情况下，招聘流程应该存在盲测技能评价。马尔科姆·格拉德韦尔（Malcolm Gladwell）讲过一个十分有名的故事：一个管弦乐团实行了盲听测试，结果被雇用的女性数量增加了5倍。如果可能的话，在不知道那个人是谁的情况下，给候选人一个展示自己工作的机会吧。

有些公司甚至会要求候选人参加线上技能评价，评价会剔除所有个人识别信息。评价者无法猜出测试者的性别、人种等信息。尽管这非常费时，也并不总是切实可行，但这仍是个很棒的主意。现在这样的服务越来越多，比如hired.com会提供偏见筛查，它们会过滤掉应聘者的名字和照片，让你只能在简历中找到工作要求的相应的技能。

选用同样的面试委员会来面试不同候选人，才能得到有意义的比较。尽量避免做出单方面雇用决策。由于面试十分主观并且很容易产生偏见，所以寻求多重视角能够提高做出良好决策的可能性。然而，这意味着你需要保持标准的一致性并且对于谁面试谁要考虑周全。如果鲍勃、莎琳和多莉作为面试官，他们喜欢西维尔，而同样作为面试官的艾伯特、弗兰克和佐治亚喜欢赞，那么如何决定面试委员会的成员呢？如果此类问题不考虑清楚，就会浪费8个人的时间。

面试委员会的合适规模是4个人。理想情况下，面试委员会应该是差异化的。如果你是女性候选人，但面试官全部为男性，那么这可能会让你感到扫兴。如果你是代表权较少的少数族裔，但面试官全部来自同一种族，这也会令人沮丧。如果面试官中至少有一名是其他团队的成员，情况将会不一样。这会避免“绝望招聘”。当团队中出现“空缺”时，团队负责人总是会急切地去填补这个空缺，却忽视了警示信号。没有感受过空缺为团队带来巨大伤害的人，反而更有可能指出这些危险信号。

非正式面试比正式面试更能展现出个体与团队的适配性。我很肯定存在好的面试训练方式，但我从来没有遇到过。面试是一种边做边学的技能，这是我的经验。要让人们以自己的风格参与面试。我喜欢听故事，所以我全部的面试技巧只是让人们“说出自己的简历”。

另一个好的面试方式是主动创造出更多非正式机会去考察候选人，比如带他们去享用午餐，或是和他们一起散步到停车场。询问接待员和调度员是否对候选人有意见。在缺乏戒备的情况下，候选人会露出本来面目。在我的团队文化中，很重要的一部分就是罗伯特·萨顿提出的“拒绝浑蛋”（No Assholes）原则。有几次，我正准备雇用的一名候选人对调度员非常粗鲁，把调度员弄哭了；另外一名候选人对服务员非常无礼，最后这两个人我都没有雇用。还有一名候选者把地上的餐巾纸捡了起来，尽管那不是他扔的，最后我雇用了他。我认识的一名经理经常和候选人一起走到停车场，她是一名很棒的雇主。在散步的过程中，她了解到很多事情：一名候选人暴露了自己的毒瘾；一名候选人夸耀自己在家的领导地位，说自己必须“管好自己的女人”；还有一名候选者开玩笑说自己特别喜欢在午饭时间和同事以及客户谈论八卦。

立刻记下自己的想法，让面试富有成效。及时写下你的面试反馈；让委员会其他成员也这样做，这会使决策更加科学。写下你对每一项技能的想法，如果你在进行技能面试，那么你还要写下每一项技能与团队标准的适配情况。

我最近面试了一名候选人，他有着迷人的性格和出色的简历，但有一件事困扰着我。当写面试反馈的时候，我才搞清自己困惑的原因：他倾向于在没有掌握确切细节的情况下做出断言。比如他说 X 公司的系统“能够无限扩张”，但是当我向他施压时，他却说该系统一天只能处理几百万数据行，这种表现并不能算是“无限扩张”，甚至连出色都算不上。对于 X 公司的系统以何种方式来赢利，他有些模糊，也不确定自己在其中的角色。

如果你很忙，没有时间将所有事情都写下来，那么我有一条小建议：在一个小时的面试安排中，用 45 分钟来面试，15 分钟来记录。这项安排会促使你在面试中更加专注，同时也能够对雇用的人选提出更好的建议。

亲自听取汇报并做出决策：如果你不希望雇用这个人，就不要录取他。关于招聘，我得到的最好的建议是这一条：如果你不希望雇用这个人，就不要录取他。即使你想聘用某个人，也要允许其他面试官对你的看法提出反对意见。总之，招聘时不要带有任何偏见，这十分重要。

如果有 3~4 名候选人参与了同一个职位的面试，那么委员会应该开会讨论每一个人的表现，这应该有严格的制度安排，但如果你理解了要让不同背景的面试官参与的面试原因，就应该明白，面对面探讨评估意见，是做出正确决策最快捷公正的方式。

在面试官递交自己的看法后，你要让每一位面试官都看到这些反馈。尽管这需要每位面试官提前做功课，但这能帮助招聘委员会会议更加快速顺畅地进行。在一个小时的会议开始前，安排15分钟的“自习室时间”，这是确保每个人都保持同一节奏的好方式，这样所有人就能了解其他人的反馈。通常情况下，如果运行顺畅，会议会提早结束。如果你的团队直接得到授权，而你确定了想要雇用某一位却无人反对，那么就直接拍板吧！如果这种事还没有发生，那么就向公司的权威部门提出你的建议，推动他们快速做出决策。

解雇

必要的罪恶

有些公司对招聘投入的时间太少，所以他们不把解雇员工当回事，这是个严重的问题。不管是从情感上还是法律上来说，解雇别人都不是一件容易的事。在那些随意解雇员工的公司，即使工作优异的员工也会变成惊弓之鸟。当人们感受到这种形式的恐惧时，他们就开始逃避冒险，减少对知识的学习，成长变得缓慢，也不愿创新，而他们原本可以变得更好。这是个人成长管理的反面例子。

有些公司会犯下相反的错误：他们让解雇成为一件几乎不可能的事。在这些公司，老板总是束手束脚。有些老板解决绩效问题的方式是在团队中偷偷安插亲信，这会带来一种让人无法理解的办公室政治。工作优异的员工常常要为绩效不佳的员工善后，最终这会使他们满心沮丧地离开公司。表现不佳的员工也会意识到老板不在乎他们的表现，于是不愿继续努力。最后，组织一步步走向了平庸。

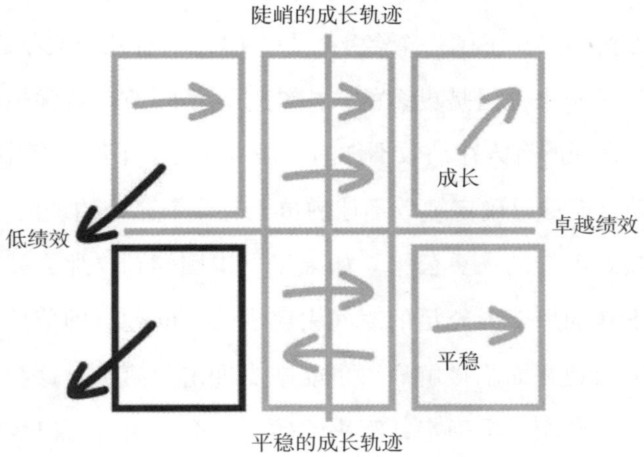

图 7–5　解雇

解雇别人很难，这也确实是一件很难的事。但如果你做了以下三件事，被解雇的那个人就会感觉轻松许多，你和你的团队也会有同样的感觉。

不要等待太长时间

事实上，当团队中有人表现不佳时，和我共事的所有管理者都要通过很长时间才敢承认这个问题。他们自己都不愿承认这个问题，更不必说他们的老板和人力资源部门了。在管理学课堂上，我经常让学生在人才管理网格的象限中写下名字。我告诉他们，这样做不会造成任何影响。他们不需要和任何人分享，这完全是一种思维锻炼。在所有人都完成后，我问道："你们有多少人认为这家公司存在表现不佳的员工？"通常情况下，几乎所有人都会把手举起来。接下来我问道："你们之中有多少人在每个'绩效不佳'的方格中只写下了一个名字？"这时，只有几个人举起了手。一些人笑了起来，但是更多的人想绕过这个环节。我强迫他们坐在那里，直到所有人在绩效不佳的方格中都写下了一些名字。

推动自己尽早确定绩效不佳的员工有 4 个充分的理由。第一，这会对绩效不佳的人更公平。如果尽早识别问题，那么就能够给予绩效不佳的那个人充足的时间去解决这个问题。即使他们最终无法解决问题并面临被解雇，也能减少冲击。第二，这会对公司更公平。如果能尽早确定并解决问题，那么公司就可以大幅降低被起诉的风险，也能减少由于法律规定而必须支付他们几个月工资的不快。第三，这会对你自己更公平。如果你在上个季度给某人很高的评分，但这个季度你把他解雇了，那么流言很快就会传开，这也会损害你与其他人的信任关系，更不要说由于解雇员工，你还会面临被起诉的风险。尽管解决绩效问题是一项费力不讨好的工作，但是解决诉讼问题会花费更多时间，也会让人更加不快。第四，也是最重要的一点，尽早解决绩效问题会对工作出色的人更公平。对他们来说，忍受糟糕的工作是不公平的。

不要单方面做出决策

确定绩效问题后，你就要投入时间从老板那里寻求建议，与同僚讨论（适当情况下），并从人力资源部门寻求帮助。不要认为这只是老板一个人的决定。你不希望因为愤怒而解雇别人，也不愿由于自我否定而未能解雇别人。许多人对这种高度紧张的问题感到心神不宁，你的老板和同僚能够帮助你考虑得更为清晰、周全。

理想情况下，公司的人力资源部门中应该有人能够帮你做出适当记录。（如果你自己运行一家公司，一定要找到这样的人！）如果情况并非如此，你就要向从事劳动事务的律师、经验丰富的人力资源经理或是其他管理者寻求帮助。不要只是征求建议，建议太过抽象化，要让他们对你写的材料进行修改。许多管理者询问如何写绩效改进方案（PIP），他们通常得到的建议是要公平公正，但不要设计得太过简单，这样才能真正解决绩效问题。管理者往往记住了“公平”，却忽略了“不要太过简单”。人们完成了绩效改进方案，但核心问题没有得到解决，这一问题还会持续到下一次绩效改进。这种情况发生过很多次。

作为老板，你可能需要写下许多类似于绩效改进方案的邮件或文件，在这方面花费的时间会比预想的要多，你要确保在这之前，有人已经对这些文件进行了编辑。再次重申，你值得为此投入时间，因为被起诉会比这更糟！

关心

尽管寻求帮助非常重要，但不要被人力资源部门和法务部门的建议困住。做一个深呼吸，向后退一步。你要意识到自己与即将被解雇的这个人存在着关系，你仍然需要关心他。努力思考怎样做才能让他更为轻松，即使这可能会让你为难，或让你不得不面临更大的风险。

在果汁公司时，我需要解雇一个人，但又十分担心自己会面临诉讼问题。我向律师征询了很多建议（当时我们没有设人力资源部门）。大部分建议都十分有帮助，但律师一直建议我找一位保安把他请出去。我认为此举会让即将被解雇的员工感到羞耻并让他生气。“如果我请他出去又会怎样呢？”我问道。律师说：“他可能会非常生气。”我之所以寻求法律建议，就是想要避免此类事情发生，但我意识到自己这样做可能会起到相反的效果，所以我没有按律师说的做。我让他与自己的项目团队告别，他后来向我表示感谢。我一直认为追随自己的内心远比法律建议能避免更多痛苦——甚至可能会避免诉讼。

当不得不解雇别人时，你要表现得谦虚一点。记住，你解雇他们的原因不是因为他们差劲，甚至也不是因为他们工作糟糕，而是你给予他们的工作十分差劲。

跟踪后续

在解雇别人一个月后，我经常会给他们发邮件询问情况。我会帮他们留意可能适合的岗位。即使没有职位可以给他们，我也会伸出援手。通常情况下，大家不希望收到我的来信，所以如果我没有收到回信，我也不会责怪他们。但有时，也有人愿意与我一起散步、一起吃饭或者交换想法。我永远不会忘记当与一个被解雇的员工散步时，他一再向我致谢并转达了他老婆的谢意。离开这份工作不仅有利于他的职业生涯，也对他的婚姻与父子关系有好处。

解雇别人很难，但是对遭到解雇的人来说离开也很难。作为老板，你的工作就是当事情运转不良时，与大家绝对坦率。

晋升

确保公平

如果一个组织中员工的晋升依赖老板的偏袒，或者同样级别的管理者晋升步伐完全不一致，就会让人感觉不公。然而，当一些管理者聚到一起探讨晋升公平时，办公室政治就会迅速蔓延。对事情的分歧会转变为人身攻击，沉默的反对会滋生怨恨，见不得人的勾当也会在私下进行："虽然这个人不怎么样，但是如果你支持我的人，我就支持你的人。"上一轮没有得到晋升的人会暗怀妒忌之心，从而阻止下一轮有能力的人晋升。

谷歌工程团队利用晋升委员会解决了这个问题。晋升委员会由团队外人员组成，每年评选两次。他们依据相对客观的个人表现，与其他员工的直接上司讨论晋升，而不是员工自己的直接上司。这是关于员工晋升优点的讨论，而不是"我的人"对抗"你的人"。最重要的是，这能够解决由来已久的管理者偏袒问题。最终，没有一名工程师会由于溜须拍马得到晋升。（遗憾的是，谷歌的其他团队不像工程师团队这样拥有严格的晋升流程。）

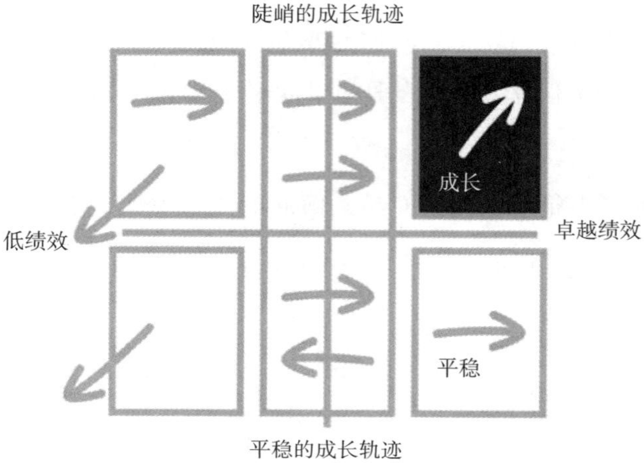

图 7–6　晋升

然而，谷歌的体系并非完美。该体系倾向于奖励做出最多可视化项目的员工，而不是在幕后做出重大贡献的人。同时，有些人的推荐对晋升的影响过大。但这依旧是我所见过的最好的流程，它值得效仿。

即使你的公司没有过多关注晋升的公平流程，你也能够与同僚交换意见。如果你是老板的老板，那么在晋升通过之前，你可以让所有直接下属彼此校正他们的晋升计划。以下是一些小建议，能够预防以上描述的办公室政治。

准备。让团队中所有人提交一份晋升人员名单并标注理由。如果有人力资源部门的同事配合你，让他按层级排列所有名字和理由，并组织一场汇报，这使得信息更容易被理解。在接下来的会议中，回顾所有信息并针对所有晋升计划准备自己的观点，要保持开放的心态。

仔细安排时间，不要让讨论持续太久。按层级审阅所有晋升，从最资深的员工到最年轻的员工。对于资深员工的晋升计划的讨论会比讨论资历尚浅的员工的晋升计划占据更多时间，但不要让他们占据所有时间。当讨论持续太久时，要么自己做出决定，要么让大家继续讨论，最后告诉你讨论结果：这个结果可能是一种推荐，也可能是有待解决的僵局。

前一天要充分休息，早晨进行锻炼并享用一顿好的早餐。你需要平静下来，如果可以的话，要开心一点。鼓励你的整个团队都这样做。

事情结束之后，承认这次对话的艰难。设计一些消除误会的活动，比如一起散步。一般来说，我不赞成将工作和喝酒混为一谈，但如果机会合适，和团队小酌一杯也无妨。

如果公司和你的老板不注重晋升公平，那么你可以向同事建议并和他们一起去努力校正这件事。如果你的同事也不愿这么做，那么你还可以指望计划晋升的人选或其他人，并做一次完整性检查。当团队其他人不同意时，你不需要为了回报而让员工晋升。

奖励岩石明星

不要将荣耀都归于超级明星

避免痴迷晋升和地位

曾经，当我准备为谷歌的团队写下庆祝晋升的邮件时，我不知该如何下笔。10 年后，我终于明白问题出在哪里：根本不应该写这类邮件。宣布晋升会滋生不当竞争：人们会追求地位而不是能力的提升。

绝大多数晋升会带来薪酬的增长和更大的责任。晋升带来的外部认可也是很大的奖励。所以我们可以假定，员工一旦得到晋升，就说明他们长期以来的工作会得到宣传。对晋升进行大规模的宣传，公开认可那些晋升人员所带来的益处，会被这家公司更加关注等级差异的负面效应抵消。

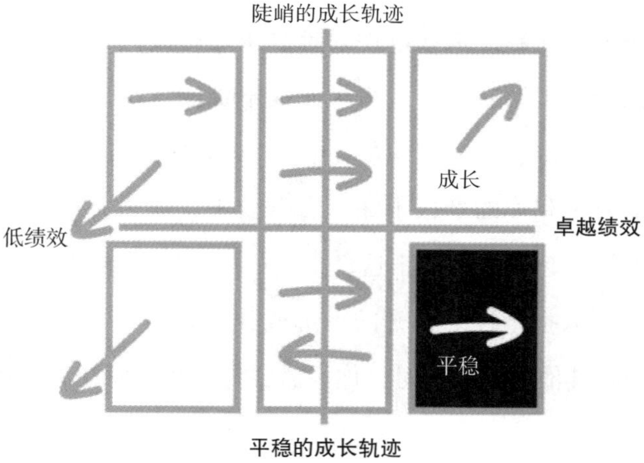

图 7–7　奖励岩石明星

那么如何让新的角色清晰透明呢？如果晋升包含角色的转变，那么就宣布这件事。但不是所有角色转变都意味着晋升，也不是所有的晋升都暗含角色转变。关注工作本身，而不是这项工作为他们带来的地位。

如何进行公开赞美呢？要想尽一切办法进行公开赞美，但你要仔细考虑赞美的内容。赞美你希望看到的事情：高质量的工作、令人惊奇的创新、高效率和无私的团队合作等。

问自己一个问题：你真的如此关注晋升吗？如果不是，就不要小题大做。

说出“谢谢你”

吉姆·奥塔韦（Jim Ottaway）是道琼斯公司的前任董事和高级副总裁。他曾经告诉我，他十分惊讶地发现自己 10 年前写的感谢信仍然粘在一名员工的墙上。他明白这意味着什么，他希望自己能写下更多这样的信。很多老板，甚至是好老板，都会忽略掉很多小事的重要性，比如表达感谢。

一句感谢比赞美意味着更多。赞美展示了对卓越工作的肯定，一句“谢谢你”则表达了个人的感激之情。感谢别人的时候，你不仅在解释工作的重要性，而且还展示了这份工作对你的重要性。花点时间说“谢谢你”吧。当面做这件事，并且把它写下来。有时私下表示感谢更有意义，有时公开表达感谢更好，不管怎么做，这都很有意义。

专家

承认他们是某一领域的专家，也是强调人们做出卓越工作的良好方式。你也可以让他们讲授自己的专业知识，以此来承认他们顶尖的专业水平。给他们几个月时间筹备课程，让他们仔细思考如何讲授他们了解的专业知识。这会让他们感到满足，也会让团队富有成效。当然，不是所有人都喜欢教学，因此，你要确保这是奖励而不是惩罚。如果有人不喜欢教学，就找到另一种方式承认他们在领域内的专业水平。

公开陈述

再次重申，工作卓越并位于平稳成长轨迹的人最常见的抱怨之一就是感觉自己是隐形人。对于团队中专注于工作却不被认可或被误解的关键员工，给予他们一个机会，让他们向同事解释自己的工作，这是一个简单的解决方式。

避免管理缺位和管理微观

为了帮助你成为员工工作中的好伙伴，避免让你掉入管理缺位以及管理微观的陷阱，我绘制了一个简单的表格。希望这能帮你和直接下属成为更好的搭档。让员工参与的最佳方式之一就是与他们进行合作。

表 7–1　管理缺位、合作和管理微观之间的比较

管理缺位	合作	管理微观
袖手旁观、不闻不问	亲身实践、聆听、不过多指导	亲身实践、聆听、喋喋不休
缺乏好奇心、不求甚解	展现好奇心 判断出他们何时需要了解更多	缺乏好奇心、假装知道一切

（续表）

管理缺位	合作	管理微观
不倾听、不说话	倾听、询问原因	不倾听、告诉做法
害怕任何细节	询问相关细节	在细节中迷失方向
不知道事物的运行情况	亲身实践，了解情况	要求不必要的演讲、报告以及更新
不设立目标	引领协作的目标设定	任意设定目标
不了解问题	倾听问题、预测问题、运用头脑风暴解决问题	在没有完全理解问题的情况下告诉人们解决方法
无意识地碰到手榴弹，引发其他问题	移除障碍并化解危险局面	告诉人们应该如何移除障碍／应对危险局面，但是在安全距离外观察
不知道问题和答案	分享知道的信息；询问不知道的信息	不知道时也假装知道
不了解背景	分享相关背景	隐藏信息

总结

理想情况下，团队中的所有人都热爱工作并且喜欢在一起工作，成为这样团队中的一员是一件非常开心的事。只要你与团队中的每个人都开展职业生涯对话并且每年为他们做出成长－管理计划，雇用合适的员工，解雇不适合的员工，提拔该晋升的员工，奖赏工作出色但不应被晋升的员工，和你的直接下属成为合作伙伴，你就可以打造一只卓越团队，这绝对在你的控制范围内。你们能够一起完成个人永远无法完成的事，与此同时，你们每个人都能向自己的梦想更近一步。

8
结果

如何快速完成所有工作

绝对坦率的最终目标是大家合作达成个人无法实现的目标。你已经营造了指导的文化，也拥有了能够展现绝对坦率精神（个体关怀和直接挑战）的模范团队。由此带来的良性循环会让团队进入最佳状态；最重要的是，团队能够进行自我修正，大部分问题在你意识到之前就可以被解决。但是，现在还不是购买游艇去加勒比海航行的时候。现在，你要运用绝对坦率解放出的时间和精力，让团队专注于实现卓越成就。

神经学家、大学教师斯蒂芬·柯斯林（Stephen Kosslyn）曾经发表演讲，他在演讲中描述了团队中一起工作的人会如何变成彼此的“精神辅助”，这是指一个人不喜欢或不擅长的事恰好是另一个人擅长或精通的事。他们在一起工作，就能做到“更好、更强、更快”。在本书中，更好、更强、更快就是本书第 4 章描述的 GSD 闭环中的步骤。你的角色将会是鼓励倾听、阐明、讨论、决策、说服以及执行的过程。对于已经完成的项目，你要确保团队能够分享彼此的看法并能够从结果中学习经验。这种情况不只发生在硅谷的高科技公司。我最近与新泽西州捷运公司负责新晋升管理者培训工作的员工聊天，询问他们要教会新晋升管理者的第一件事是什么，他们告诉我，“管理工作不能从指挥别人开始，这样他们只会记恨你，而要从倾听开始”。

作为老板，保证事情平稳运行最重要的工作就是决定谁应该与谁沟通以及提高沟通的频率。这就意味着要召开会议。很明显，所有会议都会消耗大量时间成本，所以精简参会人数、减少会议时长和降低频率十分重要。在所有会议中，最重要的会议就是与每一位直接下属的一对一谈话。

1. 一对一谈话
2. 员工会议
3. 思考时间
4. “重大讨论”会议
5. “重大决策”会议
6. 全员会议
7. 无会议区
8. 看板

9. 四处走动

10. 重视企业文化

一对一谈话

员工确定日程，你负责倾听并帮助他们阐明认识

一对一谈话是你必须召开的会议，这也是最好的倾听机会，只有倾听，才能确保你理解他们对工作的看法。同时，这也是了解直接下属的良好机会，它能够让你向绝对坦率框架中“个体关怀”的维度迈进。记住：一对一谈话不是为了让你发泄积蓄已久的不满！

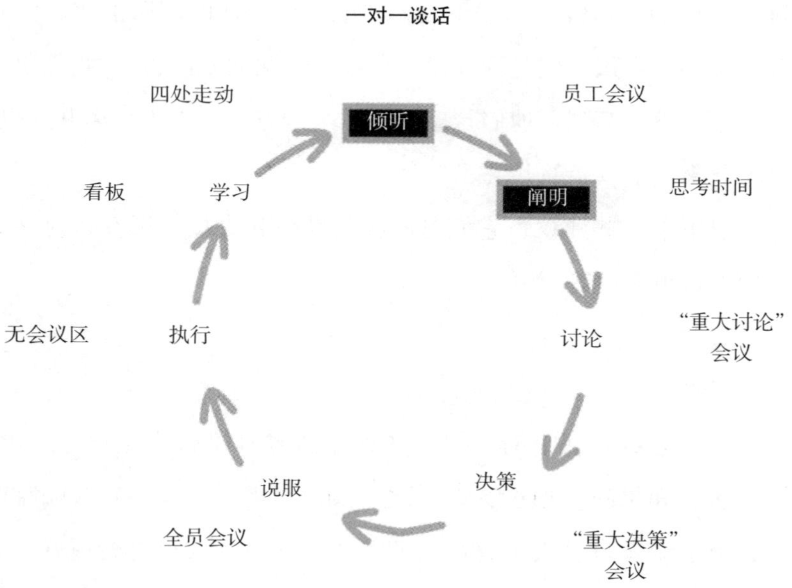

图 8–1　一对一谈话

一对一谈话的目的是倾听和阐明：了解每一名直接下属希望前进的方向以及遇到的困难。谢丽尔在一对一谈话中曾经帮我快速解决了一个重要问题，在对话之前这个问题似乎是无法克服的。那时，我所管理的团队位于10个不同的城市，我希望见到他们每一个人。与此同时，我已经40岁了，非常向往家庭生活。但是，如果与老公两地相隔5 000英里，那么怀孕就会成为一件困难的事。我应该怎么办呢？我把自己的困境告诉了谢丽尔。“这很简单！”我全神贯注地听着，“鱼和熊掌无法兼得，你也没有时间可以浪费，现在怀孕是你最重要的事。”我听后感到非常欣慰。同时进行出差和怀孕似乎是一件不可能的事，我很高兴听到谢丽尔说出了我的想法。但同时，我也感到沮丧。这是否意味着我无法继续自己的工作呢？当然不是！“记不记得你的团队上次希望召开全球场外会议，但是预算没有获批？”谢丽尔问道，“我们再尝试申请一下预算吧。他们希望来到这个地方，你也不想离开这里。这看起来是个双赢的办法。”

以下是一些建议，它们可能会帮助你和直接下属在一对一谈话中取得更大进展。

思维定式

你的思维定式会对一对一谈话是否顺利进行产生深远影响。我发现，如果我不把这看作一次会议，而将它当作午餐或咖啡时间，就会激发自己去了解员工的渴望，谈话的效果也会更好。如果在进餐时间安排会面会有所帮助，那么你就定期与他们共进午餐。如果你和直接下属喜欢散步，咖啡馆旁边又恰好环境优美，那么就安排步行会议。如果你是喜欢早起的人，那么就尝试在早晨与员工沟通。如果你在下午两点会感到困倦，就不要将会谈安排在那时。你的会议很多，所以你需要根据自己的精力优化一对一谈话的时间和场合。但不要太过分，让员工骂你。比如你也许会在早晨5点起来去健身，但不要把会谈安排在那个时间。

谈话频率

时间不会缩水，它对关系的形成至关重要。一对一谈话这种形式与直接下属的数量有关。我每周会与每位直接下属沟通50分钟，但我无法忍受5个小时以上的会谈。倾听是一件很难的事，我没有无限的精力去倾听，所以我最多允许自己有5名直接下属。当人们不在我身边时，我会通过视频会议与他们谈话。作为补充，我还会进行更为频繁的快速检查。

然而很多公司的真实情况并非如此，包括我曾经工作过的地方。如果你有10名直接下属，那么就把每周一对一谈话的时间调整为25分钟。我认识的很多人有20名直接下属，他们对一对一谈话表示无能为力，这是他们公司传统的管理方式。如果你也有这样的困扰，我推荐你每两周与每位直接下属进行25分钟的谈话。同时，评估一下其他员工是否能为你的某些直接下属提供指导，以此减少直接下属的数量。

按时出现

一对一谈话最重要的建议也许就是按时出现。理想情况下，你有 10 名以下直接下属，并且你每周都能和每个人进行一对一谈话。但同时，你也可能会出差、不可避免地生病或是休假。此时，在 13 场已经安排好的一对一谈话中，你将不得不取消 2~3 场。如果你将这些时段的谈话全部保留到某些重要的一对一谈话时（比如绩效评价、寻求反馈以及“职业生涯谈话”），那么每个季度每位下属只会有 7 次或 8 次“常规”谈话的机会。如果你的情况更糟，拥有 10 名以上直接下属，那么你可能每两周才会与直接下属进行一对一谈话。这意味着每个季度每名直接下属只能得到 3 次或 4 次一对一谈话的机会。所以，不论你有什么特殊的事情，都不要取消一对一谈话。

设定议程的是你的直接下属，而不是你

让你的直接下属为自己的一对一谈话设定议程，这会让他们更有成就感，使他们觉得你的倾听对他们来说是重要的事。但是，我建议为日程设定基本预期和表达方式，比如你是否希望这是一次结构化谈话并希望提前看到议程。如果直接下属把讨论事项草草记录在餐巾纸上，你觉得可以接受吗？记录在一份文件中会更好吗？无论你希望进行结构化谈话还是更喜欢自由流程，议程本身都应该由你的直接下属设定，而不是你。你的工作是对没有做好充分准备的直接下属追责，或是接受偶尔缺少议程的一对一谈话。

一些不错的跟进问题

以下是一些跟进问题，它们不仅能够表达你的态度，还能够表达你对下属的关心以及想提供帮助的意愿。这些问题能够帮助员工发现当前工作、认识到自己应该做的事情以及想要做的事情的不足。

“为什么？”

“我能够提供什么样的帮助？”

“我需要做些什么或者停止做哪些事情，来让你的工作轻松一点？”

“什么事情会让你在半夜睡不着？”

“哪些工作是你不愿从事的？”

“你不想继续是因为不感兴趣还是认为这件事无关紧要？”

“为了停止这件事，你可以做些什么？”

“有什么是你希望从事但现在没有从事的事情？”

“你为什么没有着手这件事？”

“为了让这件事开始，你能做些什么？”

“你认为在你所在的团队，事情的优先顺序应该怎样排列？”

“他们正在开展的什么事是不重要甚至是没有效率的？”

“有什么事是你希望他们做但他们没有做的？”

“你是否对团队中其他人直接表示过担忧？如果没有，原因是什么呢？”（重要提示：此时的目标是鼓励他们彼此提出问题，而不是为他们解决问题。参见第6章“防止暗箭伤人”。）

在一对一谈话中鼓励新的想法

进行一对一谈话前，请牢记乔尼·伊夫的话："新理念很脆弱。"在新理念被提交到乱作一团的讨论会之前，一对一谈话应该是鼓励新理念的安全场所。这次谈话应该帮助员工阐明他们对新理念的想法，并确定他们能够理解其他人的看法。理念对工程师和销售员来说，表达方式可能不尽相同。你可以利用以下问题来推动人们使自己的想法更加清晰，从而鼓励新理念的出现。

"为了完善这个理念，并为更大范围的团队讨论做好准备，你还需要做什么？我能怎样帮助你？"

"我认为你已经找到了解决方法，但我还不太清楚，能再和我解释一遍吗？"

"让我们一起全力以赴，好吗？"

"我理解你的意思，但是其他人也许无法理解。你要怎么解释才能便于他们理解呢？"

"我觉得'某些人'也许不会理解这一点。你能够为他们解释得更清晰一点吗？"

"他们无法理解是因为不够聪明还是因为你解释得不够清晰？"

一对一谈话的警示作用

一对一谈话对你的直接下属来说非常有价值，他们能够在一对一谈话中与你分享自己的看法并且决定自己的工作方向。同样，这对你来说也十分有价值，因为一对一谈话会给你提供一些线索，告诉你有可能要失去员工的信任了。以下是一些警示信号。

取消。如果你的直接下属频繁取消一对一谈话，这说明你们的关系不够牢固，或者你经常利用这个机会不适宜地发泄积蓄已久的不满。

更新。如果人们在会议中只告诉你工作的最新情况，而这些情况往往通过一封邮件就能搞定，那么你需要鼓励他们更有建设性地利用这段时间。

只有好消息。如果在谈话中你只能得到好消息，那么这就是一个标志：人们不愿告诉你存在的问题或者认为你不会提供帮助或对此无能为力。这种情况下，你需要主动询问坏消息，不要放过任何问题。

没有批评。如果他们从来没有批评过你，那么说明你在寻求指导方面做得不够好。记住那句话："我能够做些什么或者停止做哪些事情，能让你的工作轻松一点？"

没有议程。如果他们一直以来都没有找到讨论的话题，这可能意味着他们不知所措。这是由于他们不理解会议的目的或认为这样的形式不会有所帮助。礼貌而直接地说出这句话："这是你的时间，但你又似乎无话可说，能告诉我原因吗？"

员工会议

回顾关键绩效、更新工作进展、识别（但不要做出）关键决策

与我工作过的几乎所有 CEO、中层管理者以及初级管理者都认为，举行高效而成果丰硕的员工会议是一件很难的事。主持会议的人经常会害怕会议，参与者认为那是在浪费时间，会议之外的人因为自己被排除在外而伤心难过。尽管低效的员工会议会消耗人们的时间和精力，但是运行良好的会议能够让你察觉到问题，让所有人高效分享信息并对本周优先事项达成共识，最终节省时间。

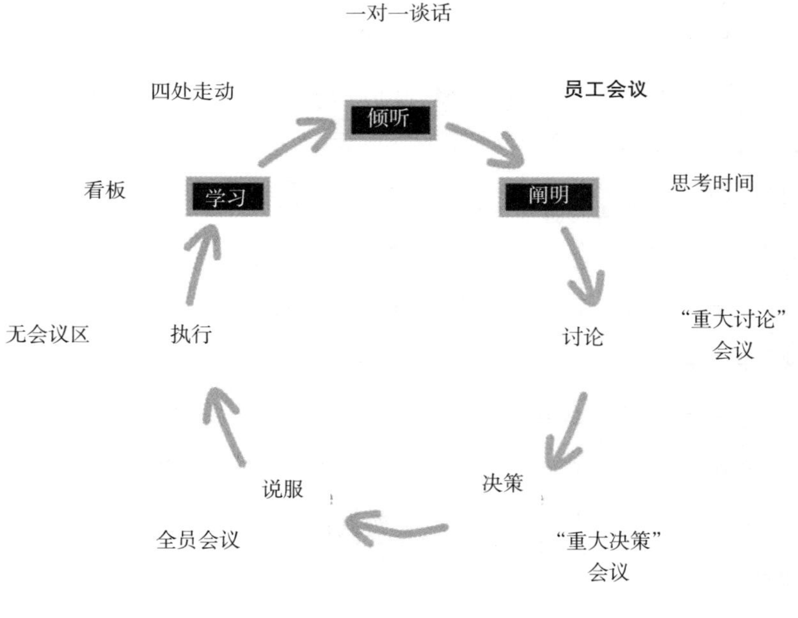

图 8–2　员工会议

高效的员工会议有三个目标：回顾上一周工作情况；让人们分享最新工作进展；让团队阐明重要决策并在下周进行讨论。这些就是全部，员工会议不应该进行讨论或做出决策。你的工作是建立一以贯之的会议议程，让人们坚持做这件事，并打断长篇大论或是跑题的人。

以下是我认为最高效的会议议程：

- 学习：回顾关键绩效指标（20 分钟）
- 倾听：在共享文件中展示最新情况（15 分钟）
- 阐明：确定关键决策并讨论（30 分钟）

学习：回顾关键绩效指标（20 分钟）。上周哪些工作运行良好，哪些运行得不好，为什么？如果你设有关键指标指示板，那么事情就能得到顺利推进。“指示板”不是由信息技术部门设立的复杂系统，而是有许多数字的电子表格。你需要知道每周观测哪些重要活动和数据，才能清楚掌握工作进展。这个指示板可以自己设计，不一定需要公司的技术支持。指示板最好能够自动更新，如果做不到自动更新，确保每一名直接下属在员工会议的前一天晚上将自己负责的部分更新完毕。如果有必要，就自己进行检查并催促没有及时更新的人，将指示板放在整个团队都能看到的地方，而且这种记录应该永久公开。

倾听：在“自习室时间”展示共享文件中的最新情况（15 分钟）。确保所有人都了解其他人的工作，这是管理团队最富有挑战性的事情之一，这样大家就能够明白哪一部分工作存在隐患，哪一部分工作会重叠。最新进展与关键绩效指标不同，它包含指示板中没有的事项，比如，“我们需要改变这个项目的目标”“我在思考做一次人员调动”“我认为应该解雇谁和谁”“我下周要进行外科手术，会缺席三个星期”。

有些领导者在员工会议上分享这些信息要花费几个小时。几乎所有人都不喜欢长时间会议，所以有些人选择了另外一种方式：设立公开文件，每个人都写下自己上周的工作以及下周的计划。谷歌就采取了这样的做法，并把它称作“工作摘要”。

理论上说，通过工作摘要系统进行更新更便于操作，并且能够避免冗长的员工会议。毕竟，写下个人工作摘要只会占用一小部分时间，阅读所有人的摘要也只需要几分钟。然而实际上，很多人不愿意写下自己的摘要，当有些人拒绝完成这件事时，这个方法就会显得支离破碎。我发现尽管自己一直在尽力避免无止境的员工会议，但实际上，我对输入自己的摘要也感到烦琐。有段时间，我强迫自己这么做，但后来我发现有很多人和我一样，所以我决定换一种解决方式：我在员工会议上留出时间，让所有人一起写下摘要。这样一来，情况好了很多。

以下是自习室摘要的运行方式。让所有人用 5~7 分钟写下 3~5 件需要让别人了解的工作，可以是自己的工作，也可以是团队的工作，再利用 5~7 分钟阅读别人工作的最新进展。不允许交头接耳，后续问题可以在会议之后处理。这个简单的规则会为员工会议节省大量时间。如果你不这样做，那么在大部分会议上就会有这样的场景：所有人冷漠地观看两三个人激烈地讨论。

摘要工作最好可以和多人同时编辑的共享文件一起使用。你可以利用谷歌文档（Google Docs）、微软文档（Office 365）以及全能便签（Evernote）等应用。如果你的员工没有个人电脑或智能手机，也可以利用纸和笔，每个人在纸上记录信息，然后再将记录进行传递。

如果你是老板的老板，那么这些摘要应该对范围更广的团队公开。这意味着记录中不能包含保密信息，比如一个人的绩效问题、工资调整计划等。你也许希望自己的团队了解“保密信息”，但要确保里面没有包含太多内容。你们讨论的大部分事情应该是可以大范围公开的。

阐明：确定关键决策并讨论（30分钟）。本周团队需要研究的一两件最重要的决策以及最重要的讨论是什么？如果你的团队规模在20人以下，那么你也许可以将它们列出并以一种特定方式进行决策或讨论。

如果你的团队规模在20人以上，那么就需要更正式的做法。将这些话题提上议程并确定每一项决策的制定者。在议程中，写清楚每一项“重大决策”与“重大讨论”。这感觉像是让会议更复杂了，但这会让你摆脱会议，同时也能让不希望被排除在外的人参与讨论和决策，这是为他们准备的。通常情况下，讨论和决策的制定者并不是你或你的直接下属。对你来说，这样的单独会议是下放讨论与决策权的有效方式，这能让员工注重实际，避免令员工认为这过于等级化，从而使得决策与细节/真相脱节。

这两种会议的议程都应该在较大范围内进行，任何想参与的人都可以出席会议。最初，可能会有很多人参加会议，但是很快很多人就会离开，最后，只会留下真正想参与会议或会议需要的人。大多数人不喜欢在与自己相关的决策中被排除在外，但是他们更反感参加与自己毫无关联的会议。让事情更透明一点，很多问题就会迎刃而解。

思考时间

留出神圣的思考时间

你已经明白需要在日程表中增加更多一对一谈论和员工会议，也许还要参与某些“重大讨论”和“重大决策”会议。除了这些常规计划性会议，人们还会找你探讨问题。同时，团队中还会发生你必须处理的紧急情况。什么时候你才能有时间梳理自己的思想，或帮助为你工作的人理清他们的思想呢？如果不采取措施，那么你可能连上厕所和喝水的时间都没有，更不要说吃饭了。你将成为日程表的奴隶。唯一能安静思考的时刻就是深夜，而这时候你已经困得不行了。

我认识一位非常成功但也很忙的 CEO，他每天会为自己留出两小时的思考时间，雷打不动。有一次，一个国家的总统（此处忽略这个国家的名字）想与他会面，这个总统没有特定的议程，大部分人出于好奇会接受会面。但是这位 CEO 拒绝了，原因是什么呢？这占用了他的思考时间。当一位非常成功的媒体人走进他的办公室时，媒体人发现这位 CEO 正靠在椅背上，抬头望着天空。媒体人问他，你在想什么？ CEO 讲起了公司在未来 10 年的发展理念。

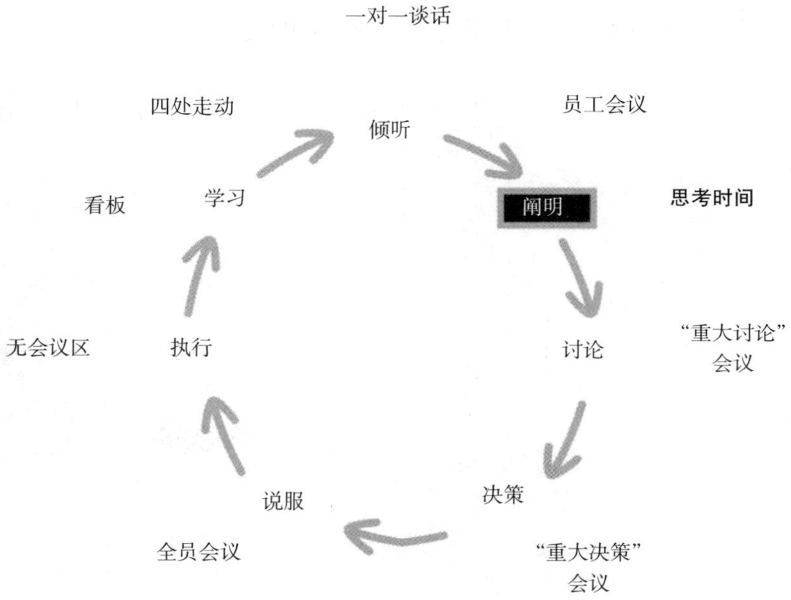

图 8–3 思考时间

不是只有这位 CEO 才会这么做。在谷歌做中层管理者时，我也采用了这样的做法。我也建议你安排出思考时间，并把这段时间看得无比神圣，让人们知道你无法在这个时间段再安排其他事情。如果他们还要尝试安排别的事情，就大胆发火吧。你也可以鼓励团队中所有人都这样做。

“重大讨论”会议

缓解紧张：明白你在讨论，而不是在决策

“重大讨论”会议的意义是对团队当前面临的问题进行讨论，

而不是做出决策。会议能够解决以下三项问题。

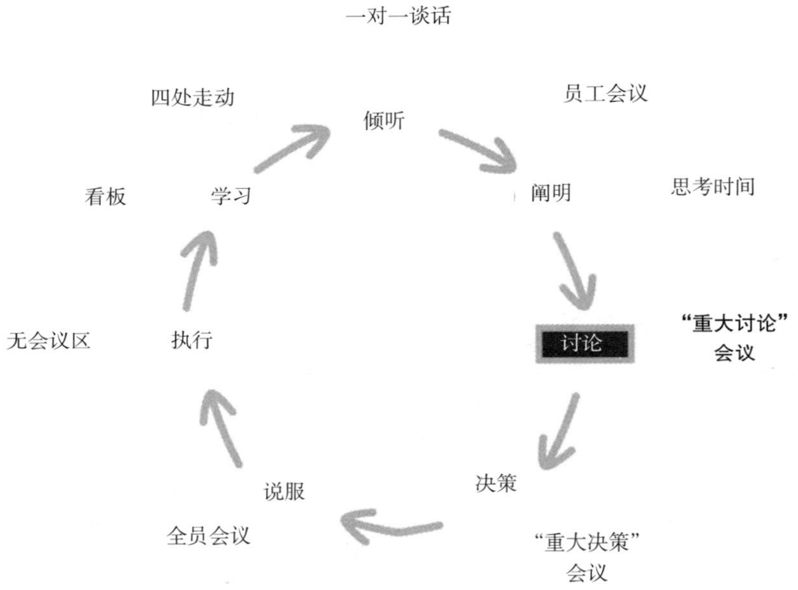

图 8-4 “重大讨论”会议

缓解紧张情绪。在很多会议中，至少一半的冲突和摩擦是这样产生的：会议室中一半的人希望做出决策，而另一半人希望继续讨论。潜在的决策者认为讨论者不想寻求答案，潜在的讨论者认为决策者没有从所有角度出发，将问题考虑全面。当所有人都知道此次会议不会产生决策时，这种紧张情绪就会被消除。

适当情况下能帮助你放缓做出关键决策。当对一个重要议题的执行过程有分歧时，人们就会产生冲突与摩擦。为了避免这一点，在进行充分考虑或有充足的时间投入之前，人们会做出草率的决策。将这样的议题放入讨论会议，能够迫使团队努力克服问题，挖掘深层信息或进行更深入的思考。

营造讨论文化。运行良好的团队应该持续进行讨论。定期找到话题并举行会议能够提高团队对讨论和分歧的容忍程度。让利益相关者参与大量开放式讨论很重要，比如有关“关注公司未来”的讨论：“我们应该进入有风险并需要大量投资的新市场吗？”经常进行常规讨论甚至是争吵能够预防爆发性冲突，所以它们可以缓解紧张情绪。“自组织临界性”原则对人际关系和市场同样适用：大量微小的修正能够带来稳定性，但是一次大规模修正则会带来灾难。

“重大讨论”会议的安排应该十分简单。在员工会议之后，除了重大讨论主题的提出者和参与者，与你的团队有合作关系的其他人都应该广泛参与。要在员工会议上确定需要参与讨论的人，但是任何人都应该被允许参与或观看“重大讨论”会议。讨论会议的组织者应该指定专人做记录，然后把记录发送给所有相关人员。

这些会议的规则应该简单直接。你需要要求所有人在会议开始前进行自我检查。讨论的目标是通力协作达到最好的效果，这一过程中没有“赢者”和“输家”。当每一次讨论进行过半时，参与者要转换角色，这是一项很好的规则。会议提出者要确保人们彼此倾听，并让他们抛去自我立场，专注于良好结果。

讨论的唯一成果应该是对事实或问题的细致总结，对未来选择的清晰界定，以及是否应该继续讨论还是做出决策的建议。

“重大决策”会议

让决策深入现实，将现实拉入决策，但避免自我中心主义

“重大决策”会议并不总是会在“重大讨论”会议后召开。“重大决策”会议对两件事十分有帮助。第一件很明显：重要决策。但是第二件事很微妙：明确何时停止讨论并做出决策很不容易。我还没有找到回答这个问题的最佳答案。但搞清楚何时该做出决策以及何时该进行讨论，是帮你做出真正决策最简单有效的方式，这也是我建议分别召开这两种会议的主要原因。

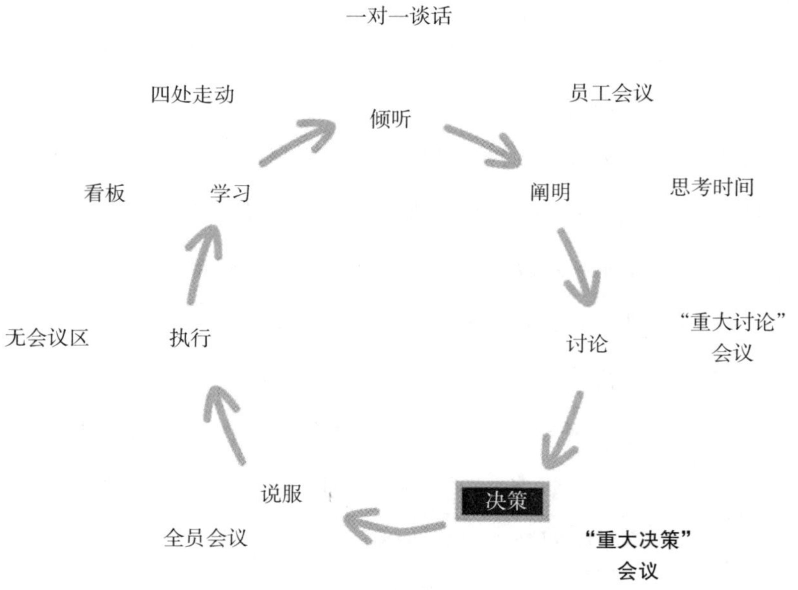

图 8–5 “重大决策”会议

“重大决策”会议的组织工作和规则与“重大讨论”会议相同。你需要在员工会议上任命本次会议的领导者作为“决策者”，并确定必须参与的人，但是任何人都可以出席会议。在会前，每个人都应进行自我意识检查。会议没有输赢之分。“重大决策”会议的产物是呈现给各方的详细会议总结。一定要做出最终决策，这十分重要，否则它们可能会由决策会议变为讨论会议，并且永远没有结束的时候。

与所有人一样，你需要遵守会议做出的决策。如果你对会议上的话题持有力观点，那么你可以自由参加会议或是让决策者知道你有否决权。如果你有否决权，那么决策者应该在会议结果被公开前让你过目。但是你要谨慎使用该权力，否则会议就会变得毫无意义。

全员会议

让其他人参与

如果你拥有10人或以下的团队，那么也许你不需要再安排单独会议来说服所有人接受正确决策。然而，随着团队的扩大，你需要思考如何让所有人都参与进来。不这样做的话，你会惊奇地发现，那些远离决策的员工很快就会将这项决策看作是不可思议的甚至是恶毒的任务。如果你的团队规模在100人以上，那么常规的全员会议不仅能够让决策得到广泛认同，还能让大家了解不同意见。

硅谷非常喜欢全公司范围的全员会议。苹果称之为职工大会，Dropbox 称其为“威士忌星期五”，谷歌称其为“感激周五”，推特称其为“下午茶时间”。我们需要学习硅谷的全员会议是如何进行的，并弄清楚他们这样做的原因。

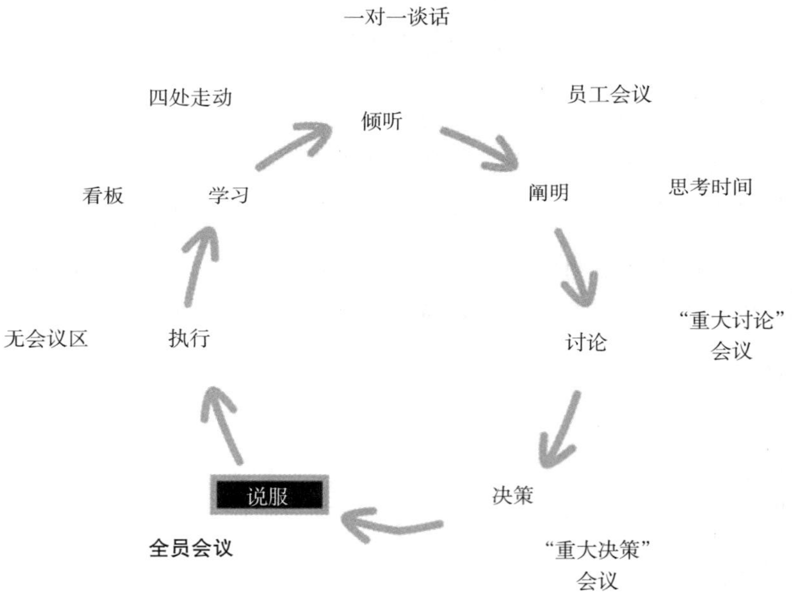

图 8–6　全员会议

这些会议通常包括两部分内容：通过演讲说服大家，让他们明白公司正在做出正确的决策；设置问答环节，使领导者能够倾听不同意见并当场解决问题。由于问题往往极具挑战性，所以如果处理得当，那么领导者给予的回答会比演讲更有说服力。

谷歌收购锁眼卫星影像（Keyhole）后举行了全员会议，这家公司能够为谷歌地球部门提供技术支持，那次会议是我见过的最好的全员会议。会议很有趣，因为拉里和谢尔盖对于收购这件事无比兴奋，就像两个面对酷炫玩具的孩子。同时，这次会议也是对于“组织全球信息”这一理念的最好解释，从此，谷歌拥有的不只是网站和书籍的信息，而是整个世界的信息！在会上，所有人的兴奋都显而易见。

通常情况下，演讲会格外注重令人兴奋的一到两项重要方案，这会让所有人了解优先事项，让大家认同这项决策。演讲通常由制订计划的团队完成。谷歌的这项惯例很重要，这会让“说服”成为整个公司的文化。同时，人们总是很喜欢演讲。“你的团队需要舞台？那就给他们舞台！”

CEO 或联合创始人会主导问答环节，这能让他们了解大家的真实想法，所以他们通常会回答一些不礼貌、富有挑战性的棘手问题。这些问题的回答方式非常重要，它们会立即让很多人意识到：公司通过合适的方式做出了正确决策。

我十分钦佩拉里·佩奇和谢尔盖·布林在谷歌“感激周五”会议上处理问答环节的方式。他们每周都要应对各式各样的问题，但他们从来不会像有些 CEO 那样僵化地过分准备。当面对尖锐的问题时，他们的答案总是真诚、质朴、富有人情味，当然偶尔也会有一些讽刺。有时，答案会出乎意料地真诚，以至埃里克·施密特不得不靠近话筒解释道：“事实上，我认为谢尔盖（拉里）想表达的真正含义是……”此时，谢尔盖（拉里）只会耸耸肩，笑一下。在下一场会议上，他们又会回答艰难棘手的问题。那时他们还不到 30 岁，但是他们能够出于本能将重要决策解释清楚并鼓励争论和分歧。

执行时间

解决会议激增问题

到目前为止，GSD 闭环开始感觉像是地狱般无休止的会议闭环。如果你不够认真仔细，那么激增的会议就会使你的执行力停滞不前，不论是从个人层面还是从团队层面。作为老板，你所能做的最重要的事就是确保团队拥有执行时间。

许多人尝试从会议室把椅子搬走。这样做会缩短会议时间，其理论基础在于大多数人无法忍受在桌子旁站立超过一个小时。研究表明，人们站立时比坐下时更有创造力。有人说坐下是像吸烟一样有害的新杀手，所以站立也许会对健康有好处。此外，你也可以节省一笔家具开支。这些都极具吸引力，但不会永远有效。我没有见过任何一家公司能坚持采用这样的方法。

在谷歌，不同的团队尝试过类似“无会议周三”或是“无会议周四”的做法，但是没有一个团队能够坚持下来。格雷格·巴多斯（Greg Badros）是谷歌和脸书工程团队的领导者。他曾经设定过一个目标：把 1/4 的会议提前结束。虽然我很喜欢这一个设定，但我不认为他完成过这个目标。

我发现最有效的解决方式是以牙还牙。出于这样的原因，我会在日程表中留出思考时间；在日程表中留出独处时间和执行时间也是十分必要的。我鼓励其他人也这么做。这会帮助他们对非必要的会议说“不”。

看板

使得活动和工作流程可视化

大野耐一（Taiichi Ohno）是丰田汽车的企业管理工程师，他发明了看板法。看板是一种调度程序系统，它能够让生产过程中的供应链管理更有效率。有些人将该系统改编，使得工作流程可视化。最简单的情况下，你可以将看板分为三栏：待办、正在进行和已完成。接下来，去买一些不同颜色的便利贴，不同颜色代表不同的人或团队。大家可以在专属颜色的便利贴上写下自己的任务，将这些便利贴从待办、正在进行一直移动到已完成。你可以很快看出瓶颈是哪一个。这不仅是推动问责的一个好方式，也能帮助团队中所有人确定需要帮助的人并且及时给予帮助。看板不同于面板，看板更加注重活动以及正在进行的工作。在不好的结果发生之前，它能给团队时间识别并解决问题。

让所有人的工作流程可视化能够赋予员工更多自主权。当所有人都清楚哪里出现障碍时，无须管理者介入，资源就会自动流动到人们最需要的地方。如果我是之前所提到的工程师团队的一员，通过看板，我就知道自己领先于规定位置，并且看到谁的任务处于落后位置时，我就会提供帮助。因为我知道如果那项任务无法完成，那么我的工作将是徒劳的，甚至整个任务会被延误。

对活动进行测量并让工作流程可视化如此重要的另一个原因是，当业务进展良好时，我们很难从结果分辨出搭便车的人和真正做贡献的人。与之类似，当出现人们无法控制的意外，比如经济出现萧条时，我们很难从结果判断谁在提供援助，谁只是单纯地担忧或是让事情更糟。在雅虎和美国在线工作的朋友告诉我，当事情进展良好时，整个团队都会得到丰厚奖励；进展不顺时，没有人知道应该做什么。他们只是从结果进行衡量，他们不理解结果为何变坏或是对结果变坏不知所措。

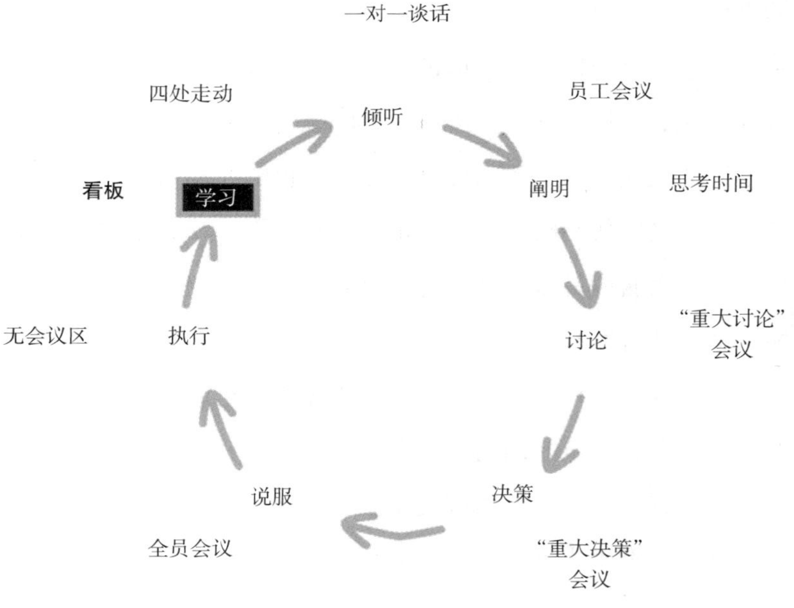

图 8–7　看板

对活动进行测量并让工作流程可视化能够推动你和团队理解你们是如何成功的（反之亦然）。在我任职的早期，AdSense 内部销售团队本应给大型网站打电话，但是他们每天都会收到小型网站不计其数的询问。显然，回答电话问题要比打电话推销容易得多。换句话说，他们应该去更远的地方捕捉大鱼，但是由于许多小鱼跳上了船，他们就不愿去追逐大鱼了。如果我们仅仅追踪大量资金流入，那么团队似乎做得不错。只有对活动进行测量（即团队拨打电话的数量）时，我们才会发现问题——团队不需要利用如此昂贵的销售人力来接受订单。在我们开始对活动进行评估后，利润猛涨。同时，对活动进行评估也能够识别出优秀的销售人员。毕竟，接受订单与销售是完全不同的工作。

对活动进行评估也能让不同团队之间彼此尊重。一个团队总会认为另一个团队无所事事、袖手旁观，并由此产生怨恨。当人们从看板中观察到别人的工作时，尊重自然而然会产生。

对活动进行评估并公开展示，能让卓越员工得到评分和获得晋升，不断地奖励表现优异者，也能防止偏见的产生，偏见的存在对谁都不利。杰克·里夫金（Jack Rivkin）在雷曼兄弟公司进行了公平性研究，他对研究对象的活动和结果都进行了评估，当他评估活动时，每个人都看到了驱动结果的因素是什么。1987 年，里夫金的团队在《机构投资者》（*Institutional Investor*）杂志排第 15 名。1989 年他接管团队时，团队排名第四；1990 年，团队荣登榜首。这次客观评估也有另外的意义：公平性。由于每个人都清晰了解结果的驱动因素，当对活动进行评估时，偏见就不会在招聘、评分以及晋升决策中滋生。另外，与行业中的其他团队相比，里夫金团队的女性比例更高。

四处走动

见微知著

倾听下属的意见相对简单直接，尽管这也需要时间和训练。但如果你是管理者的管理者，“深度”倾听你的组织就会难很多。你无法倾听所有人，也无法与成百上千的人进行一对一谈话。如果你设立领导开放日，那么你就会不断地听到奇怪的想法，你应该怎么办呢？

迪克·科斯特罗是我见过的最善于将整个公司凝聚起来的人。他做了许多事，其中有一件事非常简单：四处走动。

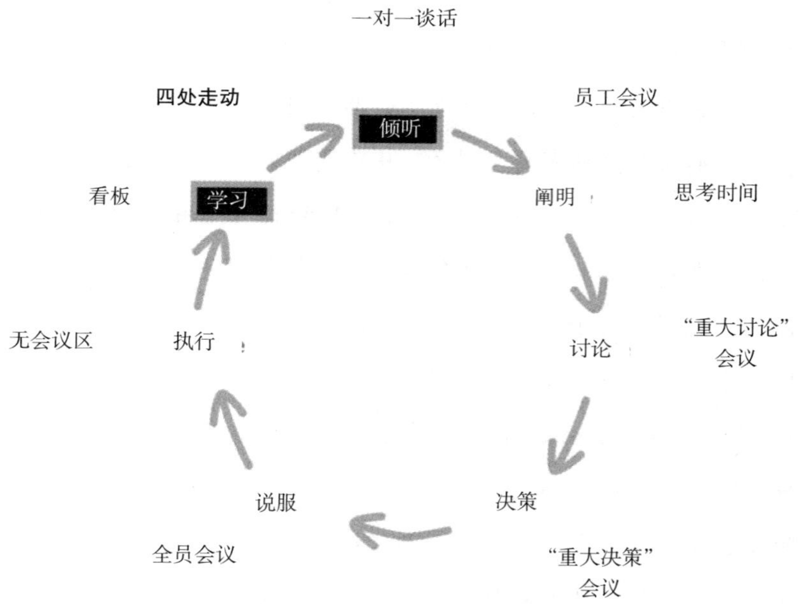

图 8–8　四处走动

我试着效仿迪克在书中所描写的方法：每周安排一小时的时间在公司内部四处走动，这是真实可靠的方法。根据历史学家斯蒂芬·B. 奥茨（Stephen B. Oates）的研究，在美国内战时期，亚伯拉罕·林肯在对军队进行非正式的视察时发现了这个方法。20世纪70年代时，这也是惠普公司文化的一部分。这个方法并不复杂。

当你在办公室埋头苦干或在两场会议间奔波时，你会注意到一些平时不曾发现的事。对于能够引起你注意的人，询问他们当前的工作。这个人最好是你从未与之交谈过的员工。试着发现一些小问题，并且以“每粒沙中都有宇宙”的态度对待他们。了解到这些小问题在很长一段时间内都会很有帮助。

第一，这会帮助你发现细节中的大问题。很多情况下，当事情出现问题时，老板是最后一个知道的人。通常这不是由于员工刻意隐瞒，而是因为他们只会为你呈现最重要的事情，但是问题也许比他们意识到的更为严重。

第二，意识到小问题，甚至撸起袖子自己解决问题能够遏制两种心态：“事不关己高高挂起”和“不值一提”。如果所有事情都能引起你的注意，那么其他人也会对细节更加重视。

第三，当你表现出对小事的关注时，比如能够提高顾客满意度或是提高团队生活质量，所有人都会开始关注它们，这会让重大事件运转得更加顺利。

有段时间，迪克有意在推特营造这样一种文化：要消除工作中的小毛病、解决令人烦恼的小事情，而不只是抱怨。一天，他在四处走动时，听到两个人在抱怨茶水间中的两个脏盘子。平时，他不会注意到这件事。但此时正是他的走动时间，所以他花了一点时间解决了这个问题。他停下来环顾四周，问道："你们觉得把脏盘子放到那里，会不会更好一点？"他指向一个同样方便但更为隐蔽的地方，他们点了点头。让他们惊讶的是，迪克自己将脏盘子放到了那个地方。不用说，他们不再抱怨并开始帮忙，而这个故事也在公司广泛传开。

重视企业文化

所有人都在看你，但不意味着他们会围着你转

"文化能把战略当午餐吃。"[①] 团队文化对绩效有重大影响，领导者的品格和员工的人格对于团队文化也影响深远。

本·西尔伯曼（Ben Silbermann）是 Pinterest 的创始人和 CEO。他曾告诉我，他十分担心公司文化会反映太多自己的个人品质。他性格内向，他的公司也很低调。他不喜欢和人争论，公司文化也是如此。这种现象让我震惊，因为我经常感觉自己的团队也是这样，但我没有勇气指出这一点。那段时间我所领导的团队就像哈哈镜，它总是会放大我自己的缺点。团队的文化经常影响着我，但那不是我能选择的。

这是一件很可怕的事，因为改变个人品格几乎是不可能的事情，这是否意味着你无法改变团队的文化呢？你确实对团队文化

① "现代管理学之父"彼得·德鲁克、杰克·韦尔奇等管理大师都很认同这个观点。

有很大的影响，但有没有控制这种影响的方式呢？

遗憾的是，就像所有的事情一样，这不止与你有关。如同你对其他人的评估，要专注于行为而非人格，专注于行动而非“品质”。如果你定期向人们真诚地寻求反馈，那么这些特质就会不可避免地显露出来。此外，就像我在之前的章节中所提到的，你与团队中每个人建立绝对坦率关系的能力会最终对团队文化产生影响。通过有意识地在 GSD 齿轮上移动，你也会影响团队文化的其他方面。

人们在倾听，无论是否愿意，你都在显微镜下

一旦成为老板，你就会处于显微镜下。人们会以一种你在成为管理者之前从未经历过的方式去倾听你的想法。他们会根据你的话语、衣着甚至是车辆来判断你的想法。从某种程度上来说，成为老板就像被监视一样。你的一言一行都可能对你不利。

鲍勃·鲁宾（Bob Rubin）领导高盛集团时，有一次他来到交易大厅，希望了解业务现状。他和一位操盘手聊天，这位操盘手刚刚完成了买进黄金的交易。“我喜欢黄金。”鲍勃随即说道。几周后，鲍勃惊讶地发现公司最近买入了大量黄金。“为什么会这样？”鲍勃问道。“这是你告诉我们的，你说过你喜欢黄金！”员工回答说。鲍勃很委屈，他认为那只是友好的沟通，而不是下达“购买”命令。

在苹果工作时，有人告诉我，在库比蒂诺（苹果全球总公司所在地）与旧金山往返的公共区间车项目被延迟了，因为史蒂夫

需要为公共汽车内饰挑选皮革。我碰巧与公共区间车项目的负责人一起吃午饭，便询问他这个事是否属实。他笑了："不是这样的。"但是当我问到汽车的颜色如何安排时，他承认自己到停车场看了一眼史蒂夫的车：银色的外观，黑色的座椅。所以汽车呢？银色的外观，黑色的座椅。

即使你没有鲍勃·鲁宾和史蒂夫·乔布斯那样成功，你也会比预想的更有影响力。在职业生涯早期，我对一个经常穿黑色亮面衬衫的销售人员说："我更喜欢男人穿着白色牛津衫。"第二天他就换上了白色牛津衫，从此之后，他每天都穿着白色牛津衫，我感到十分懊恼。当然，我之前给了他提示。但那时我刚刚成为老板，完全不适应人们对我的提示如此认真。

成为老板后，你也许会认为自己随意的言行会随风而逝，但相比这些改变，实际上你在"直接挑战"坐标轴上移动得更多。

阐明，并注意阐明的内容

基于老板被监视的程度，解释清楚你的话十分重要，即使你认为自己没说出任何事情。

在谷歌工作时，我开了一辆本田元素，由于大部分人的车都是由谷歌补贴的丰田普锐斯或其他节能型轿车，所以这辆车十分显眼。我的办公室离老板的办公室相隔很远，所以我经常开车去开会。我的日程表安排得很满，但停车又是一个大难题，所以我经常不按规矩停车并且把车停在停车场之外。由于那时我正在推行"先斩后奏"的文化，并希望人们乐于挑战规则，所以我能够这么做。但如果我正在创造“三思而后行”的文化，那么我至少应该为自己不按规矩停车的行为做出解释，也许必须要阐明这一点。在苹果公司工作时，我从来不会这样停车。

明确地进行讨论和决策，不要让破坏文化的事情“就这样发生”

你会将许多讨论和决策“委托给人力资源部门”，因为你不愿在那些事情上浪费脑细胞。这应该叫作“假日派对”还是“圣诞派对”？现场应该放置圣诞树吗？烛台呢？派对现场是否应该提供酒？如果周一早晨来的时候发现会议桌上有女士内衣以及男士内裤应该怎么处理？如果团队中有的人踢了别人的屁股怎么办？这不同于你中学时对朋友的友好侧踢，被踢者非常愤怒。谁应该决定这件事的处理方式？

相信我，很多人会回避这些问题。但是如果你什么都不做，在没有你的个性影响下，由人力资源部门或雇用的律师直接做出决策，那么这会将团队文化推向“法律是头蠢驴”的方向。如果没有人进行决策，那么就会造成《蝇王》的结局。这两种都不是你想要的结果。

说服，重视细节

刚去苹果工作时，我得到了一个考虑周到的三折文件夹，封面上写着：“啊，文件资料！”这样的想法和关怀能够把新员工对于文书工作的烦恼降到最低。文件夹很好看，设计精美且不贵。这上面使用的语言让我忍俊不禁，它所传递的关心甚至高于我对这份工作的期待。

重视看起来细微的细节，这能够让别人相信：你的企业文化是值得被理解并适应的。办公室环境会营造一种基调，这也是文化的一部分。硅谷以拥有异想天开的办公室和高级厨师而闻名。即使你无法支付这样昂贵的开销，你也应该确保茶水间有人们喜欢的咖啡和绿茶包。面对员工对待咖啡的抱怨，纽约的一家出版公司的解决方式是提供百事挑战[①]。虽然咖啡的消耗量显著增长，但调查显示员工对这个行为十分感激。

办公室环境会影响文化。你更喜欢禅师般光线充足的有序环境，还是熙熙攘攘的狂热环境呢？你所做出的微小选择将使得人们的行为与你所创建的团队文化相一致。

执行：行动会影响文化

即使离开团队，你的细微行为也会影响团队文化，这也令人震惊。

在谷歌工作时，我有一天发现办公室里的沙发被搬到了别的地方，人们需要多走很多路才能走到沙发旁边。我并不试图营造与风水有关的文化，但是那个沙发让我恼火，所以我决定搬走它。我正在鼓励效率，但那些多余的步数与高效背道而驰。于是我将沙发推到了原来的地方。团队中的一个人看到我，开玩笑说：“看来金得到了新工作。”我笑了，反击道：“如果有东西挡住了你的

① 百事挑战：请受试者品尝各种没有品牌标识的饮料，然后说出哪种口感最好。——译者注

路，把它移走就是你的工作。”离开谷歌的第二年，我回去拜访一位老友，看到了墙上写下的标语。“在 AdSense 团队，我们要搬走沙发！”我离开谷歌后，斯科特·谢菲尔（Scott Sheffer）接管了我的工作，他一再强调，我帮助他所做的最重要的事，就是专注团队的文化。

学习

坏事时有发生。当你是老板，事情却办得一塌糊涂时，你的责任就是从中学习并做出改变。如果不这样做，你就无法营造从错误中学习的文化。

在谷歌，我和团队想营造一种非正式的文化。我们所做的其中一件小事就是将会议室变为“舒适屋”，里面没有桌子和椅子，只有许多沙发和变形椅。我会在那里召开员工会议。但是，星期一早晨进入舒适屋时，我们却发现了男士内衣裤以及沙发垫缝隙间的胸罩。办公室性行为不是我所追寻的文化。于是，“舒适屋”这个计划失败了，我们不得不寻找其他方式营造非正式文化。

倾听……

强有力的文化能够自我复制，这令人惊讶。虽然你采取了一系列有意识的行动去影响文化，但是只有当文化真正与你无关时，才能证明你的成功。

组建 AdSense 全球团队时，我对各地的团队文化感到十分担忧。我希望所有团队能挑战权威，特别是挑战我和其他高管。我认为自己需要亲自去每个办公室，将这件事讲清楚。但那时，我正试图怀孕，无法出差。最令我担心的是中国团队。基于我对中国文化的了解，复制我们“不留情面的”文化会举步维艰。就像我在第 1 章中所描述的，我向团队的领导者周文彪全面阐述了这样的文化。但如果我不亲自飞过去，文化真的能够适应当地的团队吗？我非常焦虑。如果我那时不是 40 岁，那么我一定会推迟自己的怀孕计划，亲自飞到各地指导团队。

中国团队中有人建议，全球各地的 AdSense 办公室都做一个视频进行自我介绍。坦白来说，我对此并没有抱太大期待，但结果让我大吃一惊。大家都展示出人文关怀和幽默感。尽管国家不同，但是北京团队的“不留情面”与山景城或都柏林的“AdSense 成员”并无二致。这件事是如何发生的呢？如果我亲自指导 AdSense 的这些宣传视频，也不会产生比现在更棒的结果。但是我没有做任何事情。为什么会这样呢？因为文化能够自我复制。我做到了比自己亲力亲为更棒的事情，这是我职业生涯中最神奇的时刻之一。

准备开始

恭喜你！通过阅读此书，你已经向理想中的老板迈出了重要一步。虽然你不一定能从本书找到全部答案，但你肯花时间思考如何成为好老板，这已经是一种了不起的举动了。

现在，是时候将本书提出的建议付诸实践了。第一步应该做什么？“运行顺序”是怎样的？解释这些理念和技巧与实践完全不同，我希望你能迈出正确的一步。以下是一份计划，能帮助你与团队建立绝对坦率的文化。

分享你的故事

向团队解释何为绝对坦率，让他们理解你正在做的事。你也可以让他们阅读本书，或是向团队展示绝对坦率网站上的视频，但最好的方式是用自己的语言解释。比如你是否也发生过类似“呃”和“鲍勃”这样的故事。向团队讲述这些故事并说出你的弱点。这些故事能让大家了解你的真实意图及其背后的原因，这远比某些管理理论更具说服力。这也是我在本书中讲述自己故事的原因。对你的团队来说，你的故事更有意义，因为这些故事与你息息相关。

在批评别人之前，证明自己能够承受批评

首先，要让团队批评你，回顾第6章“寻求即时指导”部分。记住，当人们说不出太多意见时，你不要让他们立即脱身，因为他们最初肯定不愿说太多，你要拥抱并摆脱这种不适感。如果没有任何人提出批评，就需要注意了。这时候你就可以尝试使用第2章绝对坦率的框架并记录所有关于你的评价，大家不批评你，不意味着他们认为你是完美的。如果你意识到自己得不到批评，尝试一下迈克尔·迪林“橙色箱子”的技巧（参见第6章）。

寻求指导，尤其是批评，这不是你一做完就能从清单上划掉的事，而是你每天都应该做的。需要注意的是，这件事一两分钟就可以搞定，而不应出现在日程表上。最初你可能会感觉有点奇怪，但形成习惯后就会自然很多。在喝水、刷牙的空当，你都可能得到更多的指导。

准备迎接职业生涯谈话。与你的团队展开“职业生涯谈话”，并从那些与你共事最长时间的人开始（参见第7章“职业生涯谈话”）。

如同寻求批评一样，“职业生涯谈话”也不是你做完就能从清单上划掉的事。记住，你要根据大家的改变采取不同的谈话方式、展开不同的谈话内容！这也是你每年都要做这件事的原因。

与此同时，精心开展一对一谈话。在开展“职业生涯谈话”的同时，确保与你的直接下属开展有意义的一对一谈话。这三次对话至少会花费6周时间，因为你需要在每次谈话后留出一到两周时间（回顾第8章“一对一谈话”）。

下一步。在向团队解释绝对坦率、寻求指导、进行职业生涯谈

话并精心开展一对一谈话后，你会发现自己正在赢得团队信任，并且这一切正在营造更好的团队文化。准备好开始即时批评和赞美吧。记住，即时指导最好是一两分钟的对话（回顾第6章“给予即时指导”）。确保你能够评估自己的指导（回顾第6章“评估即时指导，找到基准线，记录进步”）。记住，你也许认为自己正在进行绝对坦率，但有人可能认为自己得到的不是批评，而是过分同情，有人则会将其当作恶意侵犯。你需要调整自己对待每个人的方式。这要求你不仅要做到自我感知，还要感知关系及文化。

做一个深呼吸，进行评价。事情运行得怎么样？什么是有效的？什么是无效的？你能够与谁商量？你的老板能帮忙吗？工作以外的导师呢？教练呢？绝对坦率团体的其他人呢？不要尝试更多新事物，除非：（1）你在构建管理根基上（得到并给予指导）已经取得了重大进步；（2）你已经更好地了解自己的直接下属；（3）你对于一对一谈话感到十分满意。

如果以上三个问题的答案是肯定的，那么你就可以开始改善员工会议、改进决策以及与团队的讨论。你已经打下了信任的根基，这是“把事做好”的核心能力。下一步是确保员工会议最大化地富有成效。在会议中，你要回顾关键衡量指标、分享最新情况、确定重大讨论与决策。不要让它们拖延太久，也不要忽略这些事情（参见第8章“员工会议”）。现在，你就可以推进“重大决策”与“重大讨论”会议了（参见第8章“‘重大决策’会议”以及“‘重大讨论’会议”）。

回到指导。确保你正在团队成员之间鼓励指导。在团队中实行“禁止暗箭伤人”原则并要求“晋升透明化”。向团队解释你不允许一个人来向你议论另一个人的原因，可以让团队阅读第6章中“防止暗箭伤人”的有关内容，最重要的不是让他们阅读，而是你要做出强制规定。你必须持续跟进，尽管这有时会额外增加解决争端的会议，但实际上这会为你节省更多时间，因为这会避免办公室政治。

解决会议激增问题。不要将日程安排过紧，有意识地思考什么事情是可以停下来的。在日程表中加入一些思考时间（参见第 8 章中“思考时间”的部分），日程杂乱是大多数组织永恒的难题。打好这一仗，不只为你自己，也为整个团队！

为团队规划未来。为团队中的每个人做一份成长 – 管理计划（参见第 7 章中“成长 – 管理计划”的部分），确保你没有营造偏好晋升的文化，并思考如何奖励岩石明星（参见第 7 章）。

让团队评估彼此的指导。这是团队的事情，而不是你一个人的，所以你要鼓励他们彼此进行绝对坦率的赞美和批评，这既能够强化绝对坦率的文化，又能发挥有效的杠杆作用。如果他们不愿这么做，你就在下一次员工会议上尝试使用丹 · 伍兹“哎呀，猴子”的方法（参见第 6 章中“同辈指导”部分）。这也能够评估你是否得到并给予了良好指导。记住，这很难，也并非一件自然的事，但这是管理的根基。

四处走动。坚持一段时间，你可以看看团队是否有变化，什么是你想知道但是还不了解的。每周利用一些时间四处走动，与大家进行无意识的非正式谈话（参见第 8 章“四处走动”）。如果你感觉事情不够顺利，团队中怀疑主义盛行，那么就回到第一步。此外，考虑推进“管理问题解决周”（参见第 6 章），你是否对团队文化感到满意，如果不满意，该如何改善（参见第 8 章中“重视企业文化”部分）。

如果你是更高层的管理者，尝试一下“越级会议”，每年只需要组织一次即可，但是要每两周让大家聚集一次，这样就不会有人感到被排除在外（参见第 6 章中“向‘权威’说真话”部分）。

对公司流程适当采取更加绝对坦率的方式。对于招聘、解雇、晋升（参见第 7 章）以及给予正式绩效评价（参见第 6 章），要绝对坦率。

尽管需要做的事情很多，但这些并没有你想象的那么糟糕。如果你采纳了本书的所有建议，那么这些事情每周只需要占用你 10 个小时的时间，其中 5 个小时都是你可能已经进行过的一对一谈话。当然，成长管理对话、越级会议以及校正无须每周推进，而是需要找到恰当的时间。所以，在这段时间内，每周你会在作为老板的核心职责上花费 8 个小时，其他人则会花费更多或更少的时间。每周你仍然能够留出 5 个小时的思考及执行时间，剩下 15 个小时你可以用来处理一些计划外的事。

换句话说，绝对坦率的管理确实需要花费时间，但它也会为你留出时间去处理专业及未知事物。大部分情况下，这要求你思路清晰并全身心投入工作。

这一“运行顺序”会帮助你安排何时和谁做什么事，但你一定还会有其他问题。我和拉斯创办的 Candor 公司会帮助你找到答案。

简单设计解决方法或单纯进行思考无法引起真正改变。这也是为什么本书的后半部分会着重帮你实施这些建议。改变行为不是一件容易的事，但行为是可以被改变的。事实上，通过阅读本书，你已经开始了这件事。思考你希望做出改变的原因，然后开始做出改变并坚持这些原则，这是改变企业文化的最好方式。

在推进之前，不要钻牛角尖，尽管这样做能够使你保持活力、勇往直前。记住：一旦你与直接下属建立了绝对坦率的关系，你就会避免世界上最糟糕的情况：成为坏老板。你会取得之前从未想象过的成果，创造人们热爱工作并彼此关心的工作环境，让工作融入生活并丰富自己的人际关系，这也许是最让人惊喜的事。

尽管我主要关注工作中的积极体验，但我也清楚地知道，如果遇到一个压榨快乐的老板，在无聊的工作环境中努力工作是什么感觉。这些经历最糟糕的一面是它们会对私人生活产生影响。当我花了 5 天时间费力工作，最终却被摄魂怪（《哈利 · 波特》中一个角色的名字）伤害的时候，即使在周末我也高兴不起来。

事情不需要发展到这种程度。你可以向直接下属表明，你是在人性的层面上关心他们。如果他们犯了错，你可以进行警告，但这不是因为你比他们更优越，而是因为你关心他们。你可以帮助团队中其他人向自己的梦想前进，甚至可以教他们帮你做同样的事。你们可以共同取得让所有人引以为傲的成果，这都在你的控制范围内。在你做完这些事情后，你会发现，工作和生活都会大不一样。

致谢

写这本书是目前为止我最吃力的一件事，如果没有大家的帮助，本书无法完成。说实话，我认为没有一本书是作者能以一己之力创作出来的，不知道为什么大家会如此迷信“作者”个人的力量。

我遇到的第一个困难源于自己的内心。写作首先要求“很闲”，因为这不仅需要坐在电脑前长时间写作，还需要漫长的思考以及长时间的讨论，这都会占用日常工作时间。我特别感谢 Dropbox 团队，尤其是 Olga Navarskaya、Oliver Jay 以及 Johann Butting，他们对我仓促离开团队、专心写作的决定非常理解。同时，也要感谢 Dick Costolo、Drew Houston、Adam Bain、Johann Strober、Ryan Smith、Shannon Miller、Jack Dorsey 以及 Kevin Gibbon，他们为我提供了灵活自由的指导岗位，让我既能够有时间写作，也能够维持生活。

接下来是更大的挑战：投入写作并重新审视自己的内心。因此，我十分感谢我的编辑、善良的朋友以及慷慨的陌生人。

写作的感觉就像迷失在大海。蒂姆·巴特利特（Tim Bartlett）是我的编辑，也是本书的出品人，更是将我从作者的疯癫中解救出来的人。他不仅从我的疯狂中看到了本书销售的亮点，还帮我缓解了焦躁情绪。写作是一项作者和编辑合作的事情，与他一起工作让我感觉如沐春风。他知道哪些部分应该删减，哪些部分应该扩充，什么时候说“个体关怀这个维度发生了什么问题”以及什么时候应该从我的手稿中提取关键信息。蒂姆的清晰思路让本书的每一页内容都更加精彩。蒂姆是非常出色的编辑，他的名字应该和我一同在封面中出现。

同时，我也要感谢蒂姆的妻子和孩子，这本书的工作剥夺了他的家庭时光和假期。说到被打断的假期时光，我也要感谢我的丈夫、孩子、父母、兄弟姐妹以及我丈夫的兄弟姐妹和他们的孩子，由于要完成本书的写作与编辑工作，我没有与你们共度假期，感谢你们对我的理解与支持。

圣马丁出版社（St Martin’s Press）作为一支出色的团队能够让本书成功问世，对此我十分感激。从我踏入圣马丁办公室的那一刻起，劳拉·克拉克（Laura Clark）不仅对本书，也对我个人展现出了巨大热情。我从她身上学到了许多向他人推销自己的理念的方法。Gabi Gantz、Annabella Hochschild、Karlyn Hixson、Eric C. Meyer、Kathy Parise 以及 James Iacobelli 与我一路相伴，对我有很大帮助，给了我极大的包容和耐心。此外，还有很多我没机会见面的朋友，他们也为本书的出版和销售做出了贡献。特别是 Jeremy Pink，他几乎修改了本书所有句子，我们虽未谋面，却十分亲近。出版业是理念和知识的传播领域，对世界的发展非常重要，而我恐怕没有为此做出什么贡献，以更好地传播新理念。多年来，我一直在思考如何推动科技和出版业更好地融合。

如果本书的整个过程中没有其他人的帮助，那么它根本无法传到蒂姆或是圣马丁出版社手中。对于如何出版，我的朋友 Adam Richman 以及 Kim Keating 慷慨地给出了自己的建议。我的代理人霍华德·允（Howard Yoon）阅读了我发送给他的草稿，当天他就真诚地告诉我，我没有浪费这三年时间。在我最需要鼓励的时候，他给我打了一针强心剂。事实上，在我最难熬的时候，他还为我写下了一些建议。此外，他花费数月帮我进行修改润色，那就像是为一本书做心肺复苏手术，将本书在原有的基础上进行了重组。霍华德是很难得的代理人，他在文字方面十分有天赋，就像制作周密的销售流程一样。

在霍华德和蒂姆阅读此书之前，我的家人和朋友阅读了一份又一份草稿，敲打了一个又一个词语，或是与我一起散步，帮我转换思绪，使我的思路更为清晰。

我的父母艾伦（Allen）和玛丽·马龙（Mary Malone）阅读了大概 15 份不同的草稿，但他们从来不觉得无聊。我相信这一切都是源于对我的爱。

我的丈夫安迪（Andy）执着地反对我将此书叫作《残酷的同理心》（*Cruel Empathy*），这是我坚持了两年的名字，但是我不明白自己为什么要坚持。安迪的理解力超群，他一旦认真起来，经常做出正确的决定。

很多人花费大量时间修改了这本书各式各样的草稿，我对此表示诚挚感谢。Denni Cawley 修改了本书最令人痛苦的早期版本并且帮助我进行了研究。后来，Sierra Katya-Clary 理顺了本书的逻辑。在我最需要帮助的时候，James Buckhouse 为编辑过程恢复了美感和乐趣。Katya Rice 将我从太过抽象化或太过具体化的陷阱中拯救出来，她做出了许多微小改变，告诉我不要模糊地关注整个森林，也不要太过详尽地关注每一片树叶。

在两轮紧张的编辑中，Alice Traux 是理智的试金石。她不愿接受一丁点陈词滥调，在我写下毫无意义的内容时，她会让我扪心自问。与此同时，她十分关心我的斗志，这让我感到安慰，我非常感谢她。

吉姆（Jim）和玛丽·奥特维（Mary Ottaway）编辑了本书的早期版本，他们鼓励我坚持写下去，然后吉姆像超人一样在最后关头以不可思议的速度完成了编辑。

感谢 Catharine Burhenne-Sanderson、Steve Diamond、Maria Gotsch、Ellen Konar 以及 Albert Ni、Jane Penner 和 Gretchen Ruben，他们不仅阅读了此书，还与我一起散步、用餐以及喝茶，推动我重新思考本书的全部章节，这让我在写书时不会感到太过孤单。在我无法清晰思考时，他们帮我理清思路。他们对我的同情让我意识到，对读者也应抱有同样的心情。

奥尔加·尼古拉耶夫（Olga Navarskaya）指出，我最初提出的绝对坦率框架在逻辑上前后矛盾，需要改进。我花了三个月时间去思考修改这个框架。如果不是想到她质疑的面孔，我可能无法坚持下去。

本书的第二部分（即工具和技巧）要归功于丹尼尔·鲁宾（Daniel Rubin）。很长一段时间内，我不愿改动，但是他一直提醒我管理哲学本身不会带来任何改变或是对任何人有所帮助。

我也非常感谢 Josh Cohen、Michael Chu、Michael Dearing、Drew Houston、Jared Smith、Russ Laraway、Elisse Lockhart、Charles Morris、Venkat Rao、Caroline Reitz、Sheryl Sandberg、Michael Schrage、Myra Strober、Richard Tedlow、Valerie Yakich、Chris Yeh，他们阅读并对细节进行了编辑，他们每个人的建议和评价都十分关键。

我让许多人阅读了这本书，他们对我都有所帮助。有些人对我“绝对坦率”，让我明白了本书的不足；有些人则展现出阅读兴趣，这让我有了继续写作的动力：Dinara Abilova、Alina Adams、Matt Adams、Richard Alfonsi、Brett Berson、Gina Bianchini、Jeff Bidzos、Nick Bloom、Simon Bolger、Adam Branden-burger、Jenna Buffaloe、Matthew Carpenter、Andrew Catton、Denni Cawley、Lawrence Coburn、Betsy Cohen、Kate Connally、Jack Dorsey、Sarah Friar、Maria Giacona、Kevin Gibbon、Adam Grant、Josh Grau、Karen Grove、James Groves、Matt Hogan、Adam Hundt、Kate Jhaveri、Neeru Khosla、Elizabeth Kim、Janet Kim、Aliza Knox、Brett Kopf、Jayant Kulkarni、Christine Lee、Battle Malone、Tim Martin、Ben Matasar、Blaire Mattson、Michael Maughan、Jamie McCollough、Shannon Miller、Dobromir Montauk、Maran Nelson、Yu-Shen Ng、Andrew Peterson、Ann Poletti、Kanjun Qiu、Adam Regelmann、Robyn Reiss、Katya Rice、Louisa Ritter、Margaret Rosser、Matt Rosser、Dan Rummel、Johnny Russ、Scott Sheffer、Lindsey Semple、Lauren Sherman、Dimitar Simeonov、Mason Simon、Ryan Smith、Mollie Solon、Donna Staton、Michael Stoppelman、Jason Strober、SheaTate-Di、Jason Tan、Joseph Ternasky、Sophia Tsai、Casey Tunguz、Tomasz Tunguz、Dash Victor、Jackie Xu。我深深地感谢他们每一个人。

人们常说伟大的艺术家靠的是“窃取”。我不确定自己是否是伟大的艺术家，但是在书中我确实窃取了许多理念，很多做法来自与我共事过的人。

有三个人对本书有特别的影响：肖纳·布朗、拉斯·拉拉维以及谢丽尔·桑德伯格。

肖纳·布朗是谷歌商业运营的高级副总裁，她甘当无名英雄，所以你在书中很少读到她的故事。在我当前的职业生涯中，肖纳一直对我绝对坦率。谷歌的大部分管理方式都是由肖纳进行设想、架构和运行的。在她所写的《混乱的边缘》（*The Edge of Chaos*）一书中，她描述了展现强大领导力的方法，然后她在谷歌实践并证明了自己的理念。她帮助谷歌做了许多事情：雇用、评价、补偿、开发和晋升员工的方法；设立和完成目标的方式；决策方式；不断对组织重新设计，在成长过程中保持敏感度。她的设计决策对于谷歌的发展有重大影响。

观察拉斯·拉拉维如何领导团队，每天都会让我认识到，一个很酷的老板究竟是怎样工作的。他不仅让我学会了管理上的知识，也为我示范出作为一个好人是怎样的。

谢丽尔·桑德伯格是我目前为止遇到的最好老板，她完全改变了我的生命轨迹。我想再强调一遍，她推动我完成了之前我从未想到自己可以完成的事情，也帮助我向自己的梦想进一步前进。

在本书中，你会阅读到许多我从别人身上学到的故事，他们很多都是与我一起工作过的人。我要感谢他们所有人，感谢他们坚守老板的职责，也感谢他们为我树立的榜样。我希望在本书中，我对待他们的理念就像对待他们一样公平。此外，我还从许多人身上学到了好老板该有的样子，但是他们更愿意身居幕后。本书中的大部分故事是我暗中从 Tom Pickett、Scott Sheffer 身上学到的，他们来自我在谷歌的团队，另外，还有 Alan Warren，他是我在果汁公司的联合创始人。

最后，非常重要的是，我永远感激丹·平克（Dan Pink）。他让我明白，自己正在做一件有意义的事情，并且在电梯中给出了这本书的书名。

所有帮助我完成这本书的人都教会了我一件事：如果你愿意接受绝对坦率，那么你就能发现美好的人性以及一种完成目标的使命感，而这是你在其他时刻很难找到的。